# 天皇・憲法第九条

# 天皇・憲法第九条

高柳賢三

書肆心水

目次

# 天皇・憲法第九条

# 凡例

一、本書は高柳賢三著『天皇・憲法第九條』（一九六三年、有紀書房刊行）の新組復刻版である。元の本も本文は新字体漢字、新仮名遣いで表記されている。

一、読み仮名ルビを付加した。元の本に読み仮名ルビは全くない。

一、「先づ」と「先ず」、「印度」と「インド」、「ロオ」と「ロー」、「ロスコオ」と「ロスコー」、「ロシヤ」と「ロシア」、「イタリヤ」と「イタリア」、「インドネシヤ」と「インドネシア」、「バジェオット」と「バジオット」の表記不統一を後者に統一した。（但し著者の文章中のみ。）また、「昭34・5」と「昭三四・一一」のような形式不統一も後者に統一した。

一、「複元する」「裁制所」などの明らかな誤植は修正した。但し明らかな誤記であってもあえてそのままにして「ママ」のルビを記したところもある。

一、漢字のうち、現今一般には用いられない異体字は一般的な字体に置き換え（例・渕源→淵源）、意図せず使用したと考えられる旧字体は新字体に置き換えた。

一、二行割注のうち〔　〕括りで冒頭に※のあるものは本書刊行所による注である。

# 序言

改憲論のうちには、憲法条章の一定の解釈を前提とするものが可成り多い。例えば天皇は象徴にすぎない。日本国の元首は総理大臣であるというアカデミックの解釈が日本国憲法の正しい解釈だと前提して、新憲法は著しく国民感情に反すると考える人は、首相でなく天皇が日本国の元首であることを明らかにするよう改正すべきであるとする。また、常識上自衛隊は軍隊なのだから、憲法第九条第二項の規定に反することは、この条文を率直に読めば明白である。それ以外の解釈はすべて詭弁であるとする。そして今の国際環境では、国土防衛のため若干の軍隊をもつことは必要だと考える人は、自衛のためには軍隊がもてることを疑いなからしめるよう改正すべきであるとする。数多くの改憲論の一つ一つを熟視すると、このような型のものが少なくない。そして異なった条章の解釈を前提として、改憲の要なしとする型の改憲反対論も少なくない。これらの場合、条章の解釈が改憲要否の焦点となる。私はしばしば政治的な改憲論よりも、憲法はいかに解釈さるべきかの学問的問題をふかく掘り下げることが日本の「憲法典による政治」の将来にとって、より大切であるといった。改正論は主として、憲法条章の文理的・論理的解釈が、唯一の正しい解釈であるとの前提に立つ。この法学的には素朴ともいうべき考え方は、ひろく国民の間に行なわれているが、明治以降法典の大陸的特にドイツ的解釈方法の訓練をうけた法律家は、現行憲法の解釈においても、この伝統的解釈態度をとるのが通常である。本書中、天皇、戦争放棄その他の事項に関する著者の憲法解釈は、文理的・論理的解釈が唯一の正しい方法ではなく、条章に関連性をもつ社会事実に第一次的重要性を置き、これにてらして条章を解釈せんとするプラグマティズム的・社会学的解釈方法の採用が必要であることを示唆せんとした。そして慎重を極めた憲法改正手続の下に、現実の問題を中心として、憲法の終局的解釈権をもつ最高裁の裁判官の場合には、このような方法が不可欠だとも考えられる。

日本国憲法と同様なきびしい条件の下に、違憲審査権を行使した合衆国最高裁判所は、約百五十年に亘る経験の後、二十世紀にはホームズ、ブランダイスを中心としてプラグマティズム的・社会学的解釈方法を展開して今日に至っている。ヨーロッパの公法学者は司法的違憲審査の経験を余りもたなかったが、第二次大戦後西ドイツでは、違憲審査権をもつ連邦憲法裁判所が出来た。その運営は十年余にすぎないが、すでにこの憲法裁判所の憲法解釈の方法は、旧ドイツの解釈方法から脱却し、社会事実にてらし条章を解釈するプラグマティズム的・社会学的方法が判例のうちに濃厚に現われている。これに反し、アカデミックの公法学者の解釈方法は旧態依然たるものがあり、文理的・論理的方法を脱却していないようである。かくして、憲法解釈における憲法裁判所の関心の中心と、公法学界のそれとが対立して来ている。わが国では憲法解釈の方法についてまだ西ドイツに見られるような対立が、最高裁判所と学界の間に見られない。ただ砂川事件における最高裁判決にたいする多くの学者の批判のうちにこのような憲法解釈の方法についての対立の萠芽が見られた。

伝統的な文理的解釈派は、憲法のテキストに最大の重要性を置き、憲法規範は正規の手続によるテキストの改正なきかぎり、不動であるという静的憲法観を背景とする。これに対し社会学的解釈派は憲法典のテキストは不動でも、その意味内容は有権的解釈と運用によって、絶えず変化するとみる動的憲法観に基礎づけられる。従って一国の憲法を観察する場合にも、憲法のテキストよりも、それがどう有権的に解釈され運用されているかに、最大の重点を置く。従って又憲法の生命はその運用にあると考え、また〃法の生命は論理ではなく経験である〃とのホームズの言葉を支持する。さらにまた〃憲法典を書いた人ではなく、これを解釈する者が真の憲法制定者である〃という形式的な三権分立論を超えたテーゼに同感を表示する。

憲法典の文理と論理にとらわれて、政治的良識に違反するような解釈をすべきではないこと、また解釈者は、その解釈の対象が憲法であって、刑法や手形法でないことを忘れてはならぬことは、司法的違憲審査制の開祖ジョン・マーシャルが、十九世紀の前半に法曹に向けられた警戒の言葉で、現代においても憲法解釈の金言として高く評価されている。二十世紀の前半に展開された社会学的解釈方法は、マーシャルの右の言葉の法技術的展開であると見ることができよう。日本国憲法の下において憲法はいかに解釈さるべきかは学問的にも、またながい眼で見れば政治的にも最大の重要性をもつ問題である。

最後に本書の刊行につき石原萠記君の原稿整理校正の労に深謝の意を表したい。

高柳　賢三

# 第一章　象徴の元首・天皇

## 一　天皇制存廃をめぐる国際政治的背景

第二次世界大戦中、天皇および天皇制にたいする連合国側の世論はきびしかった。丁度第一次大戦中、連合国の世論がカイゼルをもってドイツ軍国主義の象徴としたように、天皇をもって日本軍国主義の象徴であると考えたのである。このような世論には多分に非合理的な戦争心理がはたらいていたのはもちろんである。そして丁度第一次大戦中、ドイツ軍国主義という抽象観念に具体的象徴を求める大衆の心理を背景として、カイゼルを戦争責任者として国際裁判に付すべしという世論が高まったのと均しく、第二次大戦中天皇を戦犯裁判に付すべしという世論も連合国側に強まったのである。ウインストン・チャーチルが、その自伝のうちで、第一次大戦中のこのような世論を一時的な感情論と批判したとおり、戦争終了後各国民の冷静さがとりもどされるに従い、このような主張は結局実現されずに終った。しかし太平洋戦争終了後、A級戦犯について東京裁判が行なわれた際、マッカーサー元帥にたいし、天皇を戦犯裁判に付すべしというつよい圧迫が若干の連合国から加えられた。これにたいし、天皇に好意を懐いていたマ元帥が極力この圧迫に抵抗し、そのことなからしめたことは、今では周知の事実である（マ元帥がA級戦犯裁判そのものにたいし極めて懐疑的であったことは余り知られていないが）。終戦前におけるアメリカでの天皇および天皇制に関する論議は、色々の角度から行なわれ、複雑多岐にわたっていた。天皇制論議の焦点は、日本民主化のために天皇制を存続せしむることの可否ということにあったが、それだけでなく、日本人を焦土戦においこまないで、ポツダム宣言を受諾せしめるについての天皇のカリスマ的な威力の利用価値、または占領政策の遂行に当って日本の官僚組織を利用する場合における天皇の価値というような角度からも、この問題が考慮されたのはもちろんである。

しかし、軍国主義の排除と責任ある政府の樹立というポツダム宣言を実現するについて、天皇制を廃止して共和国とするのを可とするか、あるいはこれを存続せしめ、立憲君主制で行かしめるのを可とするかが、アメリカの政治家たちの直面したむずかしい問題であった。国務省で、かつて駐日大使として十年間日本に滞在したグルー次官の下で働いていた、均しく知日家のドウマン氏の語ったところによれば、当時におけるアメリカの新聞論調は圧倒的に天皇廃止論に傾いていた。ある新聞はおみこしに天皇を乗せ、グルーとドウマンがこれをかついでいる漫画をのせていた。これは当時の世論が国務省内の知日派にたいし反対の感情をもっていたことを強く示すものであった。そして中華民国の孫科氏も、天皇保存論につよく反駁して、暗にグルー次官らの議論に対抗し、天皇制廃止の気運に油をそそいでいた。

アメリカの世論にはこのように、天皇廃止論的ムードがつよかったが、ワシントンの責任ある為政者たちは、この問題についてもっと慎重であった。しかし政府部内にも、ラティモア、ヴィンセント、ロスなどの強硬な廃止論者がいた。これにたいし、日本人の国民感情や日本政治における天皇の機能をよく理解していたグルーやドウマンらは、天皇制存続論を上層部に徹底することに努力し、政界の有力者スティムソン陸相も存続論に傾いていたので、存続論の方が政府部内の主流をなしていたと見ることができよう。

この主流派の主張は、ポツダム会談における合衆国代表のポツダム宣言草稿に現われていた。

ポツダム宣言の第十二項には、〃前記の目的が達せられ、かつ日本国民の自由に表明せる意志に従い、平和的傾向を有しかつ責任ある政府が樹立せらるるにおいては、連合国の占領軍は直ちに日本国より撤収せらるべし〃とあるが、合衆国代表の草稿には、さらに〃このことは平和を愛好する諸国家の完全に満足するに足りる証拠により、将来に亘って日本国における侵略的軍国主義の発展を不可能ならしむる如き政策を遂行せんとする真の決意を有することを確信せしめうる限り、現皇統下の立憲君主制（a constitutional monarchy under the present dynasty）を含みうるものとす〃、という規定がその後段に追加されていた。

しかしこの後段の部分を入れることには、マクリーシュ国務次官のつよい反対があり、結局公表直前に削除された。従ってポツダム宣言第十二項には、「日本国民の自由なる意志に従い」ということだけにし、一定の条件の下に天皇制の存続を保障するという連合国の意志は表示しないで、この問題は全然白紙の状態に置かれることになった。そしてドウマン氏の語るところによれば、天皇制保持論者は日本国民の自由に表明される意志に委せれば、当然天皇制は保存されるものと観測し、廃止論者は、日本国民の自由意志に委せれば、日本国民は共和制をえらぶだろうと、それぞれ希望的観測をもっていたということである。

米国の為政者はまたこの問題について、外国の要人の意見をも求めていた。一九四五年五月二十八日ホプキンズの質問に対しスターリンは、今の天皇は指導者ではなく、フィガーヘッドにすぎない。しかし将来強い性格の天皇が出現してトラブルを起こさぬともかぎらないから、天皇制は廃止した方がよいと答えた。スターリンの考えでは、日本が天皇を中心として再軍備され、復讐戦を試みることにたいする憂慮が、天皇制存否問題の焦点となっているようであるが、オーストラリアの天皇制廃止の主張のうちにもこのような恐怖思想が背後にあったようである。

　また一九四五年七月二十九日のフォレスター海相と英労働党内閣の外相アーネスト・ベビンの会見で、ベビンは天皇制存続の問題は十分検討を要する問題であるとはいいながら、廃止しない方がよいことをにおわせている。かれはこういった。〝第一次大戦後カイゼル制を絶滅せしめなかったら、われわれにとってよかったろう。ドイツ人からシンボルを奪い去ったので、ヒトラーのような人間をのさばらせる心理的門戸をひらいたのである。ドイツ人を立憲君主制の方向に指導した方が、はるかによかったであろう〟。右の言葉が自由主義者であり、また労働党の領袖であるこの人の口から出たので、フォレスター海相は吃驚したといっている。日本民主化のために、天皇制を廃止した方がよいか存続させた方がよいかの論争のうちには、純理論的なものの考え方と、経験論的なものの考え方の対立があり、ベビン外相の見解のうちには、経験論的なものの考え方が顕著に現われている。第一次大戦後、ドイツをふくめ東欧の多くの国は、民主主義と君主制は両立しないという純理論的考え方から、君主制を廃止して共和国となった。それらの国々は、果して民主化されたかというとそうでなく、象徴を失ったそれらの国々は、混乱をきたし、やがて独裁者の出現により民主主義の喪失をみることとなった。これにたいし、北欧諸国のように歴史的に成立した象徴をのこした国々の政治の方が、民主化の健全な歩みを示している。これは純理論が必ずしも正しくないことを示している。

イギリスの政治家は純理論にとらわれずに、これらの歴史的経験を眼中において問題を考えている。このことはまた、フランス革命前、ラファエットがジェファソンに革命後国王制をどうすべきかを尋ねたとき、つよい民主主義者であったジェファソンが、国王制は残しておいて差支えないではないかと答えた有名な話を想い起こさせる。フランス人はフランス革命によって、純理論に従って国王制を廃止した。しかしその後の約二世紀にわたる波乱多いフランスの政治史をかえり見て、果して国王制の廃止がフランスの民主主義発展の見地から賢明であったかどうかは問題として提供されている。

ポツダム宣言を受諾した八月十日の政府の回答文中には、〝国体護持〟の一線を確保するために入れられた、「右宣言ハ国家統治ノ大権（Prerogatives of His Majesty as a Sovereign Ruler）ヲ変更スルノ要求ヲ含ミ居ラサルコトノ了解ノ下ニ受諾ス」という了解事項があった。しかし連合国側としてこの了解事項を呑むことは、ポツダム宣言の無条件受諾（いわゆる〝無条件降伏〟）の線をくずすことになる。それかといって、これを拒否すれば、せっかくの日本の受諾が水泡に帰する虞れもあった。そこで降伏後における天皇の地位を具体的に説明し、かつポツダム宣言の線を一歩も退かない立場を宣明する回答をバーンズ外相が起草して、十月十一日にこの回答を発した。その要旨は左のごとくである。

㈠　天皇と日本国政府は、降伏条項の実施のため必要と認める措置を執る連合国最高司令官に従属することになる（この回答の当時の政府の訳文のうちには、〝天皇が最高司令官に従属する〟といって、一般国民に衝撃を与えることをしないよう苦心が示されている）。

(二)　日本国の最終的の政治形態は、ポツダム宣言に従い日本国民の自由に表明する意志で決定される。

この回答は、連合国が〝国体護持〟を保障しているものでないという意味では「ノー」であった。しかし日本政府側では暗黙のうちに了解事項をみとめたものと一方的に了解し、終戦の詔勅のうちにも、「朕ハ茲ニ国体ヲ護持シ得テ……常ニ汝臣民ト共ニ在リ」という章句ともなった。しかし実際には、この段階では国体を護持しえたとはいいきれなかったのである。

日本国の最終的の政治形態云々は、ポツダム宣言第十二項の趣旨をくりかえしているだけで、この線以上に天皇制の保持にフェボラブルな回答ではなかった。

しかるに日本政府側では、この「最終的政治形態」(ultimate form of government) の「アルティメイト」の文字を、第十二項に関連させ〝時〟に関するものと文字通り素直に解せず、「基本的」といった哲学的意味にこれを解釈して、最終的政治形態とは、すなわち〝国体〟のことを指すものと解釈した。そして〝国体〟のことは日本側で自由にきめうることを連合国が認めたものと理解した。

後にいたって松本委員会も、バーンズ回答のこのような解釈の下に、松本案に天皇の地位について、明治憲法と同様の規定を置き、総司令部側の拒否に会ったのであるが、その遠因はこうした右回答の素直でない希望的解釈にあったともいえるのである。

とにかく右のバーンズ回答によって、連合国が天皇制を保障する趣旨でなかったことは明らかであるが、同時にまた、降伏後直ちに天皇制を廃止する意志でないことは、連合国最高指揮官と天皇との関係を説明した部分から認められる。しかし天皇制存続問題を日本の憲法でどうきめるかということは将来の問題としてのこされていたのである。

ちなみにバーンズ回答中の〃最終的の政治形態云々〃は、ポツダム宣言にない新しい約束ではなく、ポツダム宣言第十二項の趣旨をくりかえしたにすぎないもので、これと関連させて読まれるべきものであった。そしてこの第十二項は連合国軍隊撤収の要件を書いたものであることをわすれてはいけない。そして「日本国民の自由に表明せる意志に従い、平和的傾向を有しかつ責任ある政府が樹立せらるる」という要件中、平和的傾向のある責任ある政府が樹立されたかどうか、またそれが日本国民の自由に表示せる意志によるのかどうかの認定権は、連合国にあることをも、併せて注意せねばならない。従ってまた、バーンズ回答中にある〃最終的〃というのは、〃時〃に関するのであるが、占領軍が撤収される占領の最終段階を指すのであって、占領終了後のことをいうのではない。ポツダム宣言とバーンズ回答の二つの文書を法的に分析すれば、右のようになるが、政治的には国体が護持されたから終戦にふみきるといった希望観測を日本政府側に起こさせるような巧みな書きぶりであって、名文家を以って鳴るバーンズ長官の一大傑作だともいえるであろう。

## 二　天皇制に関する米本国政府とマ元帥の態度

米本国政府内では、平和的傾向をもつ責任ある政府を日本に樹立するためには、明治憲法にどのような修正を加える必要があるのかについて、終戦前から、国務省を中心とし陸海両省もこれに参加して検討を加えていた。そしてその成果は、国務・陸・海三省調整委員会（State War Navy Coordinating Commitee =SWNCC）第二二八号という文書に収められている。この文書は、憲法調査会の渡米調査団が初めて入手したもので、これによって米本国政府とマッカーサー総司令部との憲法に関する態度の異同を知ることのできる重要な文書である。この文書は、明治憲法の改正に関する米本国政府の見解を内容とするもので、マッカーサー司令部に日本政府の改正案を検討する場合の参考資料として送られていたものである。

米本国政府の方針は、憲法改正は日本政府側をして自発的に行なわしめるということにあったが、日本政府の改正案は総司令部の検討を経て、O・Kを得なければならぬのであるから、総司令部に米本国政府の見解を知らしめて置くことが必要であるので、この文書が総司令部に送られたものである。

この文書は、改正の大綱を示したもので、むろん詳細な改正憲法草案といったものではなかった。後にマッカーサーが日本政府に手交したモデル草案が起草される際、これが参考にはされたが、必ずしもそのままこれに従ったわけではなく、また詳細な点は民政部法律家によってきめられたのである。

米本国政府による明治憲法改正の検討においても、天皇制存続可否の問題は大きな問題として考慮されたのであったが、当時は国内的、国際的情勢にかんがみどちらにもふみ切れなかった。従って右の文書でも、この問題は未定の問題として残されている。そして、日本における最終的な政治形態は、日本国民の自由に表明する意志によって決定さるべきこととなっていたのであるが、かりに日本国民が天皇制を保存することにきめた場合でも、天皇制を現在の形態で維持することは不可であって、それはどこまでも民主的な天皇制であることが必要だとされ、天皇制の民主性を保障するのに必要な多くの項目がかかげられているのである。

総司令部は、一月末までは、日本政府をして自発的に起草させるという本国政府の方針にもとづいて、日本政府案の提出を首を長くして待っていたのであった。ところが二月初旬知りえた松本案の内容が、法律技術的な修正に止まり、真に日本の政治機構を民主化する意図のない、きわめて保守的なものであると認定され、殊に天皇制を〝現在の形態〟で維持しようとしたもので、米本国政府の〝民主的な天皇制〟の要請に合致しないものであることが明らかになったため、これを拒否したのである。

先に述べたように、松本委員会は「最終的政治形態」(ultimate form of government)を国体と解釈した。「国体」は日本側に任せられているので、これについては現在の形態の天皇制の維持が約束されていると解釈し、この点に関するかぎり総司令部側が文句をつける権利はないと思いこんでいたので、松本案のような天皇に関する規定が書かれたのであったが、バーンズ回答は〝国体護持〟を約束したのではなかったことは先に詳細に説いたごとくであった。

そして最終的な政治形態は、日本国民の自由意志によって共和制をとるか君主制をとるかいずれをもえらびうることになっているが、日本政府が共和制をとる場合にも野放しではなく、ポツダム宣言にそう、日本民主化を保障するための若干の項目がかかげられているのであり、殊に天皇制をのこす場合については、それが〝民主的天皇制〟であることを保障する多くの項目がかかげられていたのである。従って〝現在の形態における天皇制〟を改正案にかかげた松本案を総司令部が拒絶したことは当然の処置であったといわねばならない。

当時、天皇制廃止論を主張するソ連、オーストラリアをふくむ極東委員会が日本の憲法問題についての最高の権限をもつことになっていたが、この極東委員会が二月二十六日に最初の会合をワシントンでひらくことになっていたので、マ元帥は、天皇制危うしと見て、民主的な天皇制を定め、かつその他の点でも米国政府及び極東委員会からポツダム宣言に照らして、文句のつけられないような案を速かに日本政府をして起草させ、それを日本政府案として提出させて、天皇制を維持せしめることが必要な措置であると考えた。そのために民政部をしてモデル案を起草させ、モデル案の線で日本政府案を作ることを日本政府に勧告したのである。その時このような迅速な措置をとることによって天皇制を維持しようとしたかれの心理は、マ元帥が私に宛てた書簡のうちによく現われている。かれは言う――〝当時日本の政治情勢は絶望的なものであった。日本の旧憲法は多くの点で比較的自由主義的で健全なものであったが、解釈によってゆがめられ、戦争の結果世論によって軽視されていた。日本の自治的な機構を維持してゆくためには、新しい憲法を直ちに制定することが必要であった。外国人による軍政か日本人による自治的な民政か、それがまさに問題であった。軍政を採用すべしとした多くの連合国の圧迫は強かったが、それには日本国を破砕しようとする多くの思い切った考え方が伴っていたのである。だがわたくしの固い決意と目的は、この強暴なそして日本を差別あつかいするような処置をとらしめず、日本の君主制をできるだけ速かに近代的な自由主義的な線に沿って再建することにあった。〟

マ元帥はまた言う、

〝天皇制は、日本の政治的、文化的な存続に固有な、また欠くべからざるものである。天皇自身をデストロイし、これによって天皇制を廃止しようとする悪質な企ては、日本国民の復興を妨げる最大の脅威の一つであったが、天皇制の存続はわたくしの不変の目的の一つであった。〟

マ元帥は、日本の歴史的継続性の見地から天皇制を不可欠のものと認めたのはもちろんのこと、敗戦によって、弱体化された日本の復興を可能ならしめるためには、天皇制を維持することが是非とも必要であると信じたのである。また天皇制廃止は日本を弱体化しようとする企図であると考えたのである。

そして天皇制を存続せしむるためには、天皇制を近代的な自由主義的な線で、再建することが必要であると考えたのである。

マ元帥はモデル案の起草を民政部に命ずる際、三つの原則を示したが、その第一は天皇制に関するもので、それは左のごときものであった。

〃天皇は国家の元首の地位にある。皇位の継承は世襲である。天皇の義務および権能は、憲法に基き行使され、憲法の定めるところにより、国民の基本的意志にたいし責任を負う。〃

米本国政府は、天皇制存続の問題は未定の問題として将来にのこしていたのを、マ元師は、本国政府の指令によらず、自己の裁量で天皇制存続にふみ切ったのである。そしてこのマ元師の指令に従って、民政部の法律家たちは、モデル案の天皇に関する案を起草したのである。そしてかれらは、右にのべた三省調整委員会第二二八号の要請した、〃民主的な天皇制〃を保障する諸項目に合致するように天皇に関する章を起草したのである。このようにして起草されたモデル案は、その後日本政府の法律家との交渉、衆議院における修正によって多少変わっているが、大体においてこのモデル案が現行憲法となっている。松本博士を頭目とした日本政府の法律家と総司令部側との交渉の経過を熟視すると、大陸法とくにドイツ法で訓練された法律家と、コモン・ローの訓練をうけた法律家の物の考え方の差異、それから生じた相互的誤解などが起こっていて、比較法の研究者にとって極めて興味あるエピソードをなすものであるが、それらはあまりに専門的なので、ここでは割愛することにする。

以上のように、マ元帥は天皇制に関する原則を簡単に指示しているのであるが、民政部の法律家が参照した三省調整委員会第二二八号では、日本国民が天皇制を維持するものとする場合における、天皇制の民主性を保障するための項目をかかげているが、それは左のごときものであった。

(一) 国民代表たる立法部の助言と同意にもとづき選任される国務大臣が、立法部に対し連帯して責任を負う内閣を構成する。

(二) 内閣が国民代表たる立法部の信任を失うときには、内閣は辞職するか、または選挙民に訴えるか、そのいずれかをとらなければならない。

(三) 天皇は、一切の重要事項につき内閣の助言にもとづいてのみこれを行なう。

(四) 天皇は、明治憲法第一章第十一条、第十二条、第十三条および第十四条に規定するがごとき軍事に関する一切の権能を剥奪される。

(五) 内閣は、天皇に助言を与えかつ天皇を助ける。

(六) 一切の皇室収入は国庫に繰り入れられ、皇室費は立法部により歳出予算の中に計上される。

右の外、共和制をとった場合にも適用される原則も適用をうける。例えば予算に関するすべての権限を立法部に与えるとか、国務大臣または内閣閣員はすべて文民でなければならないといった原則は、天皇制をとった場合にも適用をうけることになっている。

米本国政府が〝民主的な天皇制〟を考えた場合、大体においてティエールが〝君臨すれども統治せず〟と特徴づけたイギリス国王の地位をモデルとして考えていたことは、以上でも分かる。そして民政部法律家も、やはりイギリスの国王をモデルとして考えていた。アメリカの法律家は一般に欧大陸の法制は余り知らないが、イギリスの法制はかなりよく知っている。また高等教育をうけたアメリカ人はイギリスの憲政については、日本人などよりはるかにふかい認識をもっている。そこで〝民主的天皇〟を具体的に条文化するについても、イギリス国王の地位と権能を頭に置いていたことは当然のことといえるであろう。

〝イギリスでは形式は変わらないが、内容はどしどし変わる。これとは対蹠的に、他の国々では形式はどしどし変わるが、内容は一向変わらない〟といった人があるが、国王の地位に関するイギリスの法律及び慣習を一体として眺めるとき、それはたしかに民主的な君主制であるといえる。イギリスの制定法で〝イギリスは民主国家である〟とか、〝主権は国民にある〟とか書いたものは一つもない、然し書いてはなくとも、イギリスが最も民主主義的な国家であり、政治的主権が国民にあることは内外とも疑うものはない。しかし法の形式だけを眺めると、ある人が英国王はルイ十四世の〝レタ・セ・モア〟（国家それは自分である）といったあの専制君主を想わせるものがある、といったのはやや誇張だとしても、たしかにそうした面が濃厚である。つまりイギリスが民主的な君主のモデルとされるのは、法の形式ではなくその運用にあるのである。

イギリスの議院内閣制の下における内閣と国王との関係においては、国政の重点は内閣にあるのであって、国王にあるのではない。しかし実際上は、内閣がきめたことをすべて国王の命令の形式で行なうという、旧い形式を大切に保存していることがイギリス式いきかたである。

この形式と実質とが著しく異なるイギリスの国王の地位に関する原則を、民政部のアメリカ法律家が法技術的に構成したのが、日本国憲法の天皇に関する章の諸規定である。この技術的構成の背後にある根本的意図は、天皇を政党的対立の上に超然とした元首とすることにあった。以下これらの技術的構成について、この根本的意図との関連において、若干のコメントを加えることにする。

(一)　マッカーサー三原則のうちには天皇は元首の地位にあるとしているのに、またイギリス国王もイギリス国家の元首であることは何人も疑わないのに、第一条で天皇の地位を定義するのに、元首の文字をつかわずに象徴の文字をえらんだのは何故か。その理由は、元首という明治憲法におけるとおなじ文字をつかうと、再び解釈によって明治憲法下におけるような元首観が復活することをおそれたからであって、日本の特殊事情を考慮に入れた結果である。尤も象徴ということは憲法上の慣用語としては元首の属性としてつかわれてきたのであり、かつ他の条文で天皇が総理大臣や最高裁判所長官を任命し、国会を召集し解散することになっているので、天皇がこれらの国家諸機構の上に位することは当然のことである。起草者は、マッカーサー三原則における、天皇は国の元首の地位にあるということを否定したわけではなかった。これは起草者の一人が筆者に語ったところである。

(二)　天皇の地位の淵源に重要性をみとめて、この地位は〝主権の存する日本国民の総意に基く〟ものとしたのは、天皇の地位を民主的君主に関する近代的な考え方に合致するようにし、明治憲法の上諭のうちに述べられた前近代的な淵源理論を排除する意図で書かれたものである。原案には、この地位が〝その他の淵源に発するものでない〟という字句があった。これは積極消極両面から天皇の地位の淵源を明確にするためのものであった。この字句は、結局松本博士の意見を入れて除去されることになったが、民政部法律家の考え方、つまり上諭のような淵源の理論によるものではない趣旨をはっきりと出そうとしたのであった。ヨーロッパでも、国王の地位は神から授かったという、国王の地位の淵源を神に置く神学的理論から、国民の主権意志にもとづくという理論へと変遷してきたのである。今では多くの成文憲法ではこのことを明記している。日本国憲法第一条のこの表現も、それらにならったもので、これにより天皇の地位に関する考え方が近代化されたものといえる。

(三) 第二条では、皇室典範は国会の議決した皇室典範として、皇室典範を国会の定める法律事項としたのも、現行イギリス法に合致せしめたものに過ぎない。

(四) 第三条と第四条で、「国事に関する行為」と「国政に関する権能」とを分け、天皇は前者のみ行なうこととし、これを行なうについては、すべて内閣の助言と承認を必要とし、また国事行為について天皇には責任なく、内閣が責任を負うことを定めている。この角度からの分類は、イギリス憲法も同様であると見てよい。もっとも原案のこの分類自身は、民政部法律家の創意によるものであって、従来の憲法文献には見られない分類方法である。イギリスでは、形式上国王は〝国政に関する権能〟をもつものとして表現される。いわゆる〝国事行為〟は〝国政〟に関する行為と考えられている。しかし国政に関する権能というのは、日本国憲法では実質的権能の意味でつかわれているのであるから、その意味ならイギリス国王は国事行為のみを行ない国政に関する権能をもたないのを原則とするとも表現しうるであろう。

(五) 天皇の国事行為がすべて内閣の同意と承認により行なわれることを明確にした以上、実際の政治的決定が天皇ではなく、内閣にあることは十分明白なのであるが、第七条はさらに認証(attest)という法律技術をつかっている。国務大臣及び法律の定める官吏の任命、全権委任状、大使及び公使の信任状、大赦、特赦、減刑、刑の執行の免除及び復権、批准書及び法律の定めるその他の文書について、内閣できめたことを天皇が認証することになっている。

これは国政の主体は内閣であって天皇でないことを示す趣旨であって、それ自身としては差支えないのである。しかしこの法的技術をもちこむと、いたずらに解釈を複雑にするのみならず、特に外交関係において、例えば英国が日本に大使を送る場合には、英国王が天皇に対して信任状を出すのに、日本では内閣総理大臣が英国王に対して信任状を出し、天皇はこれを認証するという形式をとらざるをえなくなるので、形式上は従来の国際慣例によることができなくなる。そこで私が貴族院議員として日本国憲法の制定に関与していたとき、私のハーバードの後輩である民政部の法律家に会って、認証という法的技術を除去し、イギリスとおなじように、栄典授与や外国の大公使の接授と均しく、これを天皇の直接行為とするようにしても、内閣の助言と承認を要件とするかぎり、天皇制民主化の政策と矛盾するものでないことを説いた。民政部法律家も結局私の見解に同意し、貴族院でそのように修正すれば、総司令部として異論はないということであった。そこで貴族院に、山田三良、高柳賢三の名で修正案を出したのであったが、金森国務相の修正反対の演説があって、この修正案は否決され、原案そのままとなったのである。当時幣原さんはわざわざ私のところにきて、自分も修正案に賛成なのだが、金森がこれが修正されるなら、自分はやめると言っているので、今金森にやめられては困るから、政府としては修正反対の立場をとらざるをえないと私に語った。なぜ金森国務大臣がこのようなつよい修正反対の態度をとったかは今なお不明である。

この認証という文字について、松本博士は〝天皇を公証人あつかいしている〟としているが、しかしこれは認証という言葉の用例を知らないことから生じた誤解であるように思われる。認証は上位にある人が下位にある人にたいしてもなされる慣例なのであって、この場合、上位にある天皇が下位にある内閣の行為にたいして認証が行なわれる趣旨であることは明らかである。信任状が天皇の認証の下に行なわれても、天皇を内閣の下に置くなどという意向は起草者にはむろんなかったのである。形式は信任状に関する国際慣例の形式に反するが、認証者が元首で、それが主体となって、他国の元首にあてた信任状であるとも解しうるのであり、また諸外国ではそのように理解して、国際的になんら不都合を生じていないのである。これらの場合、どこまでも決定権は内閣にあるというイギリス憲法の原則をこの言葉をつかって表現しようとしたにすぎないのである。

これを要するに、日本国憲法の下でも天皇は象徴でありかつ元首であるというのが、原案起草者の意図であった。元首ではあるが国政に関する権能をもたない、イギリス国王と同じく政治的権能はなくったが、日本国の象徴であり日本国民の統合の象徴であるという重要な地位にあるのである。数年前シンガポール憲法制定の際に、首相がこれを解説する演説のうちで、英国王を代表するガヴァナージェネラル（総督）の地位を、象徴的元首（symbolic head）であると説いているのを私は見たが、日本国憲法における天皇の地位は、正に〝象徴的元首〟であるといって差支えない。それが原案を作成した民政部法律家の意図したところである。原案起草者によれば、日本国はこの憲法の下でもイギリスとおなじく立憲君主国（constitutional monarchy）であり、その元首は天皇である。そして世界各国の政府もこのような解釈の下に行動しているのである。

しかるに日本の有力な憲法学者中には、象徴という言葉が憲法上つかわれる場合には元首の属性を示すのであることが常例である点に留意せず、元首という言葉は必然的に明治憲法下のように、実質的な政治的権能を伴うものと解釈し、その前提の下に、元首と象徴との二つの概念を切りはなし、元首天皇か象徴天皇かと二者択一的な二つの概念を構想し、さらに進んで、元首という文字がつかわれていない新憲法下における元首は、天皇でなく内閣または総理大臣であるとし、更に進んで日本国はすでに君主国でなく共和国であるというように説く人も出てきた。このような解釈は、原案起草者の解釈でなく、またそれが世界各国の政府の日本国憲法の理解のしかたでもない。むろん学問は自由であるから、このような学説を唱えることも完全に自由である。学界における百家争鳴はむしろ歓迎すべきことかも知れない。それら異なった学説は歴史の現実の流れと共に漸次陶汰されていくからである。

またこうした解釈を行なう人が純学問的でなくそこに政治的意図があったとすれば、それは明治憲法における天皇制への復帰を警戒するにあるのかも知れない。しかし日本は共和国であり、その元首は岸総理大臣とか池田総理大臣とかであり、天皇は〝アクセサリ〟のように見ることが、日本国憲法の定めるところであるというような表現が、一般国民に与えた影響は大きかった。明治憲法下の天皇制への復帰を欲していない人にまで、そんなことを規定した新憲法はどうかなと首をかたむけさせることになり、復帰への反感というより新憲法そのものへの反感となって改憲論を誘発している。かくして天皇が元首であること、または日本が立憲君主国であることを明文で示すよう憲法を改正すべきである、というような改憲論に賛成する人を多くした。私はこのような解釈は、新憲法にぬれ衣をきせることになると考えたから、私がそれらの人に新憲法下の天皇は象徴的元首であると説くと、それらの人は別に明治憲法へ復帰することを要望しなかったのみならず、これを非としていたので、それなら改正の要はないと考えるようになった。天皇制に限らず、一般に新憲法の真意を十分に把握しないため不必要な改憲論を惹起していることが憲法の他の部分についても相当にあるように見受けられる。これはアングロ・サクソン的法律家によって起草された日本国憲法を、旧ドイツ解釈法学の条文中心主義に従って解釈したためであることが相当多いようである。それらの解釈は、いわゆる〝英文をドイツ文法で解釈する〟ための誤った解釈ともいえる。この共和国説や総理大臣元首説も、ドイツ国法学のカテゴリに当てはめた天皇の地位の所説である嫌いが大いにあるのではないかと思う。かくして原案起草者の一人は、この日本法学者独特の解釈を聞いて、目を丸くして驚いたのであった。もっとも日本法学者の右のような学説は、一七四四年一月五日のジェイムズ二世のハードウイック大法官との非公式会談で、国王が笑いながら、〝この国では大臣が国王である〟といったという有名な話を想起させるのである。

### 三　象徴と元首の分離と統合

イギリスの憲法史を読んだ人は、象徴（シンボル）という文字は、元首の属性として、或は抽象的な国家ないし国民をその目にみえる元首によって表示する意味にも、また国民の結合を元首によって表示する意味でもつかわれてきたことを熟知しているのである。

このシンボルという言葉について、一九三一年のウェストミンスター法の前文に、〝クラウンは英コモンウェルスの成員の自由な結合の象徴(Symbol of the free association of members of the British Commonwealth of Nations)〟とあることはわが国の学者も知っている。しかし〝結合の象徴〟という思想は、この法律で初めてつかわれたのではなく、古く一八六七年に公刊された古典的なバジオットの憲法論中の、モナーキーを取扱っている章のうちで、国民は政党に分かれているが、国王はいずれの政党にも属しない、これによって国王は相争う政党のいずれからも敬愛される存在として、〝目に見える統合の象徴（a visible symbol of unity)〟となるのだといっている。つまり象徴という言葉は、古くから元首に関するイギリス憲法の慣用語となっているのである。右のウェストミンスター法は、この慣用的文字を英コモンウェルスの統合につかったにすぎぬのである。従って、例えば英米人が、日本国憲法第一条の天皇は日本国の象徴であり、日本国民の統合の象徴であるという表現を見ても、英国の元首についてつかわれた文字を借りてきたものであることが一見明瞭であり、少しも驚かないのである。このイギリス国王の統合性を表示する慣用語を、民政部の法律家は天皇の地位を表示するためにつかったのであるが、この言葉はわが国民一般はもちろん、法律家にすら奇異の感を懐かしめたのである。例えば松本国務大臣すら、総司令部からモデル案を受取り、これを一読したときの感想として、〝それからどういうことが書いてあるかと思って見ると、天皇は象徴である、シンボルである、という言葉がつかってあって、憲法のようなものに文学書のようなことが書いてあると思って、大いにびっくりしたのであります〟と語っているのである。この象徴という文字を読んだ教養ある人達の大部分も、松本博士と同じように一時変に感じた。しかし天皇が〝元首〟であるという明治憲法の用語も、実は外国語の翻訳語であり、バイエルン、ザクセン、ウュルテンベルクの憲法中に〝王は国の元首なり〟とあるのに倣ったものである。そして明治憲法の起草者は枢密院にたいし左のごとく報告している。

〝欧州政理ヲ論スル者ノ説ニ曰、国家ハ有機体ト其ノ成立ヲ同クスル者ナリ。故ニ統治ノ大権ハ国家ノ覚性ニシテ、之ヲ「元首」ニ総ヘサレハ其ノ生活ヲ保ツコト能ハサルナリ。統治ノ大権大別シテ二トナル。曰、立法権、曰、行政権。而シテ司法ノ権ハ実ニ行政権ノ支派タルニ過キス。三権各々其ノ機関ノ輔翼ニヨリ之ヲ施行ス。一ニ皆元首ニ淵源シテ而シテ「元首」ノ心思及作用ハ各部機関ノ輔翼ニ依ルニ非サレハ、以テ国権ヲ表明スルコトヲ得ス。国家ハ一ノ公体ニシテ私体ニ非サレハナリ云々〟

このドイツ語の訳語であった〝元首〟という言葉は、当時としては右のような詳細な解説を必要としたのであったが、しばらくすると何人も奇異の感じをもたぬようになった。〝象徴〟の語も初めは奇異の感があったが、今では大分慣れて憲法上の用語としてすでに奇異感がとれてきたようである。

次に日本国憲法を新たに解説した公法学者も、通常大陸の公法学的文献はよく読んでいたが、イギリス憲法史のふかい研究はしていなかった。一般人とおなじく、この言葉の憲法上の用法を熟知してはいなかった。そして民政部の法律家が、天皇が日本国の元首であることはもちろんとしつつ〝元首〟の文字をわざわざ避けたため、元首の文字が憲法に姿をあらわさなかったので、テキストの文字に異常な重要性を置く公法学者には、日本国憲法の下で天皇が果して元首といえるのかどうかが問題として提起された。そして元首天皇と象徴天皇というカテゴリを作りあげ、日本国憲法の下では、天皇は元首ではなく象徴であるというふうに多くの学者によって説かれるにいたった。むろん〝元首〟という言葉の意味を、明治憲法のように統治権つまり政治的権能をもつ者というふうに限定すれば、新憲法における天皇は、〝国政に関する権能〟つまり政治的権能をもたないのであるから、演繹論理によって、天皇は元首でないという結論が出てくる。そしてかかる政治的権力をもつ最高位にある者は、日本国憲法の下では内閣ないし総理大臣であるから、内閣または総理大臣が元首であるという結論を出しても論理的に誤りではない。しかしこれは、政治的な〝力〟のみに重点を置いた元首の考え方である。この考え方からするなら、日本歴史中、武家時代には将軍が元首であって、天皇は元首でなかった、それが明治維新後になって初めて天皇が元首となったのだ、と結論を出しても、論理的に誤りであるとはいえないであろう。またこうした論理をつみ重ねて、日本は共和国であるともいえるであろう。

これは、一見常識に反すると感ぜられても、一定の前提をおいてそれから論理的結論を出した一つの〝学説〟であることを私は否定しない。しかし、これとは全然異なった元首の考え方もあることもまたこれを認めねばならぬ。周知のように、ヨーロッパにおける君主制は、民主主義の発展とともに、かつての政治的な権能をもった君主から、漸次〝君臨すれども統治せざる君主〟つまり象徴的な作用を主とする君主の方向に変化していった。しかしそれかといって、かかる象徴的な君主もやはり元首であると一般に考えられているのである。同時にまた、共和国という言葉も〝世襲の君主のない国〟というふうに一般に考えられているので、日本国憲法下の日本を共和国とすることは、一般人に奇異の感を起こさせることは当然である。

純象徴的意味をもつ世襲の君主も元首であると考えられている例としては、例えば英国王の現在の称号中にコモンウェルスの元首(Head of Commonwealth)という文字がある。コモンウェルスの一員であるインドやパキスタンは独立国であり、エリザベス女王はそれらの国の上になんら政治的権能をもつものではないが、やはりコモンウェルスの元首(ヘッド)という文字がつかわれている。またインドがコモンウェルスの一員となる条件として、the Symbol of the free association of independent nations, and as such the Head of the Commonwealth として英国王の元首性を認めているが、そこでは結合のシンボルという言葉と元首(ヘッド)という言葉が相並んでつかわれているのである。シンボルはヘッドと両立し、統合のシンボルはヘッドの属性であると考えられているのである。シンボルであるがゆえに元首ではないとは、考えられていないのである。

民政部の法律家の考え方も、やはりシンボルとヘッドを、分離した概念としてではなく、結合した概念として考えていたのである。諸外国も象徴と規定された天皇を日本国の元首として取扱い、総理大臣を元首として取扱ってはいない。これは国際法上の概念で国内法とは別だと考える人もあるが、これは誤りである。なぜなら国際法上、何者をある国の元首とみとめるかは、その国の憲法によるというのが、国際法そのものの原理であるからである。諸外国は、日本国憲法の下で元首は天皇であると解釈するがゆえに天皇を元首として取扱うわけである。これに対し、日本政府も、いや日本国憲法では元首は総理大臣で天皇ではないと抗議したことはない。かくして、天皇は元首でないという学説は、実際から遊離したアカデミックな、しかも概念法学的な理論であるとしてイエリング禅師からおしかりをうける種類のもののように思われる。しかし私は多くの若い法律家と語って、これが新憲法の正しい解釈と考えているものが多いのを見て、我国における〝学説〟の影響力のつよいことを今さらながら痛感した。

この元首であるなしの二つの考え方のいずれをとる者も、天皇が象徴であるとする点では争いはない。実際政治に着眼する一般英人はこの象徴ということに国政上大きな価値をみとめている。先にかかげた労働党内閣のベビン外相の、カイゼル制を廃止してドイツ人からシンボルを奪ったことは、連合国の大きな誤りであったという見解のうちにも、この思想が潜在している。また、マッカーサー元帥も、象徴的元首としての天皇に、日本の国政上における大きな価値をみとめていた。憲法議会がひらかれている当時、若干の貴族院議員が、貴族院議長公邸で民政部の法律家たちと会見したことがあるが、そのとき、ホイトニー代将が、大きな声をはりあげて、天皇にはすべての尊厳（dignity）と名誉（honor）が与えらるべきである、しかし実際政治に介入することはしないというのが新憲法に関するマ元帥の考えであるといった。その言葉は、いまもなお私の記憶に新たなところである。そのとき私はバジオットが、憲法には尊厳的部分（dignified part）と実用的部分（efficient part）があるとし、実際政治における尊厳的部分の重要性を説いている個所を想起したことであった。

経験を重んずるイギリスの民主主義者は、一般に国政における尊厳的部分の重要性を認めるが、純理的な民主主義者は、この尊厳的部分を冷笑する。このことはわが国でも象徴の価値の考え方にあらわれている。例えば吉田元首相が、〝天皇は象徴であらせられる〟といったのは、単に明治憲法時代の古い感覚と解釈すべきではなく、バジオット的な考え方に従って、憲法における尊厳的部分に大きな価値をみとめる態度であると解釈することができる。これに対し、戦後におけるわが国の多くの憲法学者が、〝天皇は象徴に過ぎない〟と考えるのは、象徴の価値を軽視する純理論派の民主主義者の心理を示すものといえるであろう。この後者の態度の背後には、共和国を立憲君主国よりもより民主的なものとする意識が潜在するようである。しかし、イギリス人は〝共和国〟という国家形態が必ずしもより民主的、より理想的国家であるとはいえないことを歴史的経験によって知っているので、かかる抽象的なアカデミックな純理論に敬意を表しない。むしろこれを政治的経験のない学者のナイーヴな生硬な民主主義論と考える。この点はとくに若い学徒が十分に反省してもよい点である。

民主主義の基本原理にもとづいて政治が運用されている国々のうちには、君主国もあれば共和国もある。君主国の場合の世襲の君主は、現代では主として国民の統合を象徴する作用をいとなんでいる。イギリスでも、十九世紀末には純理的見地から、キング不要論が社会主義者によって説かれた。今ではそういう考え方の人は少なくなったが、絶無というわけではない。しかし、シドニー・ウェブのような社会主義者でも、貴族院廃止論を説いたが、国王制は維持すべきものと考えた。そして今では保守党のみならず、労働党も国王制を支持するに至った。民主主義的政治は政党を中心として動く、各政党は、おのずから対立の姿をとって互いに闘争して、国民を分裂させる。しかし一国の政治にはこの分裂の外に国民を統合する作用が必要である。この統合の作用を世襲の国王がいとなんでいるのである。イギリスがその適例であるが、日本国憲法もおなじ趣旨である。

それでは共和国はどうかというと、やはりそこでも政党を中心として政治が動いて行くので、必然的に対立抗争が国民を分裂させる。それで共和国になると国民の統合ということが政治上不必要であるかというと、そうではなく、何らかの統合の象徴を必要とすることになるのである。

第四共和国までのフランスでは、大統領をイギリスの国王とおなじく象徴的なものとした。

そしてフランスの大統領は原則として政治的に有能でない人をえらぶ傾向がつよく、有能な政党の首領が大統領となったのはきわめて例外的であった。ワイマール憲法下のドイツでは、ヒンデンブルグのような有力者が大統領となったので首相との衝突をきたした。

アメリカの大統領は、元首と首相をかねた地位にある。そして首相としては、政党を背景として政策を実行するが、他面また元首としては、反対党の人達をもふくむ米国人全体を代表する機能をもつものと考えられている。ある学者は、この後の面から大統領は全米国民のシンボルであると説いている。現行憲法の下におけるド・ゴール大統領の地位は、アメリカ大統領に類似する。

シンボルとしての世襲の国王と大統領とを比較すると、国王の方は永続性をもつが、大統領は政変とともに変わるし、また大統領は政党政治家出身である。そして政党政治家は、その政党との関係のゆえに、国民の半数ないし相当の部分から敵視される傾向がある。従って国民統合の象徴としては、国王よりも大統領の方が適格性が少ないことは、共和国の政治家もみとめている。

また共和国でも国民統合の象徴とし、また国歌によってこの統合の作用をいとなましめようとしているのは、この統合の象徴ということが国政上重要であることの認識をあらわしている。

政治的分裂とともに国民の統合という機能が政治上必要であることを認めていることは、君主国でも共和国でもおなじである。

フランス革命の際は「平等」の理論から国王は廃止されたが、やがては、統合のシンボルとして、これに代わるものの必要を感じてアベ・シェイエの憲法では、神聖ローマ帝国の国王選定権をもった選挙侯にならって、〝大選挙侯〟の職を置き、これを以て立憲君主国の〝君主〟に代えようとしたのであるが、これはやはり国民統合の象徴の必要を感じたからである。しかし、巧みに立憲君主を模倣したとのティエールの賛辞にもかかわらず、かかる技巧的な職を置いても、イギリスの世襲的な国王のように象徴的作用を充たすことができなかったのは当然である。とにかく、共和国になっても国民統合の象徴をもつ政治的要請はなくならないのである。

日本でも十九世紀のイギリスの社会主義者のように、〝平等〟の理念から新憲法下の天皇制をも廃止すべきであると唱える人もある。特に青年の間にはそうしたムードが潜在する。天皇と皇族には特別の地位があたえられ、一般国民と法的に平等ではない。しかしこの〝不平等〟をみとめつつ国民統合の象徴を大切に保存することが、国政全体の実際的運用の上から必要なのではないか。民主政治における国民統合の象徴の価値という角度から、この問題をふかく掘り下げて考えなければなるまい。つまり、憲法第一条の意味は、民主政治における象徴的元首の価値という角度から評価されねばならないと思う。

## 四　むすび

最後に私自身の結論を書いておこう。

(一)　マ元帥が天皇制をのこすことにきめたこと、そしてまた近代的な民主的な天皇制を残したことは、日本民主化の将来にとってよかったと私は考える。

(二)　日本国憲法の天皇の章の解釈としては、日本が立憲君主国であり、天皇は象徴的元首であるとする原案起草者の解釈が正しいと考える。日本国は共和国であり、元首は内閣または総理大臣であるという概念法学的解釈には賛意を表しえない。

(三)　明治憲法下の元首に復元することにはむろん反対であるが、天皇制廃止論にも反対である。象徴的元首としての天皇制の存続は、日本民主化のためにプラスであると考えている。

(四)　民主主義に基く国政における、象徴的元首の国民を統合する価値については、これを高く評価すべきであると考える。〝平等〟という抽象的観念から象徴の価値を否定し、また政治的〝力〟の観点から天皇は象徴にすぎぬと低くこれを評価する純理的見方は、実際政治の統合の作用を無視した短見であると考える。

(五)　天皇の章には、改正を必要とするような重大な実際上の不都合は認められない。従って改正の必要はないと考えている。

# 第二章　英米人のみた天皇制

憲法調査会の地方公聴会でわたくしは、国民各層の声を傾聴し、大いに啓発されている。これらの公聴会で多くの人の最大の関心をあつめている問題は、憲法九条を中心とする世界平和と国の防衛についての問題と、憲法第一章をめぐる天皇制の正しいあり方いかんという問題の二つである。

ここでは、外国の識者が日本の天皇制をどういうふうに見ているか、また、どう考えているかについて、わたくしの眼にとまった次の二つの評論を掲げて、これについて、わたくしの感想を若干書いてみようと思う。

## 一　天皇の精神的役割

数カ月前、皇居の位置選定問題がやかましく論議された際、若干の革新主義者たちは、皇居は、首都の中心にあって広いホリと老松生い茂る巨大な石塁にかこまれたあの堂々たる敷地から去り、五〇マイルほど南にある葉山の御用邸か、あるいはもっと遠くの富士山ろくへでも移転すべきであると提議したが、このことは、今日の日本に行なわれている君主の役割についての考え方の混乱をよくあらわしている。天皇を田舎に追いやってしまうという極端な考えまではいかないとしても、新しい日本の近代的な型の君主が、かつて独裁者であった将軍の城塞に住むということが多くの日本人にはぴったりこないようである。天皇家の人気が空前の高さにたかまり、国民がわれを忘れて歓喜にひたりきった皇太子の御婚儀に際してさえ、西欧の王国の標準からみても、また、共和国の標準からみてさえも非常に質素すぎると思われるほどのあの儀式に、あまりに金を使いすぎたという批判の声――けっして君主制そのものに敵意をもっているわけではないけれど――がきかれたのであった。

**「現人神」** 一九四五年にいたるまでは、少なくとも理論的には、天皇は「現人神」(あらひとがみ)であった。すなわち、サー・ジョージ・サンソムが述べているように、天皇は第八世紀の諸勅令で定められた方式により、聖なる皇祖より連綿とひきつがれた国を統治するという職務を遂行するこの世の神なのであった。終戦にいたるまで、すべての学校で事ある度に、しばしば、厳粛に、うやうやしく読まれた一八九〇年の教育勅語には、皇位は「天壌無窮」と記されているし、明治憲法には「万世一系ノ天皇之ヲ統治ス」とうたわれている。

一九四七年に制定された新しい民主憲法では、「この地位は、主権の存する日本国民の総意に基く」ものとして、天皇を日本国および日本国民統合の単なる「象徴」にしてしまったのである。しかし、この概念を日本語で表現するのは非常にむづかしかった。日本は、その憲法によれば、公的においてさえ君主国ではない。その政体については、どこにも明確には規定されていない。大臣は天皇によって任命されるのではないし、大公使は天皇によって信任状が出されるのでもなく、裁判は天皇の名においてなされるのでもない。国務大臣は、天皇により任命されるのではなくして、「認証」されるのである。天皇は、事実、国家の本質的機能は、なにひとつ行なわないのである。

天皇制に好意をよせる人たちおよびもっと厳密に法的な定義をすべきだと主張する人たちは、この発展が終局的には英国およびスカンディナヴィヤの伝統を模範とする立憲君主制となることを希望している。日本が独立を回復して以来、皇室は、英国民がその君主を遇しているやり方に、ふかい関心をよせてきた。そして、現在の日本の皇室の地位と予算の範囲内で、こまかい点でその例にならおうとしてきている。皇太子の家庭教師たる小泉信三博士は、帝王学の教科書の一つとして、サー・ハロルド・ニコルソンの「ジョージ五世の生涯」を用いた。皇太子と正田嬢との結婚について、彼は非常に重要な役割を果たしたのであるが、その結婚は、日本の天皇を人間化したい、国民にもっと近づけたいという同じ動機に発するものであった。

彼および彼と心を同じくする人たちの願いは、次の御代に新しい日本の君主制を成立させようとすることにある。現在の天皇は、実は自由主義的な政体の下での立憲君主としてしつけられたということを想い起こすのは興味深いことである。しかし、軍国主義者たちはそれを強いて異なったものにさせてしまった。天皇は勇敢に難局に対処し、その神性を放棄し、彼に課せられた新しい民主的な役割を彼独特の誠実さをもって果たしたけれども、彼は、どうしても、長い間につちかわれてきたなかば神がかり的な、雲の上からの統治から完全に脱皮することはできなかった。過去との断絶は、彼の息子によってのみ可能なのである。

しかし、多くの局外者の意見によれば、日本の君主制にとって、時は急をつげている。現在の過渡的状態をあまり長く待っている余裕はない。積極的な反対よりもむしろ無関心と懐疑によって君主制は次第に消え去る危険に瀕してきている。国会においては共産主義者は別として、共和制論者が一人だけ存在している。しかし、かれの場合はむしろ異常なケースである。少しでも弁識力をそなえた大多数の日本人は、現在のままの制度を完全に支持している。そして歴代の保守党内閣は、昔のこっとう品や芸術作品と同じように、天皇をたな上げしてしまって、それに満足している。

天皇の憲法上の地位のあいまいさ（そしてその修正は時期尚早であるが）は別として、天皇は国民生活の中で明確な役割を果たしていないというところに問題がある。もちろん、それは一八六八年の明治維新以前においても全くそのとおりであった。すなわち、天皇は、一千年もの間京都において君臨はしていたけれども、全権をにぎっていた歴代の執権ないし将軍がみずからの名において、圧制的な統治を行なっていたのであった。しかし、このような時代にあっても、天皇は非常に無力ではあったけれども、なお、国家的宗教の首長であり、国民伝統の権化であり、社会のピラミッドの頂点にあったのである。

**「神秘性失う」** しかし、日本の各地から東京に来て、毎日全くの自分の意思で、名誉なこととして、皇居の庭を手入れしているかっぽう着を着て手ぬぐいをかぶった勤労奉仕の婦人たちのような人たちをのぞけば、現在、すでに神秘性というものはなくなり、神話もやぶられた。天皇が国会を開く際にも——それは現在公に遂行する天皇の最も重大な機能であるが——若干の憲法専門家によれば、天皇は権利として行なうのでなく、招待によって行なうのである。

英国の女王は、毎日種々雑多な権能を行ないそれに忙殺されているが、それにくらべれば、日本の天皇は無理に無活動な生活を送らされている。天皇は、展覧会の開会をしたり、新しい建造物の落成の辞をのべたり、スポーツの大会に出席したり、あるいは、たまには国内旅行をされたりするけれども、それらのことは、比較的少ない。大衆の目を奪うようなページェントは行なわれない。皇室の予算は貧弱なので、それを許さないのである。宮廷は、もはや栄誉の源泉でさえなくなってしまった。

日本の立憲君主が実際いかにあるべきかについて、法の上では、種々のあいまいさその他種々の制限もあるが、それをこえて、日本は終戦直後、示唆をうけた。占領軍当局の助言によって、天皇は、国内のあらゆる場所を旅行された。天皇は、神々しい印象的な風彩の人ではなかった。しかし、彼は、非常に控え目であり、ぎこちなかったし、また、誠実であり、悪びれたところがなかったので、生涯にはじめて天皇をまのあたりに見ることができた幾千の人々に非常に慕われるにいたったのである。

一九五一年以来、このようなことはとりやめになってしまった。従来、「菊のカーテン」とよばれていたものが、再び宮廷にはりめぐらされた。宮内庁の役人たちは、従前の確立した物事の処理方法をどのように変えたらよいかわからなかったし、また変えたいとも思っていなかった。扈従者はますます多くなったし、警官の警戒はますます念入りになり、旅行はますますまれになり、国民との接触は緊密の度をうすくした。前式部官長松平侯爵は一九五七年に亡くなったが、日本の君主制はいかにあるべきかということについて、はっきりとした見解をもち、また、注意ぶかくではあったが、改革を断行するじゅうぶんな力をそなえていた唯一の人物であったのだが、この人が他界してしまったのである。

しかし、天皇制は有用であると認めたマッカーサー元帥の明敏な洞察は、現在なお正しい。日本が敗れ降伏をしてから、すでに一四年の歳月が流れたけれども、日本人は、いまだになおその忠誠を捧ぐべき焦点を発見できないでいる。旧来の宗教的な信念と訓練はなくなったか、あるいは非常に弱められている。新しい民主主義が年ごとに確立されてゆくとしても、国民大衆はいまだこれを尊重していない。

主権者の意思を具現する国会はしばしば批判の対象となり、軽蔑の対象とさえなっている。諸制度は、なお変革されている最中であり、占領軍の定めた諸様式から脱皮しており、純粋な日本式になりつつある。この精神的真空と制度の変化の中にあって、多くの日本人は政治の混乱を越えた安定性と連続性を与え、国民感情の焦点となり、印象ぶかい過去との必要な結びつきをあたえるために、君主制は、不可欠の役割を果たすべきであると考えている。ある者は、立憲君主制をとるには、日本人はあまりに感情的すぎる国民であると反論し、日本人は、君臨すれども統治しない天皇に、実権を与えることになるだろうとしている。しかし、今日ではこれと反対の方向に強く傾いているように思われる。そして君主制の精神的役割に代わるべきものは、共和制ではなく、むしろモスコーの哲学である。そして多くの日本の青年および知識人はこの哲学に屈伏しようとしているように見える。

## 二　天皇の価値と権能

日本の法学界の最高権威者たちは、新憲法下における天皇の地位について意見を一致させることができなかった。このことは、議会で行なわれた憲法草案の討議の間にじゅうぶん証明された。そして、その草案は、ほんの少し変更されただけで可決されたのである。

しかしながら、天皇裕仁は、一九四五年、日本の敗北を認めようという助言者たちの決定を受けいれてこれをみずから表明するとともに、民衆が占領を容認するよう暗黙のうちに指導することによって、皇室を立憲君主制への軌道に乗せたことは明らかである。

逆説的にいえば、皇位は、新憲法によって、象徴であると規定されると同時に、それまで何世紀にもわたって象徴にすぎなかったのが、象徴以上のものとなったのである。

第一条は、このようにして、「天皇は国政に関する権能を有しない」とぎこちなく規定する第四条と同じく、公布と同時に空文となった。この第四条は、天皇は内閣総理大臣および最高裁判所長官を任命し、法律および政令を公布し、国会を召集し、衆議院を解散する等の権限をもつ、と定めている他の条文と矛盾している。このような行為は、すべて「内閣の助言と承認」によってなされようとなされまいと、国政に関する権能の行使にほかならない。

**「君主制の価値」**　これらの行為は、立憲君主の正当な権限に属するものであり、その尊厳に欠くべからざるものでありバジオットが英国君主制に本来そなわるものとし、また、「思慮のある賢明な君主は他のものを欲しない」と主張する三つの権利を、君主が行使することと一致するものである。それは、「相談をうける権利、奨励する権利、警告する権利」である。日本の自由主義者たちはバジオットの行なった立憲制度における君主制の価値と性質の古典的な分析をよく読んで、これを理解するよう国民にすすめることが最もよい行き方である。

内閣が単に助言を与える一つの源に過ぎなかった間は、しかも、それが一番弱い源に過ぎない間は、国の名目上の元首はさまざまな糸によってあやつられ、そして必然的に最も強い糸のひくままになるあやつり人形となるほかはなかった。内閣が助言の権限を独占するようになって、天皇は、一八六七年の明治維新が天皇に与えようとして与え得なかった尊厳さをもつようになったのである。明治天皇が、彼自身およびその後継者に与えた空虚な独裁権を奪われて、ここに皇位は限られた、しかし、真正の権限を保持するものとなったのである。

**「象徴と元首」** 立憲君主制が立憲君主なしに存在しえないことは、明らかである。象徴である以上の元首がなくては、国家は政党、すなわち国民のわずか一部を代表するに過ぎない人たちや、日本の歴史を通じて政府を支配してきたような国民を代表しない人たちの意のままに支配されてしまうであろう。国の元首は、党派的立場を超越し、決定権はもたないが、法によって定められた行動の範囲をもつものでなければならない。

古い天皇と新しい天皇の差異は、天皇の権限の淵源およびその範囲にあるのであって、過去の天皇には権能があったが、現在の天皇にはないということにあるのではない。天皇は、法の上に立って、天壌無窮の、神から与えられた大権を行使する地位からくだって、憲法と国会によって付与された権限を行使し、また、そのような権利を享有する法に従う地位に立たれたのである。

天皇の実際の機能は、だいたいにおいて一九四七年五月三日以前のままである。すなわち内閣総理大臣、最高裁判所長官の任命、他の主な公務員の任命および高位の外交官の信任状の認証すなわち証明、外国の大使および公使の接受、法令の公布、条約の認証、国会の召集、衆議院の解散、恩赦大赦の認証、栄典の授与、儀式を行なうこと等である。従前と同様に、すべての天皇の行為は、助言にもとづいて行なわれ、独自に行なわれることはない。

天皇のお言葉には、新しい表現が用いられている。天皇は単に法律を「公布」するのであって、以前のように法律を「裁可」するのではない。天皇は、会議を開くように国会を「召集」はするが、大臣に議案を提出するよう「命令」はしないのである。天皇の国会開会式のあいさつは、ずっとくだけてきて、「我々国民」というような表現をつかい、宮中の言葉のかわりに、一般につかわれる言葉を用いている。

天皇自身をさすときは「朕」ではなく「私」という代名詞を用いている。国会議員は、行政官や一般国民と同じように、天皇が臨席されるときは、うやうやしくおじぎをする。儀礼的な事柄においても、政治観念においても、天皇は、自由主義の方向に指導しているのであって、この方向に進むことを阻止するようなことはない。

右のうち一は、一九五九年一一月二日付のロンドン・タイムスに掲載された MIKADO'S ROLE IN MODERN JAPAN（近代日本における〝みかど〟の役割）全文の翻訳である。この記事は、在東京通信員発となっているが、さすがロンドン・タイムズの通信員だけあって、鋭い観察力をもって天皇制に関する近時の動向を客観的にとらえている。そして、これをイギリスの読者に伝える記事としては、きわめて優秀であると思われる。筆者は、どこまでも客観的に日本における天皇制に関するいろいろの動きや考え方を記述しているが、日本の天皇制がイギリスやスカンディナヴィヤの伝統にもとづく立憲君主制として育ってゆくことを望んでいることが行間にうかがわれる。

二の筆者は、ミネソタ大学の長老教授ハロルド・S・クイグリー博士で、この一文は同氏およびその後輩である同大学の少壮学者ジョン・E・ターナーとの共著〝ニュー・ジャパン〟の一節の翻訳である（同書、二〇二―二〇四ページ）。クイグリー教授の有名な旧著「日本の統治と政治」が書かれる少し前に、教授は日本に滞在し研究を進めていたのであるが、その際、わたくしも若干これに協力したこともあって、教授はわたくしの旧友の一人である。昨年末、サン・フランシスコを訪れた際に再会の機をえたが、教授は今でもその専攻である日本の憲法や政治について多大の関心をもっている。かれの旧著は、戦前の日本の統治機構や政治を知るためのアメリカにおける標準書とされていたのである。ここに引用した一節は、永年にわたって明治以後の日本の政治の動きを研究の対象としていた政治学者の発言であるので大いに傾聴に値いするものと思われる。一の筆者が鋭い観察力をもつ新聞記者であるのにたいし、二の筆者はアメリカにおける日本政治学のヴェテランの見解である。そして、かれもまた、日本の天皇制はイギリス風の近代立憲君主制として発展させることが、日本にとって最も賢明であると考えているのである。

## 三　立憲君主制の確立と問題点

わたくしは、貴族院議員として初めて帝国憲法改正案のテキストを読んだとき、これは天皇の性格をイギリス国王に近い立憲君主にかえるように意図したのだなと理解し、ある機会に特別委員会で、わたくしのこの見解をのべたこともあったが、しかしまた、同時に随分手の込んだ書きぶりだなとも感じたのであった。

憲法調査会の海外調査の結果、天皇の章の由来がだいぶ明らかになった。そして、これに照らすと、当時のわたくしのこの章の読み方が間違っていなかったことがわかった。そこで、まずこの由来について明らかになったと思われる点を要約してみると、次のようなものである。

(一)　ポツダム宣言につき、「右宣言ハ天皇ノ国家統治ノ大権ヲ変更スル要求ヲ包含シ居ラサルコトノ了解」の下にこれを受諾するとの日本政府の回答にたいし、連合国側は、「降伏ノ時ヨリ天皇及日本政府ノ国家統治ノ権限ハ降伏条項ノ実施ノタメ必要ト認ムル措置ヲ執ル連合国最高司令官ノ制限ノ下ニ置クモノトス」として、当分の間所定の制限つきで天皇制の存続を認めているが、〝日本国ノ最終的政治形態

ハ　ポツダム宣言ニ従ヒ日本国民ノ自由ニ表明スル意志ニ依リ決定セラルルモノトス〃とし、この点では日本政府の了解事項に承諾を与えていない。

(二)　ポツダム宣言によって必要とされる日本の政治機構の改革についての米国政府の見解を書いた覚書が、一九四七年一月マ元帥に送られたが、そのうちにも日本国民が天皇制を廃止する場合とこれを残す場合についてそれぞれ改革の要件が掲げられている。

(三)　同年二月マ元帥は、日本政府のガイドとなるべき改正草案の起草を総司令部民政部に命じたが、その際、民政部に渡したマッカーサー自身の書いた手記のうちには、天皇は国の元首たるべきことと、天皇は立憲的にふるまうべきことが記されている。

この時期には、いまだ〃日本国民の自由に表明された意志〃があったわけではない。しかし、天皇制を廃止して共和制にするという案を支持するものは少数であったと、推定できたのであろう。松本案のように明治憲法の下における天皇制をそのままのこすという案には、賛成の者も相当あったであろうが、このような案では米国政府はもちろん、極東委員会の承認をえられないことは当時の情勢から明白であった。そうした理由で司令部として松本案を受け入れることはできなかった。マ元帥の案は、国民主権にもとづき、かつ、立憲的にふるまう天皇制、つまり近代的な立憲君主制という形で天皇制をのこすことであった。共和制か近代的立憲君主制かのどちらをえらぶかといえば、国民の大多数が後者をえらぶであろうことは、じゅうぶん推定できたであろう。マ元帥の立憲君主制としての天皇制をのこすというこの決定の性質は、日本政府への示唆でこの二者択一のうち日本国民は近代的立憲制をえらぶだろうとの推定にもとづくものでもあろうが、マ元帥は日本にとっては天皇制が必要だとマニラ時代から側近に語っていた。〝天皇制は有用であると認めたマッカーサー元帥の明敏な洞察は現在なお正しいと見る〟の見解は、今でも日本人大多数の支持をうけるのではないかと思われる。

(四)　民政部の法律家たちがマ元帥手記の意をうけて、天皇に関する章を起草する際の根本的なねらいは、明治憲法下の天皇制の思想を打破して、近代的な立憲君主制を確立することにあった。

しかし、明治憲法下の天皇制は、国体観念として深く国民一般のつよい信仰ともなっているから、再びおなじ古い観念によって新憲法が解釈されないように、念には念を入れるという考慮がはたらいていた。そのため起草に当たって次のような法的技術がつかわれた。

### (1)　国民主権

天皇の地位は、主権の存する国民の総意にもとづくものと規定された。天皇の元首としての地位は、国民主権にもとづくものとして表現されたのである。フランス革命から広まった国民主権の思想と君主制を調整するためのこのような方式は、一九世紀に成立したものである。一九三一年のベルギー憲法は、その典型的なものである。そして、いまでは、ほとんどすべての君主制をとる近代国家の憲法は、この方式をとっている。イギリス人は、抽象的な「国民主権」という概念を好まないで、法的主権は国会にあるが、政治的主権は「選挙民」にあるという。しかし、これも同様な思想にもとづくといえよう。

この方式は、憲法史から見ると、立憲君主国における君主の地位を示す常識的な表現方式だといえるが、わが国では、この点が大きな問題となり、新憲法によって国体は変更されることになるのかという論議が、制憲議会でも一番論争の的となったことは、衆知の事実である。クイグリー教授が〝日本の法学界の最高権威者たちは新憲法下における天皇の地位について意見を一致させることができなかった。

このことは、議会で行なわれた憲法草案の討議の間にじゅうぶん証明された〃といっているのは、日本独特のこの国体論議を指すのである。イギリス人から見ると、この論議は、ジェイムズ一世の王権は神から授かったとした王権神聖論を中心とする一七世紀の神学的・政治的論争を想起させる種類のものであろう。

## (2) 象徴

「シンボル」という言葉も憲法史上珍しいものではなかった。有名な第三ウェストミンスター法で、英コモンウェルスにおける英国王の地位を示す言葉としてつかわれたのみでなく、アメリカでも、元首としての大統領はアメリカ国民の象徴であるとされている。起草者が、第一条でマッカーサーのつかった元首（head）という言葉をわざわざさけて、象徴という表現をつかった理由は、明治憲法の下における元首という言葉に国民主権を否定するような特殊の意味がふくまれていたからである。この言葉をつかうことによって、起草者は、天皇が元首（国際通念になっている意味）であるということを否定したわけではなかった。マ元帥の〃天皇は日本国のヘッドであり立憲君主である〃、という考えを変更する趣旨ではなかったのである。

## (3) 国事と国政

第四条は、〃天皇は、この憲法の定める国事に関する行為のみを行い、国政に関する権能を有しない〃と規定している。この国事（matters of state）と国政（government）とを区別する法的技術は、憲法史のうえで先例を見いだしえないようで、これは、民政部の法律家の創作にかかるものであろう。そして、クイグリー教授は、この規定を〃ぎこちない〃と批判している。イギリス憲法では、日本国憲法が第七条に列挙するような国事に関する行為も国政に関する行為として取り扱い、国王が国政に関する行為を行なう権能をもつものとする。ただこのような行為は、つねに内閣の助言によって行なう、というように古典的な表現を用いるのである。ただ、実際上、国政についての決定権は、国王でなく内閣にある。したがって、アメリカの法律家がこの古典的な表現の背景にあるものを現実的に見ると、イギリス国王は内閣の助言と承認によって国事行為を行なうので、国政にたいしては権能をもたないということになる。つまり、この区別を設けることによって、起草者は、天皇は英国の国王のような近代的立憲君主であることを概念的、分析的に明らかにしようとしたのである。イギリス憲法の伝統的表現に慣れた人からみるとこの区別は、あまりにぶっきらぼうで素気なさすぎるとも見え、またクイグリー教授のいうように〝ぎこちない〟ともみえるのは事実である。しかし、起草者の意図が右のようなものであることは、明らかである。

### ⑷ 認 証

第七条では、さらに認証という法的技術をつかっている。起草者の意図は、国事と国政を区別した意図と同じく、これらの場合は内閣が決定するので、天皇の行為は形式的なものであることを表現しようとしたものである。いわば念には念を入れて、決定権は内閣にあるので天皇にはないことを強調したのである。しかし、これは実は余計なことであった。第七条の国事行為を全部天皇の行為として「認証」の制度を除去しても、法的には同じことになるのである。

## 四 天皇の国事行為の矛盾

ここで、わたくし自身の経験を語ることが許されるならば、わたくしは、貴族院議員として憲法論議に参加し、総司令部の法律家とこの点について交渉したことがあるが、この認証に関する条項を除去し、これら国事行為を天皇の行為とした具体的修正案を示して、これで法的には同じことになるのではないかと説き、また、とくに〝大使公使の信任状〟について、この憲法の下でも、元首は、天皇であろう。したがって、アメリカ大統領が日本に大使を送る場合の信任状は、天皇にあてられるのであろうことは疑いあるまい。ところが、第七条によると、日本からアメリカに大使を送る場合のアメリカの元首大統領あての信任状は、内閣総理大臣の名で送り、天皇は認証するという形式にしなければならなくなる。むろん、これは形式だけのことであろうが、国際慣例に従って日本の元首たる天皇からアメリカ大統領に送るという形式をとれないように規定するなんら合理的な理由はないのではないか。したがって、修正案のように認証の技術を除去した方がよいのではないかと細かく説明した。その法律家は、なるほど、あなたのいうところはもっとものように思われるが、なお、同僚と相談してから返事をするといった。それから数日後、呼出しがあって行ってみると、あなたの修正案で結構だ、貴族院であなたの修正案のように修正しても、司令部としてはなんら異議はない、という返事であった。そこで、右のような修正案を山田（三良）、高柳両議員の修正案として正式に提出したのである。そして、本会議で、わたくしが修正案の説明にあたった。しかし、この修正案は、司令部の了解ずみということはいえないことになっていたので、そういうことはいわずに、理論的にみてこう修正した方がよいのだというふうに説明するほかなかった。ところが、金森国務相がこの修正案に反対の演説をし、研究会の大河内議員も金森国務相を支持してこの修正案に反対する演説を行ない、堂々めぐりで修正案について採決を行なった結果、わたしらの修正案は少数で破れたのである。当時の貴族院議員の中には、政府が修正案に反対である以上、それは司令部のつよい意向でもあろうと考えた人が相当あったことが、この修正案否決の一つの原因となっていたようである。このようにして認証という制度が憲法第七条にのることになったのである。司令部の法律家のこのときの態度からもわかるように、かれらは認証ということにたいして執着していたわけでなく、天皇が近代的な立憲君主であるということが徹底さえすれば、それでよいと考えていたのである。

認証ということは、副署などのように、下位の者が上位の者の行為にたいして行なうものと考える解釈もあるようだが、これは正しくない。たとえば、一九四九年（昭和二四年）四月一四日東京で署名された〃阿波丸請求権の処理のための日本国政府及び米国政府間の協定〃では日本側は吉田外務大臣、米国側はシーボルト日本関係米国政治顧問が署名しているが、連合国最高司令官であったマッカーサー元帥がこの協定を認証（attest）しているのである。つまり上位にあるものが、下位にあるものの行為を認証することもあるのである。内閣総理大臣は天皇によって任命されるので、天皇の下位にあるものであることは明白であるから、第七条の認証は、上位の者が下位の者の行為にたいしてなされるのである。

現在の信任状では、天皇の認証の方が大きく書かれているが、この形式は第七条の規定に文字通り従い、かつ信任状は元首から元首に宛てて送られるという国際慣例に近いように工夫されたもので、上位の認証行為の方を大きく出したのは、第七条の趣旨に反するものではなく、むしろこれに合致するものと解すべきである。

## 五 〃天皇は立憲君主である〃

クイグリー教授は、日本国憲法における天皇の地位を立憲君主であると解釈する。この解釈は、マッカーサー元帥の意図およびマッカーサー草案起草者の解釈と一致する。教授は、新憲法の下に、天皇は実際上何をなすのかに着眼する。それは、第六条と第七条に規定されている。そして、これらの行為は、すべて国政に関する権能の行使にほかならないものとする。それらの行為が内閣の助言と承認によってなされても、〔また国会の指名にもとづいてなされても〕国政に関する権能の行使にほかならないとするのである。

そして、天皇の実際上の権能は、だいたいにおいて、新憲法施行前のままであるとみる。ために、古い天皇と新しい天皇との差異は天皇の権限の淵源とその範囲に存するものとみる。そして、第六条や第七条に定められたような行為をなすことは、〃立憲君主の正当な権限に属するものであり、その尊厳に欠くべからざるもの〃とするのである。教授は、新憲法の下における天皇は元首であって、単なる象徴ではないとする。かれは、〃立憲君主制が立憲君主なしに存在しえないのは明らかである。象徴である以上の元首がなくては、国家は政党すなわち国民のわずか一部を代表するに過ぎない人たちや、日本の歴史を通じて政府を支配してきたような国民を代表しない人たちの意のままに支配されてしまうであろう。国の元首は、党派を超越し、決定権はもたないが法によって定められた行動の範囲をもつものでなければならない〃とする。また、〃逆説的にいえば、皇位は新憲法において象徴であると規定されると同時に、これまで何世紀にわたって象徴にすぎなかったのが象徴以上のものとなったのである〃ともいう。このクイグリー教授のような見解は、英国憲法史にもとづく伝統的な考え方からすれば、自然な見かたである。

右のような前提に立つクイグリー教授は、第一条および第四条の規定は第六条および第七条の規定と矛盾し、〝公布と同時に空文となった〟といううきわめて大胆な解釈を展開するのである。もっとも、教授のこの解釈にたいしてはこういえるであろう。天皇を象徴として表現したことは、天皇が元首であることを否定する趣旨ではない、象徴性は元首の属性である。元首という言葉を使わずにその属性の面から規定したのだと第一条を解釈すれば、第一条が公布と同時に空文となったと解釈する必要はないであろう。ただ、天皇は、単なる象徴にすぎないので元首ではなくなったという意味に解すると、クイグリー教授のような解釈が必要なのであろう。また、第四条の国政に関する権能がないということを、天皇は国政に関する決定権はない、つまり天皇が政治的争いから超越しなければならない趣旨であると解釈すれば、第四条は空文化したと解釈する必要はなくなるであろう。なお、教授が〝認証〟などという点になんらの重要性をおいていないことも注目に値いしよう。

これを要するに、クイグリー教授は、〝封建時代を受けついでいるいくつかの権力者〟であった元老、内大臣、宮内省、統帥部を一掃し、内閣が助言の権限を独占するようにした新憲法は、皇位が正しい地位を占めることを可能ならしめた。いろいろな糸によってあやつられ、もっとも強い糸のひくままになるあやつり人形のような名目的元首たる天皇は、空虚な独裁権を奪われたが、限られたしかし真正の権限をもつことになったのだ、とする。このようにして、天皇は、明治維新が与えようとして与えられなかった尊厳さをそなえるようになった、とするのである。そしてこの立憲君主としての天皇制の将来のために、バジオットの行なった立憲君主制の下における立憲君主の価値と性質の古典的な分析をよく読むことを国民にすすめるべきだ、としているわけである。

## 六　天皇は元首か象徴か

アメリカ政府をはじめ、世界の各国政府は、いずれもみな新憲法下においても天皇が日本国の元首であると認めている。たとえば、大使公使の信任状はいずれも元首としての天皇にあてられている。国際法上だれを一国の元首とみるかは、各国の国内法できまることになっている。しかるに、ソ連をもふくめていずれの国も信任状は天皇にあてられている。これは、世界各国が日本国憲法の下でも日本国家の元首を天皇であると解しているからであろう。もっとも、日本側からの信任状は、天皇ではなく内閣総理大臣の名で出し、天皇はこれを認証している。この方式はこれを受ける国の政府に奇異の感をおこさせてはいるが、それかといって外国からの信任状を内閣にあてることに改めることはしていない。日本の信任状の形式は変だが、特殊の憲法上の方式に従っているのだろうと考えているのであろう。また、天皇が外国を旅行されるような場合には、元首としての国際法上の特権を与えられるであろう。岸首相が渡米しても元首としての待遇は受けないことであろう。

右のロンドン・タイムズの通信員は、天皇の法的地位が明せきを欠いていることを強調している。この筆者は、クイグリー教授のような政治学者ではないのであろう。憲法のテキストを表面的に読み、また、日本の法学者の見解に従ってこういっているのであろう。なるほど日本国憲法にたいするわが国の法学者の解説は多様である。それらの学説では、一般に、憲法のテキストのうちに元首という文字がつかわれていないことに基本的重要性がおかれている。そして、天皇は、単なる象徴で、元首でなくなったとか、内閣が元首であるとか、唯一の元首は日本には存しないとか、象徴の法的効力はどうだとか、いろいろ細かな概念的な分析が試みられている。また、〝認証〟ということに異常な重要性を認め、天皇が直接に行動するように規定されている場合には、天皇は元首的性格をもつが、単に認証する場合にはそうではないといった細かな芸を発揮している説もある。あるいはまた、君主国と共和国を区別するドイツの公法学者の理論を頭に置きつつ、日本は〝共和国〟であると主張する学者もある。なるほど、このような多彩な学説の状態にてらすと、天皇の法的地位は、不明確きわまるものとなるわけである。そして、地方公聴会などで、天皇について語る人たちの説をきいていると、これらの学者の解説の影響がつよく反映していて、新憲法の下では、天皇は象徴にすぎないのであって元首でないという説が圧倒的であって、その前提の下に象徴でよいとか、元首とすべきだとか盛んに論じているのである。これらの学者の解釈を全体としてながめると、戦前からのドイツ式の解釈法学や公法理論などの影響が顕著であるという印象をうける。憲法の字句を基礎として概念の体系をきずき上げた労作といった印象を与えられる。クイグリー教授の憲法解釈の態度などとは著しいコントラストをなすものがある。比喩的にいえば、これは〝英文を、ドイツ語の文法で解釈している〟のではないかとの印象を与えるのである。

## 七　〝天皇〟解釈の心理的背景

しかし、それだけではない。天皇は象徴であって元首ではないという解釈からは、当然タイムズ記者のいう〝昔のこっとう品や芸術作品と同じように天皇をたな上げする〟という態度が生まれる。そして、それでよいのだという心理に動かされる学者もある。この心理の背景には、次の二様の思想がひそんでいるといえよう。

その一つは、民主主義を徹底すれば、いずれは共和国になる。日本国憲法下の天皇制は、過渡期の現象で、やがては天皇は無用の長物として廃止されて、日本は共和国になる運命にある、といった思想、つまり第一次大戦ごろヨーロッパで広くいだかれた思想である。いまのヨーロッパ人は、必ずしもそうは考えていない。それは、君主制を廃止し共和国となり、大統領制によってこれに代えた国でも、民主主義とは反対の方向をとる傾向を体験し、民主主義に基礎づけられた、そして、当局の政治を超越し、かつ永続性をそなえた君主の存在する方が、永続性をそなえず、かつ政治的色彩をもつ大統領よりも民主主義の発達に有利であるという考えが生まれているからである。つまり、新たな観点から世襲の君主に大きな価値を発見するに至っているのである。日本では、こうした角度からの天皇制の考察は余り行なわれていない。とくに若い人たちの間には、古い君主制の見かたが広く行なわれ、より新しい角度からの君主制の価値は考えられていない。

その二つは、日本の特殊事情から、天皇の尊厳さを高めることは、政治的に危険であるという思想である。この考え方にたいして、クイグリー教授は次のように弁駁する。〃日本の天皇が権能や権利を濫用するのではないかという危惧を証拠だてる先例は、何らない。天皇裕仁やその後継者が、国会が国権の最高機関たる憲法上の地位を全からしめるよう努力するのを喜んで支持するだろうと予想してよい根拠がある。国会は、そのような努力をするだろうか。少数独裁政治が再び頭をもたげてくるだろうか。自由主義の将来は、これらの疑問にたいする答えにかかっているのであって、天皇がその地位を高めようとするかしないかにかかっているのではない〃と。この点、わたくしは教授の見解が正しいと思う。

日本国憲法は、日本国改造のためのプログラム的性格をもつ憲法である。改造は破壊の面と同じく建設の面をもつ。こうした憲法を解釈する責任をになう学者や裁判官も、やはり、いかにして旧弊を打破するかと同時に、いかにして新しいものを創造し建設するかについて熟慮をめぐらすべきであろう。こうした立場に立って考えてみると、民主主義にもとづく元首であり象徴である天皇に、新日本建設について大きな価値を認めようとするクイグリー教授の憲法解釈の態度は、正しいのではないかと思われる。

# 第三章　「憲法第九条」――成立経過と解釈

## 一　はしがき

わたくしは、一九四六年貴族院議員として、同院における新憲法案の審議に参加したが、そのころわたくしは、憲法第九条は、連合国が日本非武装化政策を新憲法に定めることによって、これを永久化しようとするのではないか、と素朴的に考えていた。そして当時の貴衆両院議員の多くも、そんなふうに考えていたようである。また政府の人達もこれを総司令部から出たいわば至上命令的なものと考え、この前提のもとに、第九条の非武装主義を合理的に弁護することに、大童になっているような印象をうけた。これらの政府の人たちも、内心は無理な規定だと思っていても、これを弁護せねばならぬ立場に置かれていた。例えば、砂川事件の上告判決では、自衛を国際的義務であるとまで断じた田中耕太郎前長官も、当時文部大臣としては、日本が他国から侵略を受けた場合には、これに抵抗しない方がよいという趣旨の答弁をしていた。尤も議員たちの発言はより自由であった。

例えば衆議院では、野坂参三、貴族院では南原繁のように、第九条に正面から反対を表明した議員もあった。衆議院の特別委員長芦田均のような、外交官としてまた外交史家として、国際事情に通じていた議員も、内心ではどうかと考えていたが、野坂君や南原君のように、正面からこれに反対する態度をとらないで、公的には政府に同調して、これを謳歌したのである。わたくし自身は、第九条は、将来世界連邦が成立して、各国が自らの安全を顧慮しないでよいようになる場合においてのみ〃合理的〃であるという趣旨のことを、貴族院の総会で述べたことを記憶する。数年前憲法調査会が発足し、先ず第一に取りあげられたのが憲法制定の経過というテーマであった。憲法調査会として調査する以上、何らの予断にとらわれることなく、どこまでも客観的に歴史的真実を追及《ママ》するという歴史家的態度をとって調査を行なった。例えば日本国憲法に関与したのは日本政府や議会だけでなく、総司令部、米本国政府、極東委員会があり、これらに関係した人達のいうことをも十分聞かなければ、調査は片面的となって不完全たるをまぬがれぬという理由で、渡米調査をも行ない、内外の資料を総合して、歴史的事実を明らかにせんと努めたのである。事実は案外複雑で、その調査には約四年を要することとなった。この結果をまとめたのが〃憲法制定経過に関する小委員会報告書〃である。これら多年にわたる調査の結果判明した事実にてらすと、貴族院時代におけるわたくしの素朴な推定は、あやまりであることが判明してきた。しかし当時では、政府も議会もこれは連合国を代表する総司令部の至上命令として、当方としては変更することのできない条項のように考えていたのである。この事実を念頭において、議会における吉田首相や金森国務相や芦田均委員長の第九条に関する発言を考える必要があろう。これらの公的な声明や解釈と、その後における自衛隊を中心とした政府の第九条解釈との矛盾をついて、政府を攻撃することは、きわめて普通に行なわれるところではあるが、ややアンフェアであるという感想を、事実調査を了えた後のわたくしは、いだくようになったのである。(右の報告書は政府刊行物サービス・センターのみならず、時事通信社からも刊行されているので、詳細なことは、それをお読み願いたい。尤も右の報告書では、各委員の発言に敬意を表し、いろいろの見方を併記するという方針で起草されているので、読む人の判断にまかせる部分が多い。)ここでは、一学徒としてのわたくしが、どう見ているかを率直に書きつけ、読者の参考に供したいと思う。第九条の問題に入るに先立って、一般に考えられているように、日本国憲法が総司令部によって押しつけられたのかどうかの問題に関連する事実を明らかにしておこう。

## 二 日本国憲法は押しつけられたものか

日本国憲法は、強制によって成立したもので、日本国民の自由意志によるものではないから、自主的に改正すべきであるということが、一部の人達によって、つよく唱えられていた。わたくしが貴族院で新憲法の審議に参加したとき、政府案には英訳がついていた。両者を細かく比較してみて、直ちに英訳の方が原文で、日本文の方がその翻訳だという印象をうけた。従って政府案は連合国とくにアメリカに由来するにちがいないと推定した。そしてわたくしは、これは戦勝国たる連合国からつきつけられた、いわば講和条約の一部のようなもので、敗戦国たる日本としては否まざるをえないのではないのかなとも考えた。ところがその頃、貴族院議長官舎で、総司令部民政部(ガバメント・セクション)のホイトニー、ケイディス等数人の法律家と山田三良、安倍能成等数名の貴族院議員とが、会合して懇談的に意見を交換したことがあった。その際わたくしは、ケイディスに向って、〃自分は最高裁判所の裁判官の国民審査の規定には反対だ、アメリカン・バー・アソシエーションも反対でしょうね〃といったら、かれは、〃日本側から自分のところにいってくるのは、多く天皇に関する規定で、これはなかなか動かしがたいが、あなたのように司法に関する規定などについていってくる人はない。あなたの指摘したような点については、十分に貴族院で検討することを希望する。そして合理的な修正ならやってもちっとも差支えない。むしろそのような修正案がでないことを遺憾としているのです〃といったのを記憶している。その後また天皇に関する規定中〃認証〃という法律技術をつかっていたが、日本民主化の見地からいっても、立法技術的にも、規定を複雑にするだけで、まずいのではないかとわたくしは考えて、具体的修正案を起草し、これをたずさえて、民政部に行って交渉したところ、あなたの修正案は尤もと思うから、貴族院でそう修正すれば、当方としては異論はないといった。天皇の章の修正は、民政部では承知すまいと外務省の条約局長からもいわれていたのに、案外たやすく承諾したので意外に思った。この案はポツダム宣言のように修正を許さないというようなものではなく、総司令部の態度は日本民主化の基本原則にふれぬかぎり、納得のゆく修正には喜んで応ずるというフレキシブルな態度であることをつよく印象づけられた。この修正案は貴族院で金森国務相の反対で否決されたので、総司令部よりもむしろ日本政府の方が、政府原案の修正をいやがっているとの感じをうけたのである。当時のわたくしは、日本の憲法改正について極東委員会、米本国政府、総司令部の複雑な権限関係などについては、何も知らなかった。それらは憲法調査会の行なった調査の結果として、初めてわたくしに分かってきた事柄である。

日本国憲法が強制によるか国民の自由意思によるかという論議そのものの価値の問題は、しばらく置き、先ず提起された問題を考えるについて必要な基礎的な事実を明らかにして置こう。

(一)　先ず降伏文書を眺めて見よう。一般に日独両国は、〝無条件降伏〟をしたといわれているが、純法的見地から見ると、ドイツと日本のあいだには大きな差異がある。ドイツの場合には、ドイツの領土と国民は消滅したわけではないが、政府がなくなってしまったので、米英仏ソの四カ国が、旧ドイツ政府に代わってドイツの共同統治者となった。ドイツでは国際法でいう〝征服〟(conquest, subjugation, debellatio) の概念に該当する事実が起こった。そして〝征服者〟としての米英仏ソは、例えばドイツをこれらの国のあいだに分割することもできた。分割を行なっても国際法違反とはならない。その場合には、ドイツ国家そのものが消失する。しかしまた、征服者たるこれらの国は、ドイツ国家を消滅せしめずに、これを共同して統治することもできる。そして実際上は後の方針がとられたが、これは政策としてとられたもので、そのような方針をとる国際法上の義務があるわけではない。ところが日本の場合には日本政府が厳存していた。そこで連合国は、ポツダム宣言により一定の条件を示して、降伏を求めたのである。そして日本政府の受諾によって降伏が成立したのである。従って、降伏文書は国際条約の性質をもつものであり、連合国と日本とはそれぞれ、ポツダム宣言の条項を守る義務を負うことになったのである。例えば、ドイツの場合と異なり、日本の場合には、本州は米国、北海道はソ連、九州は中国という風に分割してしまうことは、明白に国際法上の義務違反となるわけである。このように均しく〝無条件降伏〟といわれても、日独のあいだにはこうした法的差異がある。日本国軍隊の〝無条件〟降伏はあったが、日本国としては〝条件的〟降伏であった。尤も占領中は、ポツダム宣言の実施については、連合国総司令官が天皇および日本政府の上位にあって、命令服従の関係に立つことを降伏文書で日本政府が受諾していたのであるから、具体的にポツダム宣言の実施としてどういうふうに日本を改造するかの最終決定権はマ元帥にあったのであり、日本政府にはなかったのであるから、政治的に見れば占領中は連合国によるドイツの統治と日本の統治とのあいだに、大差がなかったともいえる。かくして憲法についても、例えば連合国が憲法全文を書いて修正を許さずに、その制定を命令しても、また天皇制を廃止すべしと命令しても、それは条約上の義務に違反したものとはいえないと連合国側では理解していた。

(二) 純法的見地からは右のようであったが、米本国政府の政策は、これとは異なっていた。ポツダム宣言の実施には、憲法改正が必要であると米本国政府は考えていたが、しかし米国政府が憲法の条章を書いてこれを日本政府に強制するようなことはすべきではなく、憲法改正は日本政府をして自発的に行なわすべきであるというにあった。つまり日本民主化に必要な憲法改正については日本政府にイニシアティブを与えんとしたのである。この方針は総司令部にも伝えられていた。そして総司令部も一九四六年一月末までは、本国政府のこの方針に従って行動していた。すなわち総司令部は日本政府の改正案の提出を待っていたのである。しかるに松本案の内容が著しく不満足なものであることを知り、マ元帥はホイトニー准将を部長とした民政部にたいして、大至急でモデル案の起草を命じたが、このモデル案は、一週間許りでできあがったのである。このモデル案の起草は、本国政府も知らぬ間に、極秘裡に行なわれたので、本国政府とは全然関係のないマ元帥独自の処置であった。そして二月十三日に外相公邸で総司令部側からホイトニー、ケイディス、ラウエル、ハッシー、日本側から吉田外相、松本国務相、白洲次郎、長谷川元吉が出席し、このモデル案が日本側に手交されたのである。その際にホイトニーが、松本案は承認しえないこと、このモデル案の線で日本政府案をつくることが、天皇制と天皇の安泰を守るゆえんであること等を説明し、またこれは勧告であって命令ではないことを特につけ加えた。米国政府は、日本民主化のために必要と考えられた明治憲法の改正について終戦前から検討していたが、その成果として、具体的要綱を作っていた。そして、この文書は総司令部に送付していたのであったが、この文書は日本政府に示してはいけないとしていた。これは憲法改正はどこまでも日本政府が自発的に行なうことが望ましいと考えられていたからである。そして一月末までは総司令部は忠実にこの方針を守っていたのであるのに、なぜ急にこの方針をかえて本国政府のつくった改正要綱よりもさらに具体的なモデル案を日本政府に示したのか、またなぜあんなにいそいでモデル案の作成を命じたのか。それは次の事情によるものである。マ元帥は幣原首相から熱心に天皇制を存続させるための協力方を懇願されていたのみならず、マ元帥自身も、天皇制は廃止すべきでないという強い見解を、渡日前から持っていた。また渡日後天皇に会見して、天皇にたいし好感をいだいていたので、天皇を戦争裁判に付すべしとの外部からのつよい圧迫に抵抗していた。ところが天皇制の保持は、マ元帥だけできめられるべき問題でなく、マ元帥の上部機構たる極東委員会に最後の決定権があった。この極東委員会には、ソ連やオーストラリアのように天皇制の廃止を主張している国があった。それのみでなく、アメリカの当時における新聞論調は強く廃止論に傾いていたし、国務省内部にも、存続論と廃止論とが対立していたので、米国政府としても存続とも廃止ともきめえない状況にあった。そしてこの極東委員会が二月末から開かれることになっていた。極東委員会で共和制憲法を作ることが決定されれば、マ元帥としては手も足も出ないことになる。こうした天皇制にたいしてきびしい国際状勢の下に、天皇制を保持するためには、日本政府が自ら、米政府も、極東委員会も文句のつけどころのない民主化された天皇制をふくむ憲法案を作って、極東委員会にたいして、先手を打たせることが必要と考えられた。しかるに松本案のような保守的な改正案では、米国政府も認めないことが分かっていたし、極東委員会では、天皇制廃止が高唱される逆効果を生む危険さえ包蔵していた。それかといって、さらに日本政府をしてなんらモデル案を示さずに自発的に書き直させるというのでは、急速にこの国際情勢に対処することはできない。そこでモデル案を大至急に作らせて、この線でこれまた大至急に日本政府案を作るように勧告したのである。この消息は後に極東委員会にも知られたので、極東委員会とマ元帥との間に対立を生じたのであったが、この詳細はここには省略する。

結局、マ元帥のこの作戦が功を奏して、天皇制は民主主義と両立しうる形で残されることになったのである。他面松本委員会の改正案が基礎とされるものと考えていた日本政府側は、こういうモデル案を渡されて吃驚したのは当然であったが、幣原首相によって説明されたマ元帥の意図が、閣議でも了承され、このモデル案の線で日本政府案を起草することが二月二十二日の閣議で決定されたのである。そして天皇もこの方針に賛意を表された。右のような事実を総合して考えると、米国政府はポツダム宣言に合致する日本憲法改正のイニシアティブを日本政府に与えんとしたのであったのに、日本政府がこのイニシアティブを失った原因は、松本案が、当時のきびしい国際状勢を知らずに、起草されたことにある。この点は後に松本博士自身告白したところである。しからばなぜ松本案の天皇の章が明治憲法類似の保守的なものとなったのか。その有力な原因は、日本政府も松本委員会も、国体に関する事項は日本側で自由にきめうることが保障されていたものと解釈していたためである。この解釈の是非をここで論評することはしないが、これが連合国側の解釈ではなかったことは明白である。連合国側では、降伏文書で〝国体〟を保障してはいないと解釈し、そのために天皇制廃止論などが盛んに論議されていたのである。

マ元帥がモデル案中特に重要視していたのは、天皇の章と戦争放棄の章で、他の部分は研究の上変更しうるフレキシブルなものであることが幣原首相に伝えられていた。また総司令部としては、このモデル案を逐条的に翻訳して、日本政府案とすることを勧告したわけではなく、日本流に書き直してもむろん差支えなかったのであった。これが翻訳調になったのは、短期間に日本流に書き直すことが技術的にむずかしかったからである。この方針は、日本政府案の作成を実施した松本博士以下の法律家によってきめられたことである。右のような歴史的事実を知っているかぎり、英文で書いた憲法をマ元帥から押しつけられたのだというように断定するのは無理のようである。

押しつけられたのでないにしても、占領中の憲法は、国民の完全な自由意志によるものでないから、当然占領中だけのものであるという一般理論にもとづいて、日本国憲法も独立後は当然失効するとか、自主的に新憲法を制定せねばならないというような議論も行なわれている。そしてこの理論に関連して、西ドイツのことがよく援用される。衆知のごとく、西ドイツでは、憲法（フェアフッスング）の文字をつかわずに基本法（グルントゲゼッツ）の文字がつかわれた。この文字がつかわれた理由について、西ドイツを訪問した際に、ラインランド・フェルス州憲法裁判所長官ジュスターヘン長官のような基本法制定委員であった人やその他の政治家に色々の角度から質問して見たが、この文字がつかわれた主な理由は、連合国の占領下でできたというのでなく、東西ドイツが離れている現状では、全ドイツ民族の憲法といえないから、憲法の文字をつかわなかったのであるということである。だから、連合国占領軍による監視がなくなった今日でも、〝基本法〟という文字をまだ変更してはいない。また当時若干の制約はあったにせよ、その内容はドイツ人が作ったので、占領がなくなっても、その理由で、これを自主的に改正する必要などを少しも感じていないというのである。つまりかれらは、基本法は占領中できたにせよ、自発的にわれわれが作ったのだという意識がつよいので、〃押しつけられた〃とか〃強制された〃とかの論は西ドイツでは見られないのである。そして占領下にできたのだから当然失効するとか、新たに憲法を作らねばならぬというようなことは、全然考えてはいないことが分かったのである。

先にふれたように、米本国政府の政策は、憲法改正のことは日本側に自発的に行なわしむべきで、総司令部がイニシアティブをとってはならないというにあった。おなじ政策が西ドイツでは、文字通り行なわれ、連合国は監視的役割を演じただけである。日本の場合にも、もしも、ドイツ起草者のように米政府その他の連合国が受諾しうるような日本政府案を起草したとしたなら、日本政府のイニシアティブ喪失というようなことにはならなかったであろう。

押しつけ憲法を信ずる一般人の論拠をきくと、全然事実の誤認にもとづくものが多いので、以上一応この点に関連ある事実を明らかにしたのであるが、大局的に考えると、いまさらこんなことを究明する価値があるのかどうか。とにかく、日本国憲法は日本国民、日本政府にも十数年にわたって理想憲法として尊重され、運用されてきたのであるし、またこれを改正しようとしまいと日本国民は完全な自由をもっているのに、今さら過ぎ去った占領時代のことを現在の問題として論議する必要はあるまい。この点について、日本の政治を仔細に研究している外国のある歴史学者は、日本国憲法は〃押しつけられた〃というような排外的国粋感情に訴え、また〃反動的〃とうけとられるこの標語を掲げる理由は、未だ改憲の気運のもり上っていない国民の間に改憲の気運を起こさせるための保守党の戦術であったと見ている。そしてこの戦術に対し、社会党は、憲法改正は戦争につながるという国民の戦争をきらう感情に訴える戦術をとった。選挙戦においてつかわれた二つの戦術としては、後者の方が勝利をえたと皮肉っている。政党間の争点として押しつけ論も改正即戦争論も共に感情論で、合理的な論争ではない。ところが全国の公聴会で公述人の発言を聴いていると、非合理的な感情的なこの論争の影響がまだ案外残っているのを発見して、わたくしは遺憾に思った。改正論も、改正反対論も、憲法の内容が国民にとって良いのか悪いのかをどこまでも、合理的に慎重に考えるべきであろう。保守党の円熟した政治家である吉田茂元首相が〝押しつけ論〟に難色を示しているのは当然のように思われる。制定の経過をあるがままに細かく検討することは、歴史的価値があり、また憲法の意味を究明し、また改憲是非の問題を検討するについても参考として役立つ一つの資料となろう。しかしどの程度強制があったのかの問題は、歴史家にとって興味はあろうが、日本国民一般にとっては価値のない論議のようにわたくしには思われる。

## 三　第九条の起源

先に一言したように、貴族院でわたくしが新憲法の政府案の第九条を初めて読んだときは、これは連合国の日本非武装化政策をより永久化するためのものであろうと素朴的に想像していたが、この想像は全くまとはずれのものであったことが判明した。

(一)　米本国政府は日本の降伏前から、日本民主化のため、明治憲法にどのような改正が必要かについて具体的に研究していて、その成果は SWNCC 228（国務・陸・海・調整委員会二二八号）という文書となった。そしてこの文書は、参考のため総司令部に送られていたことは、先に述べた通りであるが、この文書中には、第九条に該当するようなものは全然ふくまれていない。むしろ軍隊の存在を前提とし、ただ英米流の文民統制（シビリアン・コントロール）の原則を確立することを目標としていたのであった。従って、第九条は米本国政府に発するものでないことは明らかである。第九条の発祥地は華府ではなく、東京である。

(二) 戦争放棄に関する規定を新憲法に入れるという方針は、一九四六年一月二十四日マ元帥と幣原首相との会談に起因するものといえる。一月二十四日のこの会見は、わが国では、幣原首相が肺炎治療のため、マ元帥から贈られたペニシリンのお礼のためであったと伝えられているが、マ元帥によれば、幣原首相は、憲法に関してこの日の会見を求めてきたのである。この会談には通訳もなかったし、またマ元帥の側近ホイトニー准将も立会ってはいないので、二人きりの会談であった。そうして、この会見直後、マ元帥がホイトニー准将に語ったとされることがホイトニー著〝マッカーサー〟のうちにやや詳細に書かれている。また、マ元帥のわたくしへの手紙のうちで、マ元帥は〝戦争放棄を新憲法に入れるという幣原の提案を聞いて、初めは吃驚した。幣原はわたくしが職業軍人であるので、その提案がどう受取られるか気づかっているようであったが、わたくしがこれに承認を与えると幣原は安心した顔付きになったのが極めて印象的だった〟といっている。また元帥は米国上院での証言中、感激し立上がって幣原氏にだきついたといっているが、幣原もマ元帥がだきついてきたので吃驚したと、その無二の親友大平駒槌氏に語ったことが、大平氏の息女のとったメモのうちに記録されており、この点は一致している。とにかくこの会談で、戦争放棄のことを新憲法のうちに入れる方針がきめられたことはたしかである。二月初旬、総司令部民政部にたいし、モデル草案の起草を命ずるに際し、マ元帥は、起草方針として三原則を示したが（マッカーサー・ノート、マッカーサー三原則）、その第二項に第九条の原型となった戦争放棄の原則がかかげられている。この三原則を渡された際、主な起草委員の一人であったラウエルは、ホイトニーからこの第二項は、〃日本政府の提案である〃といわれたが、〃幣原〃の提案とはいわれなかったと陳述している。この第二項はホイトニーによれば、マ元帥と幣原首相の会談の内容を、マ元帥が書いた〃ラフ・ドラフト〃であった。そしてここに注意すべき点は、この第二項には〃自国の安全を保存するためにも〃という字句が見いだされることである。なぜかかる字句が入ったのかといえば、幣原首相との会談中〃自衛戦争の名の下に侵略戦争が行なわれた〃というようなことを幣原首相がマ元帥に語ったことが、影響したのではないかと推測される。民政部の法律家がこの第二項を条文の形に直すときに、この字句は除去された。これは、自衛のためにも戦争ができないというのは、いかにも非合理であると考えられたからである。かくして日本政府に渡されたモデル案には〃自己の安全を保存するためにも〃の字句はなくなっていた。三月六日、日本政府案要綱が公表された後、また政府案の発表された四月十七日前の四月五日に、マ元帥は対日理事会の第一回総会に出席して各国代表にたいし演説した。その演説で、マ元帥は占領政策の実施についてのかれの心構えといったものを語っているのだが、その際に右要綱中の戦争放棄条項にふれ、この日本政府の提案は、各国において十分検討に値するものである。なぜなら戦争放棄は〃普遍的かつ同時的〃でなければならないからという趣旨のことを述べている。つまり日本政府のこの提案は、日本だけで実現できるものでなく、各国ともこの提案に従うことによって、初めて実現しうるものであることをかれは説いているのである。

第九条の発祥地が東京であり、一月二十四日のマッカーサー・幣原会談に起因する点は疑われていないが、その提案者が幣原かマッカーサーかについて、日本でもアメリカでも疑問とされていた。調査会における大多数の参考人は、幣原ではなかろうマ元帥だろうと陳述したが、青木得三、長谷部忠など少数の参考人は幣原だと陳述した。そこで念のため、わたくしからマ元帥にこの点をたしかめたが、マ元帥は、従来の言明どおり、幣原だとハッキリと述べ、かつ右に述べたようなそのときの情況をつけ加えた。しからば、幣原はどうかというと、一九四六年四月以降多くの内外人に向ってしばしば、あれは自分の提案だという趣旨を語っているので、この点についてマ元帥の陳述を裏書していることになる。またこれより先、同年二月初旬に、モデル案の起草を命ぜられた際に、ホイトニーがラウエルに〃日本政府の提案〃といったというラウエルの陳述、その他の証拠も、その傍証となっている。ところが、幣原首相に近かった多くの人達は、当時幣原がそんなことはおくびにも出さなかったことと、二月二十二日の閣議で第九条の提案者がマ元帥であるかのごとき発言をしていたので、提案者は幣原ではないと推測したのも無理からぬところである。しかし調査会の集めえたすべての証拠を総合的に熟視してみて、わたくしは幣原首相の提案と見るのが正しいのではないかという結論に達している。じかに幣原氏から自分の提案だと聞いた調査会の参考人長谷部忠氏は、閣僚諸氏は幣原さんにごまかされていたのだったという趣旨のことを述べているが、この長谷部氏の陳述は、当時の事情を背景として考えると、的はずれの推定ではないようにわたくしには思われる。

## 四　衆議院における芦田修正

朝鮮動乱の頃、〃芦田解釈〃が学界の注目をひいた。それは自衛の場合には、九条第二項の適用がないという解釈で、この解釈の下に、芦田氏は自衛隊は違憲ではないとしたのである。そして衆議院本会議における芦田委員長の演説と対比して、芦田氏は憲法解釈をかえたのだというようなことがよくいわれるのであるが、これは事実に反する誤った見解であるといえよう。この消息について以下、少しく説くことにしよう。衆議院での修正によって政府原案第一項の表現がかえられ、また、第二項中に「前項の目的を達するため」が入れられて、現行憲法のような体裁となった。この修正は通常〝芦田修正〟とよばれている。なぜ芦田氏がこのような修正を考えたのか。芦田氏によれば、それは自衛のためには戦争もでき、戦力ももてるという解釈を可能ならしめるためであったといっている。当時芦田氏も第九条は総司令部から出たもので、動かすべからざる連合国の政策と考えていた。従って総司令部にたいしては、自衛の場合に第二項の適用はないなどということはできなかったので、衆議院における正式の演説では、政府に同調して、非武装主義を謳歌するようなジェスチェアを示していたのである。この衆議院の修正案のOKを求めるため、総司令部に対して行なった政府の説明も、この修正はなんら政府原案の趣旨を変更するものではないというにあった。ところが、芦田氏の〝秘めた意図〟は、同年十月に公刊された芦田均著〝新憲法の解釈〟にはっきりとあらわれている。そこでは第九条の解釈で〝自衛〟の場合と〝国際制裁〟の場合を第九条の適用から除外しているのである。つまり不戦条約締結の際に、国際連盟に入っていた国々が留保したとおなじ留保を、芦田氏は第九条について行なっていることは明らかである、この点から見ても、朝鮮動乱の頃から芦田氏が憲法の解釈をかえたというような説が誤りであることは明白であろう。ところが、この修正案を受けとった民政部内では、芦田氏のこの秘めたる意図を読みとっていたようである。法律家ではないが、起草委員の一人であったピーク博士は、この修正案の下では、自衛の場合が除外されると解釈しうることに気づいて、ホイトニー部長に会ってその旨をつげると、ホイトニーは、〝自衛のために戦争したり、軍隊をもつことができるのは当り前ではないか、君はそう思わぬのかね〟といわれた。ピーク博士は、自分もまたその通りと思ったので、早速引き下ったと陳述している。民政部の法律家が、〝自国の安全を保存するためには〟を非合理的なものとしてこれを除去したことは、先に述べたが、ここでは、〝芦田修正〟を中心として再び第九条と自衛権の関係が考えられ、自衛の場合には、第九条の適用はないものと解釈されていたのである。むろん、そうした民政部内の消息は、日本政府も芦田氏も全然知らなかったのである。衆議院における芦田修正に関連して、もう一つの出来事があった。それは極東委員会からシビリアン（文民）条項を追加するようにという指令が、総司令部を通じて日本政府にそしてまた貴族院に伝達されたことである。この指令は、貴族院における憲法審議の段階に到着したのである。その指令を受けとって、貴族院ではシビリアンという文字を何と日本語で表現すべきかを相談する小委員会ができたが、この小委員会に吉田首相が姿をあらわし、この指令は第九条に修正があったため必要となったので、それは〝北と南〟からの要求にもとづくものであるというホイトニー准将の話を伝えたのである。この〝北と南〟というのは、ソ連とオーストラリアという風に理解された。政府は、衆議院における芦田修正があったにもかかわらず、貴族院でも自衛のためにも戦力をもてないと説明していたので、この説明の下では、日本国民は、全部文民（現役軍人でない人）となるはずなのだから、閣員は文民でなければならないとするのは余計のことと思われた。しかし極東委員会からの指令であったので、貴族院もそのままこの指令に従ったわけである。なぜこのような指令が、極東委員会から来たかというと、それは衆議院における芦田修正の結果として、将来軍隊が出現する可能性のあることを予見し、この点について特に関心をもつソ連とオーストラリアの要求で、こうした指令が発せられたものであるように思われる。つまり、第九条と自衛権との関係は民政部内のみでなく、極東委員会でも考えられていたのであろう。序《ついで》ながら、金森国務相は自衛のためにも戦力はもてぬという解釈を変更していなかったので、論理上このシビリアンを〝現役軍人でない者〟という風にすなおに解釈をするわけにゆかず、〝軍歴をもたぬ人〟という金森解釈をとらざるをえなかったものと思われる。

　ここでマッカーサー・ノートの第二項から現行憲法第九条にいたるまでの、主な変化も付記して読者の参考として置こう。

### 一　マッカーサー三原則の第二項

MacArthur's Notes

II

War as a sovereign right of the nation is abolished. Japan renounces it as an instrumentality for settling its disputes and even for preserving its own security. It relies upon the higher ideals which are now stirring the world for its defense and its protection.

No Japanese Army, Navy, or Air Force will ever be authorized and no rights of belligerency will ever be conferred upon any Japanese force.

### 二　総司令部モデル案

Article VIII. War as a sovereign right of the nation is abolished. The threat or use of force is forever renounced as a means for settling disputes with any other nation.

No army, navy, air force, or other war potential will ever be authorized and no rights of belligerency will ever be conferred upon the State.

三　日本政府案

国の主権の発動たる戦争と、武力による威嚇又は武力の行使は、他国との間の紛争の手段として永久にこれを抛棄する。

陸海空軍その他の戦力は、これを保持してはならない。国の交戦権は、これを認めない。

四　現行憲法

第九条　日本国民は正義と秩序を基調とする国際平和を誠実に希求し、国権の発動たる戦争と武力による威嚇又は武力の行使は、国際紛争を解決する手段としては、永久にこれを放棄する。

前項の目的を達するため、陸海空軍その他の戦力は、これを保持しない。国の交戦権はこれを認めない。

## 五　第九条の解釈——金森解釈の波紋

わたくしは、貴族院で第九条に関する金森国務相の解釈をじかに聞いたのであったが、その要旨は、日本に自衛権はあるが、第九条二項の規定によって戦力はもてないというにあった。国際法で自衛権というのは、他国が武力で攻撃してきた場合、これを武力を以て排除する国家の権利と理解していたわたくしにとっては、戦力は一切もてないというのなら、なぜ日本に自衛権はあるという観念論をもちだすのか、非武装主義をとったのなら、なぜより現実的に、日本は第九条二項によって、自衛権を放棄したのだといわないのかを疑った。あるいは将来の解釈に具える意図がかくされていたのか、その辺のことはよく分からない。朝鮮動乱の頃から、警察予備隊、保安隊、自衛隊という軍事的発展と共に、憲法第九条の解釈ということが実際問題として論議されてきた。右の金森解釈は憲法を解説する学者につよい影響を与えた。純学問的にふかく考えれば、かつてホッブスが「リバイアサン」のうちで、個人の正当防衛権の行使を禁止する国会の法律は無効であるといっていた言葉を想起しつつ、主権国家から成る現在の国際社会を前提とするかぎり、たとえ、一国の憲法で国家の自衛権を放棄したとしても、それは有効であるのかという疑問が、当然起こるべきであったが、わが法学界ではそうした疑問を解明するための本質的論議は全然行なわれなかった。そして金森解釈の線にそった解釈が学界の通説となってしまった。そして自衛のためにも非武装で行くことが、新憲法の徹底した平和主義であるという風に大学以下の憲法教育においても教え込まれ、一般人もそういう風に考えるようになった。そして当時の国民は世界無比のこの絶対平和主義に感激をおぼえたのである。そしてまた、法学を専門としない一般人が、第九条を素直に読むと、たしかに、それが憲法の正しい解釈のように見えるのである。そしてこの解釈を大前提とするかぎり、演繹論法で、自衛隊は違憲であり、日米安保条約も違憲であるとの結論を引きだしたとしても、それは論理的に誤っているわけではなかろう。そしてこうした解釈の下に醸成された社会的ムードを背景として、社会党はこの解釈を前提としつつ、鋭く政府につめよった。それから起こった社会党と政府との応酬では、法学界も一般に、社会党の主張を支持する傾向がつよかった。そして〝芦田学説〟にたいしては、これは、政治家が時勢にこびるために、無節操にも憲法解釈を変更したのだというような非難が浴せられ、またマ元帥にたいしても、かれは当初の憲法解釈を変えたのだというような批判が加えられたのであった。

金森国務相は、東大時代のわたくしの同級生として、ふるくからよく知っている。かれは法制局育ちだけに、小手先の法律論にも長じてはいたが、なかなか聡明な人物であった。第九条二項が国際法でいう自衛権と両立しないことや、米軍が日本の安全を守ってくれる占領中はとに角、現実の国際状勢下の独立日本が完全非武装でやっていけないだろうというような政治的良識ぐらいは十分にもっていたと思われる。しかるに何故、金森国務相がこのような解釈をとらざるをえなかったかというと、この第九条は連合国の日本非武装政策を憲法中に規定せんとしたので、日本政府としてはどうにもならぬという前提――それは誤った前提ではあったが――の下に、無内容な自衛権を理論的に確保しつつ、完全な非武装主義を高唱する解釈をとったのであろうと思われる。

次に学界の通説について顧みると、ドイツ法学から十二分に学んだ法典実証主義の影響が第九条の解釈についても濃厚にあらわれていた。つまり刑法典や商法典の解釈方法とおなじ手法で、日本国憲法を解釈するという傾向がつよかったが、それが第九条の解釈にもあらわれていることが印象的であった。アメリカでは憲法の解釈については、ジョン・マーシャルの古い警戒の言葉、すなわち〝われわれの解釈せんとしているのは憲法であることを忘れてはならぬ〟ということが憲法解釈の金言として尊重されている。つまり刑法典や商法典を解釈するような文理偏重の態度で、憲法を解釈してはならないことをかれはアメリカ法曹に教えたのである。そして連邦最高裁判官フランクフルターは、数年前この憲法解釈方法をアメリカ法曹に教えたことが、マーシャル最高裁長官の最大の功績であったといっている。日本法学者の日本国憲法第九条の解釈は従来余りにも文理解釈的、論理解釈的で、社会学的考察を欠いていた。つまり第九条と密接な関連性をもつ、日本が置かれている国際社会の現実を、第九条解釈の要因として考慮に入れていないという印象をつよくうける。むろんアメリカのような百数十年の憲法解釈の経験のある法曹界と対比すると、日本の法律家はまだ憲法解釈に不慣れであるので、旧式の法典解釈とおなじ態度で、新憲法を解釈するのが学問的であり、憲法に忠なるゆえんである、と考えたとしても、無理のないところであったともいえよう。尤も最近の若い法律学徒はこの点に気づいているようである。わたくしはかつて、第九条解釈に関するcommunis opinio doctorum（学者の通説）はcommunis error doctorum（学者の共通の誤謬）であるとして、この通説を評したことがある。

さらに政府の解釈を顧みると、政府は自衛隊は九条違反ではないという解釈をケース・バイ・ケースに展開していった。この場合政府はその理由づけとして、芦田解釈をとらずに、右の金森解釈を出発点として展開していった。金森解釈が政府の解釈であったのだから、これは十分に理解できるところである。今ここにその展開過程を詳細にたどることはさけるが、つまり金森解釈中の〝自衛権〟と〝戦力〟を橋頭堡とし、一面戦力の概念を漸次縮小的に解釈し、核兵器をもたないような武力は、第二項にいう〝戦力〟ではないといい、ジャーナリズムが自衛隊は〝戦力なき軍隊〟と皮肉ったような解釈をとるにいたった。他面かくすることによって、金森解釈の下では内容のからっぽであった〝自衛権〟の内容を漸次充実していったのである。そしてこのケース・バイ・ケースに理論づけていった行き方のために、今でもなお〝海外派兵〟は憲法のみとめざるところであるという解釈をとっているわけである。完全非武装主義こそ、新憲法下の平和主義であるとの前提の下に、憲法第九条を解釈してきた法律家の眼には、政府のこの方法は、本来違憲であるものを、なしくずし的に合憲としていっているように映じた。また一般人には政府は嘘をついて憲法を破っているので、道徳的に非難さるべきであるという感想すらをも生んだ。しかし法の発達史を知る人の眼には、政府の解釈態度は〝擬制〟という法律家慣行の手法をつかっていることが、一見明瞭であると映ずる。とくに法発達の初期においては、法は擬制的解釈によって発達してきたことは、ローマ法の発達史にてらしても、またイギリス法の発達史にてらしても、余りにも有名である。そしてそれは、現在でもつかわれる法的技術である。つまり一定の法規に無理があって、しかもその法規は動かしえないものであると考えられる場合につかわれてきたのが擬制の手法である。これによって、合理的で常識的に正しい解釈に到達せんとするのである。法律家のつかうこの擬制の手法については、故末弘厳太郎に〝嘘の効用〟という著書があってそこでは、法律家のつかう〝嘘〟が弁護されているのである。この〝嘘〟は道徳的に非難さるべきものでなく、その結論について、一般の承認がある場合には、笑いながら納得されるのが常である。しかし非武装主義こそ新憲法の平和主義と確信する、わが国の社会的ムードのうちでは、そのようにはうけとられずに、政府は嘘をついて憲法を守らず、けしからんという感想をひろく起こさせることになったのである。そのような社会的ムードのうちで砂川事件における伊達判決が、多くの人から憲法に忠実な司法権の独立を守る厳然たる態度として、拍手を浴びたことは十分理解しうるところである。また同事件において最高裁の判決が伊達判決を破棄したことにたいする法学界の批判的態度のうちにも、非武装主義の前提を固守する態度が現われており、また、これによって生れた社会的ムードが、まだつよいことを示すものといえるであろう。

## 六　第九条のマッカーサー解釈

わたくしは、第九条が問題になったころ、〝第九条は政治的マニフェストである〟と解釈して、これをある法律専門雑誌に公表した。この解釈は憲法注釈書にも高柳説としてかかげられてはいるが、これに同調する日本の学者はなかった。わたくしの解釈は金森解釈とも、また芦田解釈とも異なっていた。結論は異なるにしても金森、芦田両氏の解釈はともに第九条の文理解釈であるのにたいし、わたくしの解釈は第九条の本質の省察から出発した解釈である点で、方法論的に両者と異なっていたのである。第九条は政治的マニフェストだという解釈はかかる省察の結果としてえられた結論であった。わたくしは、第九条の表現のいかんにかかわらず、国際法上の意味での自衛権は〝完全に〟のこるがゆえに、自衛隊は、この奪うべからざる不文の自衛権の原理に基いて合憲であると考えた。しかしまた、それゆえに、第九条は無効と解すべきではなく、平和理念の具体的表現として、国内にたいしては、侵略戦争を再びすべからずという、国民によびかけた宣言であり、国外にたいしては、平和日本の決意を示すことによって、失われた日本にたいする信用を回復し、また原子力時代の世界では、各国とも戦争を放棄し、非武装でいくことが、世界平和の実現への唯一の途であるということを示す世界的宣言としてすこぶる重要な規定であると考えて、これを〝政治的マニフェストである〟という形でわたくしの解釈を表現したのであった。しかし日本の法学界の法典実証主義の圧倒的動向にてらし、わたくしのこの解釈がわが法律家によって理解されるのには、十年はかかるだろうと、側近の人達にはしばしば語っていた。十年といったのは、その間に来るべき一連の実際問題に面接して、通説は必ず行きず《ママ》まり、現実ばなれのした解釈であることを、わが学界も自覚するであろうことを期待していたからである。このわたくしの解釈は、憲法調査会の調査で分かった憲法制定当時における民政部の法律家の解釈とか、マ元帥の解釈などは一切知らないで、それとは全然関係なく、わたくしだけの省察に基いて考えた解釈であった。そしてわたくしの解釈が、偶然にもマッカーサーの解釈と一致するものであったことを最近にいたって発見したのである。

民政部において、憲法制定の当時すでに、九条と自衛権の関係が考えられ、九条にかかわらず、自衛権は存在するという解釈がとられていたことは、先に述べたとおりであるが、しからば、マ元帥自身の第九条の解釈はどうであったのか。マ元帥のわたくし宛の書簡においてマ元帥は次のように述べている。日本国憲法第九条は二つの目的をもつものである。その一は日本が侵略戦争を再びせずということを示すこと、その二は世界各国に向って、その行くべき途について道徳的指導を与えることである。日本が他国から侵略を受けるような場合には、日本はあらゆる自衛措置をもとりうるのであって、第九条のいかなる部分もそのさまたげとなるものではないと。そしてまたマ元帥はこの解釈は憲法制定当時からの解釈であったとはっきりいう。

〝憲法制定当時から〟という点が重要である。日本ではマ元帥が朝鮮動乱の頃から、憲法解釈をかえたのだということがいわれていた。たしかに、マ元帥の色々の声明にてらし、朝鮮動乱を境としてマ元帥の政策には変化があった。しかしこれは第九条解釈の変化を意味するものではない。この点が日本では誤認されて、政策の変化を憲法解釈の変化ととりちがえていたようである。すでに憲法制定当時から、民政部内部で、自衛権と第九条の関係について、自衛の場合は第九条の適用外であるとの解釈がとられていた事実にてらし、マ元帥のこの点に関する言明は真実を語っているものと解するのが自然である。

金森解釈では、日本に自衛権はあるといいながら、第九条二項によって、戦力はもてないとしたので、自衛権は有名無実のものと化したのであったが、マ元帥の解釈では、自衛権はその本来的な〃完全な形〃で存在するものとされているわけである。つまり金森解釈および通説では、第二項の正文の字句に重きがおかれるのに反し、マ元帥の解釈では自衛権という不文の基本原理に重きがおかれているといえるのである。法典実証主義の下における解釈から見ると、前の考え方が正しいように見えるが、不文の基本原理に重きを置く解釈方法の下では、後者の方が正しく見える。ここに事物の性質上そう解釈するのがより合理的で常識に合致する解釈であると、良識を重んずる法律家には思われるのである。この後の解釈をとるかぎり、政府を拘束する意味の規範としては、第二項の規定は、潜在的な自衛権の前に姿を消すことになるわけである。この点が法典実証主義の論法に慣らされた日本の法律家には分かりにくいのである。何だか特定の政治的目的のために、憲法解釈をゆがめるかのように誤解されるのである。しかしこうした誤解は国際会議などで、大陸法の法律家と英米法律家とのあいだに、しばしば起こる誤解で、珍らしいことではないことは、わたくしの〃英米法源理論〃その他で、しばしばわたくしの説いてきたところである。金森解釈も通説もまた芦田学説もみな法典実証主義のわく内で考えているのであり、また政府の議会における説明もやはり同じである。わが法律家が明治以来久しく慣らされたこの法典実証主義を前提とした論法でなければ議会の法律家も納得しないであろう。このことは、わたくしに、メートランドの“Taught law is tough law”という有名な言葉を想起せしめるのである。

日本国憲法の解釈については、この法典実証主義そのものについての基本的反省が必要なのではないのか。そうでないと、マーシャルの〃われわれの解釈せんとするのは、憲法であることを忘れてはならない〃という憲法解釈の金言が無視されることとなるからである。憲法に偶然つかわれた字句の意味に忠実であることによって、国の運命が左右されることにもなりかねないのである。

次にマ元帥の解釈の下では、第九条二項の成文の規定は、不文の自衛権の前に姿を消すが、しかしそれはたえず、他国を侵略せずという基本国策を国民にたえず想起させるだけでなく、同時にまた原子力時代における世界各国の行くべき途を示す理想として輝くわけである。第九条の示す各国の非武装化は原子力時代には、すでに空想ではなく、実現可能性を包蔵する理想であることは現在の世界の動きを熟視すれば明らかである。従って完全非武装化の平和主義の原理によって、醸成されたわが国の社会的ムードは、各国民による戦争放棄へのわが国民の念願を現わすものとして重要な意味がある。それは日本国民の念願であるだけでなく、全人類の念願でもあるといえるのである。現在の国際社会を前提とするかぎり、自衛権を肯定することは合理的であるが、それから直ちに第九条の規定を〝非現実的〟ときめつけることも〝非現実的〟である。それは来たるべき時代の基本原理となる可能性を包蔵するからである。この意味で〝日本国憲法第九条は、幣原首相の先見の明と英知とステーツマンシップを表徴する不朽の記念塔である〟といったマ元帥の言葉は正しい。マ元帥の日本国憲法第九条に関する主な発言は、一九四六年四月五日の対日理事会での演説と、一九五一年五月五日の米国上院における証言と、一九五五年一月二十六日のロス・アンジェルスにおける演説の三つであるが、第一の演説では、この〝日本政府の提案〟は各国が十分に考慮する価値あるものである、なぜなら戦争放棄は〝普遍的かつ同時的〟でなければならないからという。つまり、この提案は日本だけの戦争放棄と非武装化できまるものでなく、世界各国がこれに同調して初めて実現しうることを指摘しているのである。第二の証言ではさらに一歩を進めて、この幣原の提案は大国が率先して実行するのでなければ実現できないことを説き、それには米国政府がイニシアティブをとらねばならないと説いている点に特色がある。第三の演説ではこの幣原の提案は、今世紀最大の人類的課題であるにもかかわらず、現代各国の政治家は第二次的問題に没頭して、この大問題を忘れているといって、はげしく各国政治家の態度を攻撃しているところに特色がある。かれの発言を仔細に検討していくと、第九条に関するかれの関心の重点は〝日本〞よりも、むしろ〝世界〞のまた〝人類〞の将来に向けられていることがわかる。かくしてかれは日本国憲法第九条は幣原の不朽の記念塔であると考え、亡き幣原に代わって、第九条の精神の実現化の必要を各国政治家によびかけているかの観があるのである。

マ元帥が一面日本は自衛のためにはいかなる措置をもとりうるとして九条の成文の規定を抹殺するかの如き態度をとりながら、他面これを不朽の記念塔として大切に保存すべきであるとする〝複線的解釈〞は日本の法律家には了解に苦しむものがある。これも法典実証主義のつよい影響の下に、憲法典も他の法典と均しく規則の集合体と考え、前文ならいざ知らず、正文に書いてあることは、すべて、固定的な規則であるという前提の下に憲法解釈を行なわんとするためである。しかし、憲法は革命とか独立の際に、新しく生れる国の進むべき基本的政策、直ちには実現することのできない理想をかかげることは、しばしば見られるのである。かかる基本政策ないし理想は前文のみでなく、正文中に掲げることのあることは、例えば一九三七年のアイルランド憲法や一九四九年のインド憲法を見れば分かることである。日本国憲法の正文も規則の集合体としてではなく、〝固定的な規則と流動的な基準と、直ちには実現しえざる理想をふくむ体系〞として把握せられねばならない。そして第九条はその内いかなる種類の規定であるのかの決定が第九条解釈の出発点となるわけである。

わが国法律家がこれを規則と考えるのに反し、マ元帥はこれは世界各国の協力によって初めて実現可能となる理想であると解釈しているわけである。

## 七　むすび

日本国憲法第九条の解釈に関する学界における通説と反対説との間の論争、それを背景とする政府と野党の議会における応酬、砂川事件の伊達判決の最高裁判決による破棄差戻し、第九条を中心とした改憲論と非改憲論の政治的相剋等々朝鮮動乱後わが国に起こった九条を中心とする混乱状態の病源を、法社会学的立場に立って客観的に探究すると、それはわが法律家がドイツ法学から十二分に学んだ〃法典実証主義〃にあると思われる。法典実証主義に価値なしというのではない。しかし改正手続の困難な日本国憲法の解釈、ことに第九条の解釈ということになると、法典実証主義そのものの制約が顕著に現われてくる。日本の法学もさらに視野を世界的に拡大して、そこには大陸法のほか、これと対立するコモン・ローという大法系の解釈方法のあることをさとり、従来の法典実証主義そのものに反省を加える必要があると思われる。そうでないと日本国憲法にたいする日本法律家の解釈は、英文のテキストを英文法でなく、ドイツ文法で解釈しているために、その精神が、ゆがめられて解釈されているとの非難を免れえないであろう。日本では英米とは異なり、大陸法の伝統によって、アカデミックな学説が特に尊重される。従って、もしもマ元帥のような九条解釈が当初から学界の通説となっていたとしたら、九条を中心とする学界政界におけるあの混乱はなくしてすんだと思われる。

マッカーサーのように憲法第九条の解釈として自衛権は完全に現存するとするならば、自衛隊をもつかもたぬか、中立主義をとるかどうか、海外に派兵するかどうか、核兵器をもつかもたぬか等は憲法第九条の問題として抽象的に論断さるべきではなく、すべて政策の問題として、あらゆる角度から具体的に慎重に考慮すべき問題となるわけである。そうした行き方のほうがわが国にとって宜しかったのである。わたくしは、第九条の解釈として自衛権は〝完全に〟留保されていると解するので、憲法上は核兵器をもつこともできるとしているが、現実の政策としては、たとえば中共がその誇示するように、数年後に核兵器をもったとしても、日本としては、核兵器をもたぬという政策の方が宜しいと考えている。そしてまたさらに、わが政治家もマ元帥に負けずに、日本国憲法第九条の示す理想実現のため最大の努力を捧げることを熱望している。それが真に日本国民の安全を守るゆえんであり、同時にまた、全人類の福祉に寄与するゆえんであるからである。

# 第四章　完全非武装

## 一　アメリカ法学者の考え

最近、一九五八年出版のクラーク、ソーン共著の「世界法による世界平和」を読んだ。クラークは、ニューヨークの長老弁護士、ソーンは、ハーバード・ロー・スクールの少壮教授であるが、この二人の約一〇年にわたる共同研究の結果をまとめたのがこの著作で、「国連憲章改正私案」に詳細な註解を加えた体裁で書かれている。両氏ともに法律家であるためか、実際上問題となりうる細かな点までよく考えられており、同じ傾向を示す著作中の白眉といえよう。

両氏の提唱する基本的なそしてここで特に注目すべき点は、世界の各国が単なる軍縮ではなく、完全な非武装化を行ない、これを前提として国連に警察軍を置き、侵略の脅威を少なくし、また侵略を防止することにある。国連成立当初の構想も、各国が自衛のために戦争を行なう必要のない世界を建設することにあったのだろうが、各国が軍備をもつ自由を認めているために、この構想は実行不能に陥っているのである。著者はこの点をついて、まず世界各国の非武装化を行なわしめねばならぬとするのである。

そして著者は、この非武装化は完全なものでなければならぬことを特に強調する。なぜなら単なる軍縮では、各国の恐怖と緊張を除去することはできないからである。たとえば各国がそれぞれ今の一〇分の一に軍備を縮小するとしても、これに対抗するに必要なだけの国連警察軍を維持することは、実行不可能である。

そしてまた、著者はその提案が理想論でなく、近い将来実現する可能性が濃厚であることを固く信じている。原子兵器の破壊力のみならず発射技術も異常の発達をとげつゝあるから、ソ連、欧州各国、アメリカの民衆は、一たん第三次戦争が起こるなら、自分自身の生命を守りえなくなることを必ず自覚するようになる。

たとえばソ連圏内の基地から原子爆弾を発射すれば、ローマも、パリも、ベルリンも、ロンドンも一瞬にして廃墟となる。またソ連をとりまく基地から原子爆弾を発射すれば、ソ連の主な都市もおなじく壊滅に帰する。ヨーロッパの大衆もソ連の大衆も、自分たちの生命そのものを保存するためには、各国が完全非武装化して侵略の危険を除去し、国連警察軍により世界の平和を守らしめるより他に方法のないことをさとるようになる。この世界大衆の圧迫の下に、各国の政治家も、こうした方策の採用にふみきらざるをえなくなるであろうと説くのである。

各国が両氏の提唱する方策を受諾することになれば、世界各国の国内法で、戦争の放棄と完全な非武装化を規定することになるであろう。つまり日本国憲法第九条の原理が、普遍的なものとなるわけである。

憲法第九条の戦争放棄の規定は、華府における米本国政府または極東委員会の決定にもとづくものでなく、東京におけるマッカーサーと幣原との会談に発するのである。この会談では、日本の立場とか米国の立場とかでなく、世界平和をどうしたら維持できるかという、より高次の立場からの両氏の意見の一致が見られたのである。そしてマッカーサーが第九条は「世界を精神的に指導する」趣旨のものであるといい、また第九条は「幣原老首相の透視力と英知と政治家的資性とを表徴する不朽の記念塔」であるとしているのも、主としてこのより高次の見地からであると思われる。

## 二　マッカーサーの考え

一九四六年四月五日の連合国対日理事会におけるマッカーサー元帥の挨拶のうちにも、このことがよくあらわれている。

この挨拶の中で、マッカーサーは、まず日本の占領政策に関する彼自身の心構えを語っている。「われらは勝者として戦場において自ら擁護した諸原理を適用して新日本建設の建築技師とならねばならぬ」といい、「ポツダム宣言で採択された指導的原理を自国の欲するように修正しようとしたり、その忠実な履行の邪魔をしたり、完敗したこの国またこの国民を、利己的に搾取しようとする」若干の連合国の態度にたいし攻撃の矢を向ける。そしてさらに、帝国憲法改正案に論及し、とくに第九条について次のように述べる。

「日本政府は今や国策としての戦争が完全な失敗であることを知った国民を統治しているのであるが、この日本政府の提案は、事実上人類進歩の道程に一歩を進めるための大前提、すなわち国際社会道徳上、または国際政治道徳上、より進んだ法を発達させなければならぬことを認めたものである。

文明の進歩と存続は……国際紛争の判定者としての武力が無益なものであることを世界各国が認めるかどうか、力による脅迫、国境の侵犯、陰謀、公共道徳の蹂躙などから、当然由来する猜疑、不信、憎悪を国際関係から除き去るかどうか、戦争の場合における大殺戮の重荷をになう大衆の戦争をきらう気持を具体化するだけの道徳的勇気をもった世界的指導者が現われるかどうか、地上の各国民が支持しかつこれに頼りうるより高い法によって、日本のような国が安心してその独立をこれに委しうるような世界秩序ができるかどうかにかかっている。

それゆえにわたくしは戦争放棄の日本の提案を世界全国民が慎重に考慮するようこれを提示するものである。……連合国の安全保障機構の意図は賞讃に値するものであり、その目的は偉大かつ高貴なものであることは疑いないが、しかし日本が憲法によって一方的に達成せんとするもの――すなわち国家主権の発動としての戦争の放棄をすべての国家を通じて実現せしめうるなら、国際連合の永続的な意図と目的とを達成せしめることとなるであろう。戦争放棄は同時的かつ普遍的でなければならぬ、それは全部でなければ零である。それは実行によってのみ効果づけられる。言葉だけでなく平和のために努力する人の信頼しうるような明白でいつわりなき行動でなければならない……。」

以上はマッカーサーが対日理事会を構成する中国、ソ連、英国、オーストラリア、ニュージーランドの代表に向けた言葉であるが、かれは一九五一年五月五日、米国上院の軍事外交合同委員会で、これとおなじ思想を展開している。そこでは、世界各国が幣原老首相の思想にもとづく九条のような立法を各国がとるよう推進せしめる科学政策のリーダーシップをアメリカの政治家がとるべきであることを強く提唱しているのである。マッカーサーはいう。

「上院議員、これがわたくしの提案する解決策である。すなわち諸君は、国際連合あるいはその他のフォーラムを通じて諸国が、それぞれの国の憲法機関、立法府をしてこの方策について討議するよう各国との協定に達することに努める。そしてこれに反対するのはどの国民かに注目する。ほとんどすべての国――少なくもすべての大国――がやらなければ、どの国も実行しないだろうことはわたくしも十分に承知している。大国がその範を示す。四つか五つの大国が範を示すなら、他のどの国もこれに反対するわけに行かないであろう。

このことを論議していただきたいのです。そしてこれがためアメリカとして立法措置が必要ならば、他国がおなじことを行なうことを条件とすれば宜しい。そしてわれわれが世界の道徳的なリーダーシップをとるのです。」

このマ元帥の提案にたいし、トービー上院議員は「……元帥がわれわれに対し今行なった陳述はもっとも感動ぶかいものであって、世界の将来に関する真に基本的な点にふれているものである。従って全文、例外なく言葉通りに記録に止めるべきであることを委員会ははっきりと決定すべきである。諸君も同感であると思う」と述べ、ラッセル委員長も、それについては「問題ありません」と答えている。

一九五五年マッカーサー公園内の銅像献呈の際、アメリカ在郷軍人会ロス・アンジェルス郡評議会主催の市民正餐会でマ元帥の行なった一月二七日の演説では、マッカーサーの右のような思想が、最も詳細に展開されている。この演説ではまず、戦争の歴史と武器発達の歴史が説かれる、民族間の争いを解決するため、選手たちの剣闘的方式、民衆の数パーセントから成る軍隊による戦闘の方式、現代の全体戦争の方式への発展、また一人を倒すことを目的とするライフル銃や刀剣から、一時に十数人を殺す機関銃、数十万の人に影響を及ぼす原子爆弾、電子工学その他の科学的方法によって数百万人を殺す破壊力をもつ武器へと発展し、しかもなお、実験室における熱病的研究がつづけられて、一撃の下に、一切を破壊する手段の発見につとめている発展過程を説明する。そして、この科学による壊滅の勝利こそが、国際紛争解決の手段としての戦争の可能性を破壊しつくし、勝者といえども、戦争によっては自らの破壊以外の何物をもえられなくなったのだと説く。

そしてかかる事実は、今や戦争をこの世から締め出すことができることになったことを意味するのではないかが、大きな問題である。戦争の放棄はもはや哲学者や宗教家の倫理的方程式ではなく、自分が生きるか死ぬかが問題となっている大衆自身の世論が決定すべき核心的問題となっている。それは鉄のカーテンのかなたでもこなたでもそうである。世界中の一般大衆は、自由人であると奴隷であるとを問わず、この問題の解決については意見の一致をみているのである。これだけが世界中の一般大衆の意見が必ず一致する唯一の問題であろう。しかも、それがあらゆる問題のうち最も重大かつ決定的な問題である。

こうした立場からマッカーサーは、世界各国のいわゆる指導者——共産国たると自由主義の国たるとを問わず——に対し「指導者はのろまである。権力という病がかれらを混乱させ正体なくさせているようだ」と痛論する。かれらは基本的問題、この世界大衆の要望を実現する基本的方策には手をつけていない。各国の政府の内部でも、国連でもこの根本問題——戦争が廃止されなければ、次の人類の一大進歩はこないことをあえて表明しようとしない。あるいはこの簡単な事実をかれらに納得させるには、もう一度大破壊を必要とするのかも知れない。かれらは第二次的な問題について議論したりアジリ立てたりしている。軍備の制限とか、核兵器の使用制限とか、各国軍備の国際的監視とか、ニュルンベルクで採用された新国際法規（侵略戦争は犯罪である）の採用とかのような、過去において種々の形でこころみられ、取るにたらない結果しか生んでいない、姑息の手段にしかすぎない問題について議論しているのである。

世界は、生きのびようと考えるなら、遅かれ早かれ、戦争廃止の決断に到達しなければならない。問題は「いつ」ということである。もう一度戦わねばならぬのか、いつの日に権力の座にある人物がこの人類の共通の要望——人類共通の必要事——を実現するだけの想像力と道徳的勇気をもつに至るであろうか。われわれは新しい時代に生きている。そして新時代は新しい考え方、新しい構想、新しい概念を必要とする。われわれは古い殻を破って、それから抜け出さなければならない。そしてわれわれアメリカ人こそ、世界の諸大国と協定をして戦争を廃止する用意あることを宣言し、世界のリーダーシップをとるべきであると結ぶのである。

以上は、マッカーサーの日本国憲法九条を機縁として展開された思想である。しからば幣原の考え方はどうか。

## 三　幣原喜重郎の考え

日本国憲法の制定された一九四六年の一一月一日、幣原は進歩党近畿大会で、進歩党総裁としての資格で挨拶をしているが、そのうち九条について以下のごとくいう。

「次に新日本の第二要素は国民挙って平和に終始する決意であります。憲法第九条は戦争の放棄を宣言し我国が全世界中最も徹底的な平和運動の指導的地位に立つことを示しています。この規定を以て一片の空理空想なりと冷笑する評論家は、やがて近代科学の躍進に伴う破壊的兵器の新発明が人類の生存に如何なる脅威を与えるかを悟らないものであります。国家の自衛権は認めらるべきものであるとかないとかいう議論は、人類が尚お今後の大戦争に耐えて生き残り得られることを前提とするものである、かかる前提こそ全く空理空想と申さなければなりませぬ。人類が絶滅しては国家自衛権なるものも果して何の用を為すのでありましょうか。固《もと》より世界の現状に於ては我国独り国際関係の広漠たる野原に戦争放棄の大きな旗をかざして行進しつつあるのでありますが、追て従来使用された兵器に比して幾十倍の破壊力ある攻撃の装置が発明せらるる暁には列国の民心は始めて事態の重大性に目覚め、戦争の放棄を要求する大勢は、世界を風靡するに至らざるを得ないでありましょう。事茲《ここ》に至らば我国は文明擁護運動の尖端に立った先見の明を誇りうるでありましょう」。

これはマッカーサーとおなじく、より高次の人類的立場から、各国が自衛権など行使しないでもよい世界秩序到来の必然性にたいするかれの信念を表明したものである。

こうした世界秩序が実現した場合には「我国は文明擁護運動の尖端に立った先見の明を誇りうる」ことになることは、幣原のいうとおりであるが、いまだそうした世界秩序が成立しないで各国が武力を背景として対立し、しかも日本が内部的または外部的侵略を受け、国の安全が脅かされる危険のある場合、日本はどうすべきか、この点についてマッカーサーの回答は、はっきりとしている。日本は自衛のために戦力をもちうるのみならず、あらゆる（国際法上許された）措置をとりうるもので、九条のいかなる部分もそのさまたげにならぬとするのである。かれは、戦争放棄は同時的かつ普遍的でなければ実行不能であることを十分知っている。この点マッカーサーの考え方は、きわめて現実的である。

しかし幣原の考え方は、より理想主義的であるのが対蹠的であるといえる。このことは「戦争放棄と徹底平和に関する幣原氏の演説草稿」という幣原直筆の草稿のうちに現われている。この草稿にもとづいて幣原が演説をしたことがあるのか、またはそれが単なる草稿に止まったのかは不明であるが、当時における幣原のきわめて理想主義的な思想が現われている。幣原はいう。

「然らば他日若《も》し外国より我国の軍備が皆無なるに乗じ、得手勝手の口実を構えて、日本領土を侵すことがあらば、我国として之に処すべき自衛対策如何。この問題は当然我国民の最大関心事であります。之が対策に就いて追々締結せらるべき講和条約又は国際協定中、或は日本が行く行くは何等か相当の自衛施設を有《も》つことを認められるような取極が望ましいとか、或は永久局外中立国たる保障を求むべきであるとか、或は又何れかの国より事態の必要に応じて、兵力的掩護を受ける約束を取付けられたいとか、種々の意見があるように聞きます。この際私一己の考えを率直に述べることを許されますならば、かかる意見は何れも現実の政策として適切なものとは思われませぬ。

第一に我国に於いて自衛に必要なる施設を保有せしむることを希望する意見も、固《もと》より自衛なる名義の下に、又々軍国主義に奔って、外国と争端を構えんとするが如き不純の動機に出でたものでないことは十分了解せられます。併《しか》し我憲法の条規は一切軍備を禁ずるのみならず、積極的に侵略国の死命を制するの力なくして、唯消極的に敵軍の我領土に上陸侵入することを禦ぐに足る程度の中途半端な自衛施設などは、却て侵略国を誘い出す餌となるに止まり、侵略国を引掛ける釣針にはなりませぬ。或は比較的に弱勢の兵力でも全く無いよりも優るであろう、少なくとも或期間は侵入軍を阻止するだけの効果があるであろうなどと想像せられるかも知れませぬが、近代の歴史は寧《むし》ろ反対の事実を示すものがあります。先般の世界大戦に於いて独逸《ドイツ》は電光石火的戦争（ブリッツクリーグ）と称して、比較的弱勢の隣国を瞬く間に薙ぎ伏せたではありませぬか。若し又我国の保有せんとする兵力が如何なる強国又はどの同盟国にも抵抗して、一切の侵入軍を徹底的に駆逐するに足るようなものであるならば、連合国側に於いて我国のかかる軍備を承認する筈はなく、又仮令これを承認するとも我が国力は之に堪え得られるものではありませぬ。強いて軍備の過大な充実を試みるならば、外部よりの侵略に先だって、内部の疲弊困憊に依り、国家の破滅を来たすことになりましょう。

第二に永久局外中立制度の効果も亦《また》頗《すこぶ》る疑わしいものがあります。曩《さき》に大正三年独逸は仏国との開戦を決意するや否や、白耳義《ベルギー》の永久局外中立を保障する条約の規定を無視して咄嗟の間に白耳義国内に侵入し、それより第一次世界大戦の幕は明けたのでありますが、爾来永久中立制度の価値は俄然暴落して、世界の人心はもはや真面目に之を信頼しなくなったように思われます。我国も欧羅巴《ヨーロッパ》の前世紀時代に行なわれた旧制度に倣って、自国の安全を図らんとするが如き望を繋いではなりませぬ。

第三に我国が他国の侵略に遇った場合に、何れかの第三国より兵力的掩護を受けんとする構想に至っては、凡そ一国が何時でも優勢なる兵力を東洋方面に集中し得る体制を整えて日本を掩護することは、固《もと》より容易ならざる犠牲を伴うものであります。従って我国が予め特定の第三国と条約を結び、その第三国自ら現実の利害関係を有《も》っていない場合でも、有らゆる犠牲を忍んで、日本を掩護すべき義務を引受けんことを期待するが如きは元来無理な注文と謂わざるを得ませぬ。加之《しかのみならず》かかる全力的掩護条約の存在それ自体が侵略国を刺激し、その敵対行動の口実を仮すことになりましょう。他の一方に於いて日本が他国から侵略せられた結果、直接又は間接に自国の緊切な利益を脅かさるる第三国にとっては条約上の義務がなくとも、又日本の懇請がなくとも、自国の利益を擁護し、且国際的秩序を維持せんが為め、日本に対する他国の侵略を排除する手段を極力講ずるのは必然であります。

以上述べました私一己の考えを縮めて言えば、我々は他力本願の主義に依って国家の安全を求むべきではない。我国を他国の侵略より救う自衛施設は徹頭徹尾正義の力である。我々が正義の大道を履んで邁進するならば、『祈らぬとて神や守らん』と確信するものであります。その所謂正義の規準は主観的な独断ではなく、世界の客観的な公平な輿論に依って裏付けされたものでなければなりませぬ。これは迂闊な遠路のように見えても、実は最も確かな近道であります。私は我国の対外関係が終始これを基調として律せられんことを切望して已まぬものであります」。

マ元帥が総司令部民政局に司令部草案の起草を命ずる際、三項目から成るマッカーサー手記を渡したが、このうちの戦争放棄に関する部分には、戦争は「自己保全のためにも」行なわない趣旨の字句があった。この字句は司令部草案には削除されている。マッカーサー手記の戦争放棄に関する部分は、幣原の思想の要領をマッカーサーが書いたものとされているが、「自衛戦争をも放棄する」という幣原の徹底平和の思想が、以上の演説草稿のうちに詳細に展開されているということができるであろう。

幣原の演説草稿から推論すれば、かれは自衛隊の設置にも、日米安全保障条約の締結にも反対であろう。また、社会党の主張するロカルノ式の安全保障条約がたとえ可能であるとしても、これにも反対するということになろう。かれは日本がそうした外部的力にたよることなく、ひとえに客観的に世界世論によって裏づけられた正義の大道を歩むことが、国家の安全を守る最善のみちであり、それがまた最も現実的であると考えているのである。

幣原の心境は誠に高貴であり、もしも世界各国の政治家がこうした心境で行動するなら、世界はもっと平和的なものとなるであろう。しかし、世界の政治家の通念は、そこまでふみ切っていないのである。「正義なき武力」が野蛮であることは十分に認められているが、「武力なき正義」は無力であるというのが現代の国際政治の通念である。したがってこの通念から出発すれば、幣原の思想は非現実的であり、理念的であり、観念的であるといえるであろう。

また英仏独等西欧の政治家は、これは国際共産主義の戦術、第二次大戦後におけるソ連の行動、それが生んだ結果にたいする認識を欠くことを指摘するであろう。かりに幣原のごとき政策を日本がとるとすれば、日本は東欧諸国の運命をたどることになる。大きな軍事力をもつソ連または中共からの内部的または外部的侵略を被り、かかる侵略を日本が受けた以上、武力を背景とするその鉄鎖を破ることが不可能となるのみならず、日本は、資本主義陣営との闘争に参加させるため、その欲せざる武装化を強制されるであろう。この意味で、幣原の政策によって日本の独立を守ることが不可能であることは、ハンガリーや北鮮の事例に照らし明らかであるとかれらは見る。

幣原はその草稿で、以上のような見解が個人的意見であることを強調している。かれの同僚吉田茂も、また日本政府も、日本の独立を守る方策について、幣原のようには考えていないのである。かくして日米安全保障条約締結が、日本の独立と自由主義的な憲法秩序を守るゆえんであると考えているのである。このことは吉田茂「回顧十年」第三巻第一九章「日米共同防衛体制の由来」を見るとよくわかる。吉田茂のこの考え方は、西欧政治家——保守党たると労働党たるを問わず——の国際常識の線にそうものでである。

## 四　私の批判

私は貴族院の特別委員会で九条についていろいろ細かな質問をしたが、それに先立って一九四六年八月二六日の貴族院本会議で次のように発言した。

「今次大戦の結果と致しまして、原子爆弾が発見され、科学の進歩によって更にそれは完成されることでしょう。将来の世界戦争はある民族の殲滅のみでなく、人類そのものを殲滅に導くのではないか、従来の主権国家の観念を捨てて世界連邦を作らねばならぬ時期に人類は到達しているのではないか。併《しか》し政治思想は科学の進歩に常に遅れるのでございます。かくして人類は自ら作った武器によって自らを殲滅することになるのではないか。そうしたことが世界の識者の最も強い関心事となっております。世界連邦の形における世界国家が成立すれば、各国は改正案第九条の想定している武装なき国家となるのであります。世界に生起するすべての国際紛争は武力を背景とせず、理性によって解決されることになる。武力は世界警察力として人類理性の僕としてのみ存在が許される。改正案第九条はかかる世界連邦を前提としてのみ合理的であります。」

裏からいえば、武力が物をいう世界で、日本をとりまく国々がいずれも武装化しているのに、日本だけは武装してはならぬというのは非合理的であると考えたのである。マッカーサーが戦争放棄は同時的かつ普遍的でなければならぬといったのと同じことを考えていたのである。自衛のためにも戦力はもてぬという当時の日本政府の解釈は、占領軍が日本に止まる間はそれでよいだろうが、日本が独立した場合に、日本の政治家がこれでやってゆけるかをわたくしは怪しんだのである。アングロ・サクソン系の法律家のように、常識に反しないように合理的に憲法を解釈することにならされていない日本の法律家、憲法のテキストだけを基礎として文理解釈するドイツ式解釈法学に慣らされた法学者の傾向、または立法者の解釈として政府の解釈に重要性を置く法律家の慣習などを考え合わせて、一抹の不安を感じたのである。むろんわたくしは、やがては世界各国がいずれも非武装化政策をとることが、人類の存続のために必要であると考えている。しかしそれには、アメリカとかソ連とかの大国が、自ら進んでその範を示すことが必要である。日本だけが非武装化しても「日本笛吹けども列国踊らず」ということになり、大して世界平和に寄与することにはならないのだと思われる。しかしまた、九条は、戦前の軍国主義に対するアンティテーゼをつよく宣言することによって、軍国主義の復活の危険を国民に警戒させるとともに、きたるべき世界各国の国内法のあるべき姿を指示するものとしての価値は、大きいのである。それは理想法（ideal law）であるばかりでなく、また可能法（potential law）でもあるからである。

# 第五章　人権の司法的保障――法治から法支配へ

## 一　私の学問的歩み

私が英米法を学び始めたのは、明治四十二・三年頃からで、東大で四年間ヘンリー・テリー、土方寧両先生の講義に列した。そして卒業後英米法を専攻することになり、アメリカに三年ほど留学した。先ず、ハーバード・ロー・スクールに入学して、そこでケース・メソッドの訓練を受けた。この法律教育方法の下では、教授の系統的な講義はなく、判例を中心とする教授と学生の問答が交わされたが、個々の判例の論議が集積して一年後にはおのずから系統的知識がえられるようになっている。この系統的知識は判例を基礎として自分で作りあげていかなければいけない、テキスト・ブックにたよってはいけないのである。判例といっても大陸のように、アノニマスなものではなく各判事の考え方とか能力がよくそれぞれの意見のうちに現われていて、しばしば各判事の間に理論闘争がみられるので読んで面白い。この点権威主義的な色彩のつよい大陸式な判例と著しい対照をなしている。当時いつも感心した裁判官は連邦最高裁のオリヴァ・ウェンデル・ホームズ、ルイス・ブランダイス、連邦下級判事のラーネッド

・ハンド、また、ニューヨークの最高首席判事ベンジャミン・カルドーゾなどで、それらの判事の意見は群を抜いて光っているように思った。私も法の解釈の方法などについて、これらの人達の影響を強く受けた。アカデミックの学者の方で私がつよい影響を受けたのは、ハーバード大学のロスコー・パウンド、ノースウェスタン大学のジョン・ウイグモアの両大家で、そのほか多くの専門大家の教えを受けたが、私は視野の広いこの二人の学者に特に引きつけられ、大きな学問的影響を受けた。アメリカに三年間滞在した後、イギリスに行き、法律実務家を養成するインズ・オブ・コートのミッドル・テンプルに席をおいた。パウンド先生の勧告もあったので、イギリスではアカデミックな研究よりも、むしろ法の実践を見学することに努力した。国会や裁判所の動き方を如実に見るにつけ、そこにこれまで学習したコモン・ローの精神が実践のうちに躍動しているのを見て感銘を受けた。また、アカデミックな法学者としてはフレデリック・ポロックとか、ウイリアム・ホールズワースとか、ポール・ヴィノグラドフなどと接触し、着実なイギリスの学風と特に法と歴史のつながり、歴史観というものについて学ぶところが多かった。私の留学期間は四年間であったけれども、折角ヨーロッパにいったのだからもう一年自費で留学をのばし、大陸の法学界も見学しようと思い、その後一年間フランス、スイス、イタリア、ドイツを廻った。日本の法律学は大陸の学風にならったものなので大体理解していた。従ってそこでは特に法思想家、法哲学者を訪ねて、意見をきいたり、それらの人の著作を読んだりした。ドイツでは、ルドルフ・フォン・シュタムラー、ヨゼフ・コーラー、グスターウ・ラートブルッフなどの著作を耽読し、ドイツの法哲学というものを理解した。フランスでは、フランソワ・ゼェニー、レオン・デュギー、イタリアではジョルジオ・デルベギオなどの著作を愛読した。そして同じ大陸でもドイツ系とラテン系の国の学風の差を感知することができた。また、スイスではオイゲン・エアリヒという〃生きた法〃〃法社会学〃の研究の必要を高唱したので有名な学者と交際したが、この人の考え方は、大陸的というよりもむしろ英米法学者の考え方に近いという印象をうけた。中欧の法学界で、とかく異端視されたこの人が英米では同情的に見られ尊敬された消息が分かった。

## 二　英米法と大陸法の解釈態度とその相違

英米法と大陸法とは相対立する世界的法体系であるが、日本は明治二・三十年代から公法、私法ともに主としてドイツ法を継受し、大陸法の国となり、制度のみならず、法の考え方も著しく大陸法的になっていた。

こうした日本の背景の下に英米法の講座を担任した私は、どういう態度で英米法を教えるべきかを考え、英米法というものを大陸法と対比してながめるという根本態度をとることにきめた。大陸法と英米法の比較といっても法規範の異同を機械的に比較するというのでなく、その差異の生ずる歴史的背景、法の考え方の差異の由来といったような根本的な点に着目して、そういう角度から英米法を検討していくことにした。そうして初めて英米法の魂といったものにふれることができると考えた、従って私のいくつかの著作も主としてそういう角度から英米法を取扱っている。「英米法源理論」とか、「英米法の基礎」とか「司法権の優位」とかの著書をお読みになるとそのことがお分かりいただけると思う。右のうち「司法権の優位」は右のような態度で違憲立法審査制を二十年近く研究したものをまとめたので、このテーマは英米法とくにアメリカ法の理解のため必要であるという純学問的動機からとりあげたので、当時の日本の現行法とは殆んど関係のないテーマでした《ママ》。法の支配、そのアメリカ的発展である司法権の優位を長い間かけて判例その他の文献を沢山読んで研究したのは、これらがコモン・ローの基本原理であったからだが、敗戦という歴史的偶然の結果として、戦後日本の憲法がアメリカ式の違憲審査権を採用したためにこの問題が日本のモーデ・プロブレームとなった。そこで専門雑誌に公表されたいくつかの論文をまとめて「司法権の優位」という著書を公刊し、日本の新制度の研究にも役立つという実用性を獲得したわけである。しからば大陸法と比較した英米法の根本的特色、英米法の性格の成立の根源はどこにあるのか、それは次の点にあるといえる。

　大陸法は大学を中心として育成されていった。十二世紀頃からボロニヤの大学で、ローマ法の研究が復活して以来、註釈学派、後期註釈学派と時代と共に学風の変化はあったが、大学を中心として法律実務家が養成されることになり、この伝統がイタリアだけでなくドイツにもフランスにもオランダにも伝わって、結局ヨーロッパ大陸では大学が中心になり、大学の教育の一部として法律学というものが成立し、実務家もそこで法律を学ぶようになった。かくして大陸法では学説が重んぜられることになった。ところがイギリスではオクスフォードやケンブリッジの大学とは関係なく、法律実務家である法曹の団体がロンドンにできて——いまではインズ・オブ・コートといっている——そこで法学教育が行なわれ、またそこを中心としてイギリス独自の法律学が発達した。このことが英米法と大陸法の基礎的な差異で、それは歴史的偶然ともいえるかも知れないが、そこから大陸法と英米法との間の種々の差異が生じたわけである。英米法の第一の特色は判例法主義にあるといわれるが、これは裁判官、弁護士の集団の中で法律家が養成され、裁判には判例が一番実務上重要なのでおのずから判例を中心としたイギリスの法律学が生まれた。これは大陸法が学説を中心として法律学が発達したのと著しい対照をなしている。また第二に法曹一元ということが英米法の特色だが、ロンドンにおけるこの法曹の集団は中世的なギルドの一種であったのでロー・ギルドともいわれている。弁護士（バリスター）中の先輩が裁判官になる。そして弁護士と裁判官が一体となって法を守るという根本精神に立つ制度が生まれた。大陸では裁判官は他の行政官と相並んで官僚の一部をなして在野の弁護士と相対している形をとっているが、イギリスでは弁護士と裁判官が一団となって行政官僚に相対している形となった。そしてこの有力な法曹の一団が行政官を法的にコントロールする作用をいとなむことになった。第三にイギリスでは長い間民事、刑事の裁判に陪審制度があった。いまでは陪審が使われる範囲が漸次狭くなる傾向があるけれど、歴史的にはこの陪審制度の存在が大きな影響をイギリス法の性格に与えているのである。ロンドンの裁判官が定期に弁護士と一緒に巡廻裁判に出かけて、地方の陪審員と一緒に陪審裁判を行なう。陪審裁判のどういう点がイギリス法の性格に影響を及ぼしたかというと、陪審によって裁判をする時には、裁判官が陪審にいわゆる説示を行なわなければならぬ。説示というのは事件に適用さるべき法を裁判官が説明することで、陪審裁判では事実問題は陪審がきめるが、裁判官は法を法律家でない素人にわかるように説明しなければならない。また刑事裁判では陪審が有罪、無罪を決定するけれども、しかもこれは法を事実に適用してきめるのだから、法を十分裁判官が陪審に説明しておく必要がある。

その説明のやり方は一面一般人にわかるようなやり方で説明しなければならないが、他面裁判官の説示が裁判の法的基礎になるから、説示は極めて正確であることを必要とする。ここからイギリスでは法を正確にしかも一般人の理解しうるように説明する技術が発達した。それが法と民衆とを近づける作用をいとなんだのである。大陸では法律学が大学でつくられる関係上民衆からかけ離れたむずかしい専門家だけにしか分からない形で表現され、民衆と法律の距離ができたのと対照的なものがあった。また、一般人のうち生活経験豊かな者が裁判官になって軽い刑事事件を取扱う治安判事の制度と相まって民衆と法とが非常に近寄るという作用をいとなんできた。かくして民衆に法はわれらのものであるという感覚を強めていった。次に陪審制度は事実問題と法律問題をきっぱり分けて考えるイギリス人の習慣の起因となった。これは裁判の場合のみならずイギリス人のものの考え方に大きな影響を及ぼしている。法の問題を検討する場合に、大陸法では事実問題と法律問題の区別がイギリス法ほどはっきりと考えられないのは、陪審制度がなく事実問題も法律問題も裁判官が決定したからである。イギリスでは、事実問題を非常に突込んで検討し、そのため詳細な証拠法というものが発達し今でも法学教育で重要な科目となっている。いまでも日本の法学教育では法律論は微に入り細をうがって教えられるが、証拠の取扱い方を詳しく教えない。その結果日本の法学者には事実問題を十分調査しないで、法律論の見地から仮説的な意見を発表する傾向がつよいが、英米では事実の検討を行なわない仮説的法律論をやることをきらう傾向が強い。そういう事実に重きを置く物の考え方は単に法律の世界だけでなく、政治の世界にも影響している。例えば、ローヤル・コミッションその他諸種の委員会の報告書を見ると事実の正確な認定への努力が大部分を占めている。これら委員会では政策をきめる前提として、まず事実問題の調査に多大の時間を費す。それには証人を呼んできて宣誓させた上、丁度裁判の場合のように主訊問、反対訊問をやって、真実を究明していく、この事実の究明が、委員会報告書の大きな部分を占め、またそれが委員会報告書の一番貴重な部分である。事実認定の正確を期するための努力がなされ、結論は極めて簡単でもそれは独断的でなく結論の背後には事実認定のうらづけがある。それによってイギリス委員会報告審は重きをなすわけである。カール・マルクスが十九世紀の中頃、資本論を書く時に使った資料というのは当時のイギリスの産業状態を正確に記載した報告書であり、彼の著作が書けたのはそういう報告書があったからで、また彼の著作が非常に影響力があったのは、正確な事実認定に基礎づけられていたからだともいえる。勿論当時のイギリスの産業状態と現在の資本主義の実際の運用とは非常に異なっているから、彼の理論が現代の社会事実にてらしても妥当するとはいえないが。日本にも委員会というのはいろいろあるが、一定の委員たちが独立な事実調査を行なうことなくお役所から提出された資料を基礎にして意見を述べ、それをまとめて結論をだすだけのものが多いように見受けられる。徹底的に事実調査をやって、それにもとづいて意見を述べるという習慣が身についていない。だから事実はどうあろうとも我輩はこう思うという高踏的超越的意見が相当多い。イデオロギーの抽象的議論は平行線をたどるが、事実を基礎として考えると、良識のある人ならば意見は大体一致する傾向がつよいわけである。

私の関係している憲法調査会では憲法の再検討を任務としているが、憲法運用の実際、つまり憲法がどういうふうに日本の社会の各層で動いているかを長い間かかって調査している。これは憲法を条文を中心として考えるのは邪道で、それがどう日本の社会で動いているかを把握しその基礎の上に憲法を考えねばならぬとの考え方にもとづくのである。これはイギリス的なやり方だけれども、やってみると、委員たちの知らない新しい事実も沢山でてくる。それらは憲法を考えるときにも貴重な資料となる。同時にこのやり方に日本人はまだ馴れないから、反対訊問のやり方は極めて下手で、イギリス人のようにうまくはいかない、とかく初めから意見をきめて我輩はこう考えるがどうだというふうな演繹型ないし独断型の考え方が日本では未だ強い。けれども将来日本人も、まず慎重な事実認定から始めて、それにもとづいて結論をだしていくという帰納型の知性をもたなければ本格的調査はできぬと思う。その事実問題と法律問題、あるいは事実問題と政策問題というものを峻別するやり方の起源は陪審制度に由来するともいえる。

右のようにイギリスの法曹の一団というものを中心にして、裁判経験にもとづき、イギリス人が誇りとしているコモン・ローという判例法の一体が発達していった。成文法というものは権力者が専制君主であっても民主的にえらばれた支配者であっても、一つの政治的な動きの結晶である。しかしながら、コモン・ローは正義の実現に関する実際上の裁判経験を中心とし、理性と経験によってできたものである。こういうふうに英米法曹は考える。そして今日、法の支配――その内容は後でのべるが――ということがコモン・ローの根本精神となっているのである。イギリスは議会制度の母国といわれているが、議会制度というものを動かしていく際に、法曹というものがもっとも重要な指導的役割を演じてきている。議会の議事規則は裁判所の手続に準じて作られたものでイギリスの法曹の作ったものが議会制度の普及と共に世界的にひろがっていって、各国の国会の議事規則になっていったのである。またイギリスの議会とフランスの議会を比較すると、ある議題について討議する場合、イギリスの議会では過去の先例を追いながら取扱っている問題を考える帰納型論法がその特色になっている。これは判例法的考え方だともいえる。フランスの議会では、ある原則的前提から出発して事案にたいする判断を下していくという演繹型論法が濃厚であるといわれているが、これは成文法主義に養われた演繹的知性の表現である。神学の場合でも、カトリック教会の神学と、イギリスの聖公会の神学とでは後者の方に帰納的知性のはたらく部分が多く、よりフレキシブルであるといわれているが、これも成文法主義と判例法主義との考え方の差異から派生したともいわれている。さらに進んでこういうこともいわれている。フランシス・ベーコンという大法官になった法律家がいたが、このベーコンが同時に論理学の分野で革新的な、いわゆるアリストテレスの演繹法にたいして帰納法というものをあみだしていった。それは彼の判例法で叩きこまれた法律家的感覚が論理学の革新をうながし、それが〝自然〟の帰納的研究方法となっていったので、ある意味ではコモン・ローが現代の自然科学の研究方法を生んだともいえるという人もある。法曹のつくった判例法の一体たるコモン・ローの輝かしい伝統を弁護士と裁判官が一体として守るナイト(騎士)の役割をつとめる、政治的権力にたいして法を守る。こういう考え方が英米法には非常に強くでている。

アメリカが十八世紀にイギリスから独立し、フランスに革命が起こった。この二つの革命の性格を同一視する傾向がわが国では多いが、両者を比較してみると、そこに大きなニュアンスの差がみられる。アメリカの独立は、イギリス憲法の原則によってイギリスの国会と政府にチャレンジした。われわれに相談しないで税を課したのは怪しからんといったようなイギリス憲法の原則に訴えて、イギリス政府とイギリス国会に挑戦したのである。イギリスの憲法が悪いからではなく、これに違反してイギリスの政府と国会が行動しているからわれわれは独立するといった。ところがフランスの場合は革命前の法律にもとづいてチャレンジしているのでなく、寧《むし》ろ前時代の法は全然いけないのだ、新しい法原則にもとづいて政府をつくらなくてはいけないというのであった。このことは革命後のアメリカとフランスの政治的発展のうちに革命の性格の差異がよくでている。有名なエドマンド・バークがアメリカの独立に同情しフランス革命に反対した消息はそこにある。これと同じように、インドが独立した場合、インド人はイギリスの憲法の原則によって英国政府にチャレンジして独立しているのである。だから皮肉な見方をすれば、イギリス憲法の原理によって英帝国は解体しつつあるともいえよう。しかしイギリス人からいわせれば、われわれの教育によって植民地の人民は独立しているのであって、これはイギリスの敗北でなくイギリスの勝利なのだ。植民地というものは独立させるのが英国の憲法原理に合致するのである。それには無責任に独立させるのはいけない。独立後自力でやっていけるようにしてやるのがわれらの責任であるという。イギリスの植民地政策というものは、インドについては一九一九年頃からそういう考え方に向っているし、現在のイギリスの植民地政策は自治能力を教えて独立させるという政策になっている。この点オランダなどの植民地政策と根本的にちがって来ているようである。ここからインドネシアの独立とインドの独立はその結果においても非常に違っている。独立後もインド人はコモン・ローにたいして尊敬の念をいだいており、そしてイギリスの裁判官や弁護士にたいする信用は今でも絶大なものがある。イギリスの国籍をもっておっても裁判官なら大丈夫だ、不公正なことはしないと信じている。私は南方をしばらく旅行したが、マライは独立後もやはり最高裁判長官はマライ人よりもイギリス人の方がいいというので、イギリス人の最高裁判所長官をおいている。このように国籍を超越して非常に尊敬されている。独立後のインドとイギリス、独立後のフィリピンとアメリカの関係はきわめて良いが、オランダとインドネシアの関係は非常に悪い。その原因の一つは法思想の差にあるとも考えられる。

## 三　憲法解釈と法支配の精神

〝法の支配〟ということがコモン・ローの、イギリス法の根本思想である。そしてこの思想は十三世紀以来いろいろの危機をのりこえて育てられてきた、それは英米法の三つ子の魂ともいえる。大陸法には法の支配がないところにその欠陥があるとイギリスの法律家は考えてきたのである。イギリスの国会もふるくからずっと存続して来たが、議会制民主主義は十九世紀の所産で、一八三〇年代以降選挙権が拡大されて一般庶民が選挙権をもち、選挙民の意向によって国政が行なわれるという制度になったもので、法の支配よりずっと後にできた政治原則である。つまり法の支配はデモクラシーの思想より早く封建時代、近代国家成立時代を経てその発達をつづけてきているといえる。

数日前、カナダのケベック州にあるモントリオール大学の憲法の教授が私を訪ねてきて、私にケベック州ではフランス法がずっと行なわれていた。しかるに憲法はイギリス法となったので、イギリス的な公法が、大陸的な法の上にかぶさっている。そのためアングロ・サクソン的憲法というものが法律家によって理解されるまでに大分長い間かかった。日本法は従来大陸法をとり入れていたが、終戦後アングロ・サクソン的な憲法が継受されたのだから、ケベック州の法律家が経験したようなことに面接してはいないかという。これは一般人の気のつかない中々鋭い質問だと思う。やはり日本でも英米法と大陸法という二つの法体系、両者のあいだの異なった法の考え方、二つの型の法律学というものが併存することになったわけで、そこにいろんな混乱が起こってきているのはケベック州の場合に酷似する。私は日本国憲法ができる時に、勅選議員として貴族院で憲法討議に参加したが、新憲法の草案をみて、これは英米法的な憲法だなと思った。そのときからこの法を大陸法的な頭の日本法律家が妥当な解釈をするまでには相当混乱が起こるだろうという感じをもっていた。

この予感は間違いでないことが段々分かってきた。例えば戦争放棄の第九条の解釈でこれが現われた。第九条の解釈についていていろんな学者がいろんな議論をして諸説紛々——ある人は百いくつの説があるともいっている——という状態である。九条を解釈するのに、法文の字句を熟視してそれから演繹的に結論を出す。デダクティブ・メソッドにかたよる傾向がつよく、また法規範、殊に憲法の法規範にはいろいろな型があるが、どの型の規範かの判定が行なわれずに規範は一種なりとの前提の下に解釈が行なわれる。私は英米法を相当やってきたので特に憲法の解釈の場合にはこうした文理解釈の方法だけではいけない、またどの型の規範かの判定が必要だということを強く感じている。

また特に九条のような異常な条文を解釈する時に文理解釈だけで解釈してはいけない。歴史的または社会学的にあらゆる角度から検討して良識的な解釈を行なう必要がある。社会学的な面から見ると、例えば戦争をなくして世界平和を促進するという立法者の目標は、特に核兵器の発達した今日実現の可能性がある目標だと認めねばならない。しかし世界の情勢を冷静に分析すれば、各国ともまだ軍備全廃とまでふみきっていない。将来はそういうふうに進むことの要望はつよいけれども、各国の政治家は現実にはそこまでふみきっていない。また世界平和の確立を意図する国際連合の現状を顧みると、国連はまだ各国の安全を保障することはできない。これは社会学的事実である。

九条のような国際的関連のある条文の解釈の場合にはそういう国際的社会事実に照らして、九条の意味を考えて良識的な結果に達するよう解釈する必要がある。このような国際社会の下では条文に規定がなくても効果的に自衛措置をとる権利が国家にないと解すると不合理な結果になる。またかりに憲法が効果的に自衛措置をとる権利を放棄したとしても、そのような憲法の規定は、国の安全につき責任をもつ為政者として実行不能であるので、有効であるかどうかの問題も考えねばならない。第九条をめぐるアカデミックな解釈を大観すると、そういう根本問題に触れて議論をする人は少なかった。ところが日本にも来た有名なアメリカの法学者は九条は〝世界にたいする一つのデクラレイションだ、平和への意思を強く世界に宣言した規定にすぎない。そういう性格以上のものとは解釈しえない〟といっていた。そういう解釈は事物に即して法に対処するアングロ・サクソン的法の考え方からは、こじつけ解釈ではなくむしろ考えぬいた結論なのである。またそうした型の憲法規範もある。ドイツ法的な法典解釈になれた日本の法律家からいえば、憲法の明文上自衛隊が違憲であることは極めて明白である、と考える。なるほど文理だけから考えるとそう考えるのは無理もない。しかしこれでは変なことになるということから正しい解釈の探究が始まる。この字句から生ずる結論を守ることが即ち憲法に忠実な所以だと考えるのはナイーヴな解釈態度である。そして右の法学者のような解釈に対して、これは政治的目的のためにわざと法を曲解するものでけしからんときめつける人もあるが、これは文理解釈のみを唯一の解釈とするドグマティズムである。右のような考え方は当面の政治のために法をまげるなどという卑劣な考えに由来するのでなく、法学的要請から来ているのである。憲法の解釈でも普通の場合は文理解釈で宜しい。しかし、それが不合理な場合、歴史的または社会学的考察が必要になり、また法規範の型の問題に考慮が向けられねばならぬことになる。九条のような異常の条文をその字句からのみ演繹的解釈をすることは間違いである。憲法の解釈についてアメリカでは古くジョン・マーシャル判事が「われわれが解釈せんとするのは憲法であることを忘れてはいけない」といっているが、この憲法解釈の態度をアメリカの法律家に教えたことがマーシャルの最大の功績であるとアメリカ最高裁のフランクフルター判事が最近の講演でいっている。借金証文を解釈するのと同じ調子で憲法の解釈をやってはいけない。刑法典や商法典を解釈するのとおなじ態度で憲法を解釈してはいけないとマーシャルはいうのである。つまり日本の憲法学者はマーシャルの教訓など考えずに、憲法を解釈する傾向がつよく、論理操作の巧妙さを尊び、概念の遊技に堕することがままあるが、こうした傾向が九条の論争の中にも現われている。これもカナダ法律家のいう英米法と大陸法の併存から生ずる混乱の一例ともみられよう。

次には天皇の法的性格の解釈問題がある。終戦前後に連合国のあいだに、日本の天皇制を残すかどうかについて意見が分かれていた。日本を非軍国主義化し民主化するため天皇制を廃止すべきであるとの論者と、天皇制は日本の非軍国主義化・民主化の支障にはならないという論者との間に盛んに議論が戦わされていた。アメリカ政府は存続論に傾いてはいたが、若干の連合国のみならずアメリカの世論も廃止論が強かったので、アメリカ本国政府としては態度をどちらともきめなかったがマッカーサー元帥は、天皇は日本国のヘッドたるべし、エンペラー・イズ・アット・ザ・ヘッド・オブ・ザ・ステートたるべしと決定してこの線でマ草案の起草を命じた。起草に当った民政局の法律家は天皇の章を書く時に、元首という字を使うと将来旧憲法と同じような解釈が復活するおそれがあるという考えから、シンボルという字を使ったのだと起草に参与したラウエルはいっている。ラウエルはいまカリフォルニヤのパサデナで弁護士をやっており、私は手紙の往復を現在しているが、かれによれば、シンボルという表現を用いたからといって、天皇が日本国のヘッドであることを否認する意味ではない。つまりシンボルといったのは、天皇が政争の中に巻きこまれず、国民全体と国民の統合を表現する意味で、イギリスの国王に似た真の立憲君主にするという意味であったわけである。なるほど条文全体を読めば、総理大臣を任命するのも天皇であるし、最高裁長官も任命するし、国会の開会、閉会、解散も天皇が行なうのであるから行政府・司法府・立法府の上にある。――もっとも天皇は英国王と同じく内閣の決定によって行動するが――しかし、これは内部関係で、天皇がヘッドに違いないと解釈できる。

またシンボルという字は憲法史では元首をあらわす言葉として久しく使われている。例えばアメリカの大統領はシンボリック・ヘッド・オブ・ザ・ユーナイテッド・ステーツというようにシンボリック・ヘッド、象徴的元首という字をつかう。この場合大統領が民主党か共和党かの政治的な面をはなれ、全米国民を代表する象徴である。イギリスの国王をシンボルとして表現することはイギリス憲法史をよんだ人なら誰でも知っている。ヘッドには違いないけれども政治的分裂を超越した存在である。松本博士はマ草案の起草者はシンボルなどという文学的な言葉をつかっていると非難していたが、この非難は的はずれといわねばならぬ。また多くの日本人もそう考えているが、これは世界の憲法史に視野が及ばないためだと思う。ところで日本国憲法に関する著書の天皇のところをご覧になるとよくわかるけれども、こうした憲法史的感覚からでなく条文の字句の分析から演繹的に論断して、象徴天皇と元首天皇を対立させ、また更に進んで日本はモナーキー（君主国）ではなくリパブリック（共和国）になったと演繹論理的に割切った結論に達する学者もある。天皇論にしてもアングロ・サクソンの法律家の日本国憲法の解釈と違ってくるので、日本学者の説をきいて吃驚している。何故そういう解釈の差が生じたかというと、解釈態度が違うからで、アングロ・サクソン系法律家の考え方からすると、天皇の章には天皇制の形態を残してこれを時代に即するよう民主化したにすぎぬので、共和国にしないところに歴史的継続性が尊重されている。イギリスがデモクラシーになってもやはりキングあるいはクイーンの存在価値を認めていると同じように、日本でも国民主権及びデモクラシーの原理を採用してもやはり天皇という歴史的に存在しておったもののシンボリック・バリューを認めるというふうに解釈する。天皇という政治をこえたシンボルがある方がいいという考えにもとづくと解する。そしてむろん日本は今でもモナーキーであり、天皇が元首だと考えている。第一次戦争の後に民主主義の論理を徹底させ、君主制を廃止した多くの共和国がヨーロッパ大陸に出現した。しかしやってみるとすこしも民主的にならない。かえってディクテーター（独裁者）の出現に終っている。かくして最近では君主制の問題も見直されて、ノルウェー、スエーデンなどの諸国はいずれも民主主義の国だが、やはり民主主義の基礎の上に国王制を残し廃止しようとしない。それは政治における象徴的元首の価値を認めるように傾いている。日本国憲法の象徴的元首としての天皇はそうした意味に解すべきである。主権が国民にうつり天皇に統治権がなくなった以上共和国であると解し、または天皇の存在自体が民主主義と両立しないとするのも論理のみにとらわれた解釈態度だと思われる。

## 四　日本国憲法の根本原理

日本国憲法の二大基石は議会民主主義と法の支配ということになると思う。憲法の註釈書を読んでご覧になっても、法の支配が日本国憲法の根本原理であるとしたものはおそらくないであろう。しかし日本国憲法を読めば、法の支配がその根本原理であるということが、アングロ・サクソン系の法律家には直ぐわかる。イギリスの憲法はパーラメンタリズムとルール・オブ・ローを二大原理とし、そして歴史的な国王制を象徴的元首として残しておることを特徴としているが、それと非常に似通った性格を持っているという印象を日本国憲法は与える。そこで何故法の支配ということを現行憲法を解説する学者が説かないかというと、この字句が憲法の中にでてこないからだといえる。基本的人権ということはでてくる。裁判所の違憲審査権というものもでてきている。しかし法の支配ということは憲法のどこにも書いてない。しかし書いてなくても基本的人権の列挙と違憲審査権の規定の背後に法の支配という根本原理が潜在しているということは、英米の憲法史を研究した人にはピンとくる。

最近〝法の支配〟という言葉が流行しつつあるが、法の支配ということの意味内容がどれだけ日本の法律家にわかっているか疑問に思われるふしがある。先日ある有名な弁護士に、法の支配と法治主義というのはどういうふうに違うのかと聞いたところ、両者は同じ意味だろう、しかし法の支配の〝支配〟という字をつかうと法を上から押しつけるように感じられて非民主的で宜しくないなといった。これではこの知名の法律家にも法の支配の意味内容がわかっていないことがはっきり分かる。先程記したように法の支配というのはイギリスの永年の伝統であり、コモン・ローの精神となっている。アメリカでも例えばパウンドのような学者は、国会主権ということはアメリカにはないが、法の支配ということは英米に共通する根本原則だといっている。十三世紀のイギリスの裁判官のブラクトンの「国王は何人の下にもない、しかし国王は神と法の下で統治する」という言葉が法支配の格言となっている。専制君主国でも国王は〝神の下〟にあるということになっているが、〝法の下〟というところにこの格言の重要な意味がある。国王というのは法によって国王であり、法の下で支配しなければならぬ。これは中世キリスト教を背景とする表現だが、これがイギリスの憲法史のいろいろの場面で度々引用される格言である。これにたいし国王は法の上にあるという考え方が対立するわけで、ジャスティニアンの法典の中に〃国王が意欲することが法である〃とある。この法の考え方が大陸法のつよい伝統となっている。この考え方によると政治的支配者が上にあって、法は第二次的な存在になる。王政時代には国王という文字を使い、共和国になると主権が国王から国民に移るので、国民の欲するところが法であるという思想になるが、法の考え方は同じである。またロシア革命の直後、ロシアの法律家は労農階級がロシアの支配者であるから、支配者たる労農階級の意思が法であると説いたのも同じ思想である。このように主権者の内容が変わっても法の考え方としては同じである。すなわち政治的権力をもっている人、主権者の意思が法だというそういう法の考え方にたいして、イギリスの法思想ではいかなる政治的支配者も法のもとに支配しなくてはならないという考え方で、法の方が主権者より上にある。アメリカのハーバード・ロー・スクールのラングデル・ホールの欄杆にはラテン語でブラクトンの〃国王は神と法の下で統治する〃という言葉が刻まれている〔※ NON SVB HOMINE SED SVB DEO ET LEGE (Not under man but God and Law)〕。これは英米法の根本精神を表現する格言として特にえらばれている。この法の支配をあらわす原理を「ルール・オブ・ロー」とイギリスではいっているわけである。明治憲法のもとでも法治主義ということはあったが、これはむしろ「ルール・オブ・ロー」ではなく「ルール・バイ・ロー」、法律をつかって支配するということであった。韓非子の法治主義にはそういう性格がつよく出ている。法は為政の具という形をとる。法の支配の法は為政の具ではなく為政者が拘束をうける。権威主義国家たるソ連も法治国で、法の厳守ということが高唱されているが、法の支配はない。

法の支配という場合の法というのは人権思想とかたく結びついているので、法は単なる主権者の命令という考え方ではなくむしろ人権の守護神ともいうべき考え方がでているのであって、この意味の法の支配はイギリスの裁判所が特に権威あるものとなっていることと密接につながっている。そこからイギリスの裁判所と大陸の裁判所のあり方の差異が生じたのである。

三権分立ということは機能的観点からは英米法と大陸法とに共通するといえるが、権限関係からいうとイギリスとフランスでは大きな差異があった。イギリスの裁判所は行政府が違法又は不当に人権を犯すような場合にマンディマス等のいわゆる大権令状でこれを抑制することができた。ところが革命後のフランスでは裁判所の権限は民事刑事の裁判にかぎられ、司法の行政からの独立はあったが、同時に行政の司法からの独立の思想がつよく、司法が行政に干渉することは許されない点でイギリスと異なっていた。このフランス式な司法権の概念が大陸法一般の司法権思想となり、明治憲法の司法権もこの思想の影響の下に成立していた。しかし行政から生ずる人権侵犯の事案は裁判所では取扱えないので、コンセイユ・デタを頂点とする行政裁判所がこれを処理する機関として発達してきた。この行政府に近い関係をもつ行政裁判所およびそれから判例法的に発達した行政法にたいして、イギリスのダイシー教授は非常に批判的であったのは有名な話であるが、しかし最近はイギリスでもフランスのコンセイユ・デタの実際の動きを如実に研究し、人権保護についてイギリスに劣らない作用をいとなんでいることが分かって来たので、大陸法の伝統の枠の中で実質的には法の支配が行なわれているというふうに考えるようになってきている。従って西ドイツの英占領軍の法律家は法の支配の発展のためにドイツの行政裁判所の機能を強化するという政策をとったのである。

イギリスでもフランスでも国会の法律を人権侵犯のゆえに無効とすることはできないが、アメリカでは裁判所が行政府にたいするイギリス的抑制を認めるのは勿論、その上に議会の制定した法律についてもこれを違憲無効としうる制度が発達している。これはイギリスで発達した法の支配の思想のアメリカ的発展であるということができる。理論的にはこのアメリカ型が法支配の最も徹底した型であり、この型はフィリピン憲法では早くから採用されているが、第二次大戦後成立した日本国憲法、インド憲法、ビルマ憲法でも採用されている。またヨーロッパでも西ドイツ基本法やイタリア憲法では違憲立法審査制がみとめられるようになっているが、この場合には司法権に関する大陸的伝統の下に通常の裁判所にこの権限を与えずに別に憲法裁判所を設け、これに違憲審査権を与えることにしている。丁度フランスで行政事件を取扱う行政裁判所の制度が司法裁判所と別に発達したと同じ手法で司法裁判所とは別個の憲法裁判所をつくったのである。

このようにしてイギリスの憲法史に由来する法の支配ということは、自由・民主国の共通の原理となりつつある。この原理の技術的構成はそれぞれの国の間に差異があり、イギリス型、フランス型、アメリカ型、独伊型といろいろあるが、日本はアメリカ型の法支配の原理をとったわけである。

人権とかたく結びついたルール・オブ・ローという言葉は、一九四八年一二月一〇日国連総会で採択された世界人権宣言の前文につかわれている。すなわち「人間が専制と圧迫とに対する最後の手段として反逆に訴えざるを得ないものであってはならないならば、人権は法の支配によって保護されなければならないことが、肝要である」というのがそれである。一九五〇年にローマで締結された〃人権および基本的人権の保護のための協約〃で西欧諸国間に人権保護のための国際的裁判所が設けられたが、締結国の多くが大陸法系の国であるにもかかわらず、そのうちにルール・オブ・ローの語がつかわれており、独仏の法律家はこの言葉の適訳について困難を感じているようである。

法の支配はその言葉の示すように法を尊重する思想が内在しているが、法は主権者の命令だから守らねばならぬというよりは、法を守ることは人権が守られるゆえんである。法が守られなければ人権は消失してしまうという法意識に発するのであるから、法は人権のいわば守護神として考えられるわけである。そこから民主的な順法の態度が生まれ、また、政治的権威は法の下にあるという意識から、合法的権威にたいしていたずらに反抗的態度をとらず、むしろ敬愛の態度が生まれると同時に、為政者による権力の乱用、人権の不当な侵犯にたいする絶えざる監視の態度が生まれるのである。そしてこうした意味内容をもつ法の支配の下においてのみ自由と人権が栄え、また議会民主政の正常な運用が可能となるという信条が生まれるわけである。

哲学的にみると法の支配は個人人格の至上価値観の上に立つ。すべての社会制度、ことに国家は個人にたいして主人としてではなく、個人のために奉仕する態度でふるまわねばならぬという世界観によって基礎づけられている。それはナチズムまたはファシズムにおけるような全体主義的世界観を強く否定するものである。

法自体は個人人格の至上価値の尊重に基礎づけられるものでなければならぬとの思想から、個人の自由な精神的、政治的、社会的活動は国家からの不当な干渉をうけてはならない。十九世紀には特にこの面が高調されて、それが法支配の内容であると考えられ、国家の消極的義務が高調された。ダイシー教授の説いた法の支配にはこの色彩がつよく出ている。しかし、経済的変化と共に現在の経済的社会的環境の下では国家は各個人の精神的、政治的、社会的自由が現実に行使されうるような、物質的、社会的条件を供与する積極的義務をも負うというふうに発展してきている。しかしそれはどこまでも個人人格の至上価値にもとづくものであるので、個人主義から全体主義へというように表面的に理解すべきものではない。

日本国憲法には法の支配という言葉はどこにもつかわれていない。従って憲法の解説者も法の支配ということが新憲法の旧憲法にたいする一大特色であるというふうに説いてはいない。しかし日本国憲法は基本的人権を列挙し、これを司法的に保障するというアメリカ型の法の支配を原理としていることは明らかである。あるいは明治憲法の法治主義から法の支配に進んだことが、新憲法の最大の特色であると説いても宜しいかと思う。

新憲法の解説者はいずれも基本的人権の尊重というところがその特色であることを力説している。それはその通りだが、以上述べたような意味での法の支配の原理を背景としてこれと関連させて基本的人権を説くのと、これと切りはなして、ひたすら基本的人権を説くのとでは、国民に及ぼす心理的影響には差異がでてくるように思われる。つまり法の支配ときりはなして基本的人権を高調する場合には、実定法を力の表現として把握してこれにたいして自然権的な人権を考える傾向を生みやすいのではないか、従って個々の実定法規範を不当と考える場合には自然法にもとづく不服従の権利があり、また抵抗権の行使は違法性を阻却するというような理論を生みやすい。つまり法律が基本的人権に違反すると考える場合には法の改正に努力する。また、違憲を主張して裁判所でこれを争う、しかし一応はこれに服従する。また、最高裁もこれを違憲でないと判決する場合にはそれに服する。しかしなおこれに不服なら憲法改正の運動を起こしてこれを是正する。これが憲法のみとめる法の支配を背景とする基本的人権の考え方である。この手続を経ないで、直ちに不当と考える実定法に抵抗するというのでは、無政府状態を惹起することになる。もっとも現行法秩序そのものが全体として人権を極度に否定する専制と圧迫である場合に反逆革命が起こるのは歴史の教えるところであって、世界人権宣言もこの不可避性をみとめている。そこから人権と結びついた法の支配を憲法で定めることは暴力革命を生じないための避雷針たらんとする狙いがでてくる。そう世界人権宣言の前文はいっている。マルキシズム的歴史観から資本主義的法秩序自体を悪として、これを暴力革命によって克服しようとするという態度は日本国憲法の法の支配の原理とは両立しない。同時に基本的人権を制限して権威を確立したり、革命を力によって抑圧しようと考える権威主義も、世界人権宣言の、また、日本国憲法の法の支配のフィロソフィに反し、法支配の避雷針的機能を理解せざるものといえる。

アーヴィンク・クリストルは民主主義が成功する諸条件として、強い法支配の国民的感覚を第一に掲げているが、日本が左右の暴力革命の暗礁を回避して、民主的に秩序ある進歩を遂げ、国民一人一人の福祉を増進するためには国民が法の支配の原理を身につけることが是非とも必要である。旧憲法の法治主義と新憲法の法の支配の差異を認識し、かつ基本的人権の背後に〝法の支配〟があることを自覚することが、わが国民として是非とも必要であると信ずるのである（某所における講演の草稿）。

# 第六章　日本国憲法の性格

## 一　各国憲法典の成立背景と意義

日本国憲法が制定された数年後、わたくしはあるイギリスの憲法学者とこの憲法について語り合ったが、その際かれはこういった。

「われわれイギリス人から見ると日本の新憲法の内容は大体において結構である。国民主権の基礎の上に天皇制が残されているが、近代君主制のあり方に合致するような仕方で過去の日本とのつながりを維持したことは、歴史的伝統を重んじ、民主政治における国王制の価値を認めるわれわれイギリス人として同情がもてる。第九条の戦争放棄の規定は満州事変後の日本が軍部専制を背景として侵略政策にのりだし、世界の指弾をうけ敗戦の憂目に会った日本国民のつよい平和への意志を表現する世界への宣言としての意味でなら理解しうるが、文字通り完全な非武装を行なうという意味なら、連合軍が、日本に駐在しているあいだはそれでよかろうが、日本が独立した後、いつまでそれを実行できるかはすこぶる疑わしい。また新憲法の民主主義の性格は大体イギリス憲法と趣旨を同じうしているので同情がもてる。

つまりこの憲法下の民主主義は、二つの要素から成立している。その一は、自由人権の尊重と、これを基礎とした法の支配の原理であり、その二は選挙民の意向によって政治的支配者をいつでもかえうるという普通選挙にもとづく議院内閣制の原理である。第一の原理はイギリスではマグナ・カルタ以降多彩の政治的闘争を経た後に完成したもので、それは民主主義のより古い要因である。第二の原理は十九世紀の三十年代以降の経験によって漸次的に完成されていった民主主義のより新しい要因である。日本国憲法は、われわれの多年の政治的経験によってきずきあげた成果を、そのまま憲法に書いたように見える。わたくしから見ると、日本国憲法中で一番重要な問題はエンペラーシップの問題でも、戦争放棄の問題でもなく、この民主主義の問題である。われわれ英人の民主主義は数世紀にわたる国民の努力の結晶である。日本が新憲法でわれわれと同じような民主主義原理を宣明したからといって、日本が直ちにわれわれと同じような民主主義の国となるとは考えられない。もっとも日本では教育も普及しているし、日本国民は政治的センスも相当あるし、順応性もつよいようだから、この民主主義が日本に育たないとはいえない。しかし民主主義の実現は西欧の物質文明の吸収のように容易ではない。日本の民主主義がわれわれの民主主義と同じような程度に達するには、少なくとも五十年はかかるであろう。そしてその間、経済的危機とか政治的危機とかに面接した場合、旧日本の権威主義に復帰したり、あるいはまた、モスコーの哲学に屈服する誘惑によって民主主義そのものの危機を経験することであろう」。

このイギリスの学者の見解のうちには、ジョンブルらしい政治的リアリズムが躍動するが、またフランス革命後のフランスの成文憲法を〝ペイパー・コンスティテューション〟と冷笑したエドマンド・バークの成文憲法観が生きている。憲法というものは単なる紙の上の宣言でなく、それが国民の血となり肉となってはじめて真に存在するのだという、イギリス的不文憲法への誇りも現われている。日本国憲法制定後十数年を経たわが国の民主主義の動きを見ていると、このイギリス人の言った〝少なくとも五十年〟という数字がわたくしの頭に鮮やかに浮かび上ってくるのである。

イギリスは今でも憲法典をもたない。もっともクロムウェルの〝インストルメント・オヴ・ガヴァメント〟(一六五四)は近代国家の最初の成文の憲法であるといわれるが、それは革命期のエピソードにすぎないので、現実にはイギリス人は憲法典というものを作ることをしないでしかも立憲政の母国となっている。もっとも光栄革命の前後から人身保護法(一六七四)、権利章典(一六八八)、王位継承法(一七〇〇)また一九一一年と一九三七年の国会法などの個別的法律は他国における憲法典の内容をなすものであるが、これらは通常の立法手続でいつでも改変できるのである。国会の定めた法律、判例法、憲法慣例などの集積によって、イギリスの立憲政治は行なわれているのである。しかし近代国家で憲法典をもたないのは、イギリスのほかニュージーランド、フランコ政権下のスペイン、共産革命前のハンガリーなど少数の国にすぎない。ほとんどすべての国は憲法典をもっている。いやしくも独立国である以上は憲法典をもたねばならないという思想が、今では世界的な通念となっているともいえるであろう。そしてこうした通念形成の導火線となったのは、十八世紀末のアメリカとフランスの憲法典である。

アメリカにおける成文憲法としては、植民地時代の英国王の許与した勅許状(チャーター)、自律的に制定されたカネティカットの「ファンダメンタル・オールダース」(一六三九)などがあったが、独立後の各州憲法と一七八七年の連邦憲法に結実していった。フランスでは革命前の政治理論家が社会契約説と国民主権の思想に導びかれつつ、成文憲法の必要を説いていたが、フランス革命と共にこの思想が具体化していった。そしてエマニエル・シイエスがルソーの国民主権の思想を発展させて憲法制定権（プーヴォアール・コンスティテュアン）の理論を創造し、それが成文憲法として結実していった。独立ないし革命後成立したアメリカとフランスの憲法の先例は、欧州大陸の君主国にも大きな波紋をえがき、欧州の君主国も世論の力に動かされて、あるいは君主自ら進んで、あるいは強制の下に、憲法典を制定することになった。一八三一年のベルギー憲法は伝統的な君主制と人民主権の思想を調整した憲法として有名であるが、近代的な君主制の思想の淵源となった。日本国憲法第一条が天皇の地位は〝主権の存する国民の総意に基く〟としたのはこの近代的な君主制観念の表現であるといえるであろう。フランス革命後のナショナリズムの興起とともに、多くの民族が大国の政治的支配を脱して独立することになるとともに、いずれもそれぞれの憲法典をもつようになった。そしてこの風潮は欧州から南米諸国にも波及し、また今ではアジア、アフリカの新興国にも及んでいるわけである。かくしていやしくも独立国である以上は憲法典をもたねばならぬという思想が世界的な通念となったのである。アメリカ独立、フランス革命後の憲法典制定の普遍化と共に、国民主権の思想もほぼ世界的となっていった。ムソリーニもヒトラーもスターリンも国民主権を認めた。正統民主主義は政治的権力の集中によるその乱用を防止するために、基本的人権とか三権分立とか地域的自治とかを強調したのであったが、これとは逆に権力の集中を目標とした右翼または左翼の全体主義、独裁主義もやはり民主主義を標榜し、〝民主主義〟の概念に混乱を来たしている。そしてまた〝憲法〟の意味合いもかわりつつある。今では国民主権は世界的に〝錦の御旗〟となっているともいえるであろう。

約一世紀半にわたる期間に成立した成文憲法の数いかんはまだ誰も十分に研究していないようだが、

連邦国の各州憲法を加えるとほとんど三千に達するのではないかともいわれている。これら多数の憲法をいろいろの角度から検討するのは憲法史家の将来の仕事であろう。ここではある角度から、世界的に見た日本国憲法の性格に考察を加えたいと思う。明治憲法と昭和憲法の比較については、多くのわが国の憲法解説書に説かれているが、この一文では従来あまり注意が払われなかったある角度から、両者の性格上の差異に眼を向けようと思う。けだしこの角度からの日本国憲法の性格把握は、たとえば憲法解釈の態度といった実践的見地からも重要性をもつものと考えられるからである。

十八世紀末から十九世紀後半期までの憲法典は、自由主義的なイデオロギーが、潜在的だけでなく、顕在的につよく表現されている。これはその基本的指向が政治的権力を抑制することにあったことから当然のことであるともいえよう。たとえばアメリカの州および連邦の憲法の場合には、三権分立の機構のうちに潜在的に自由主義思想がおりこまれているし、その権利章典には、それが顕在的につよく表現されている。しかるに十九世紀末に近づくと、法学における自然法思想の衰退と分析主義的、実証主義的法学の隆盛などを背景として、憲法典は国の組織とその機能を定めた基本組織法的性格をもつようになった。そして特定のイデオロギーを憲法典のうちにつよく表わすことをしなくなった。少なくとも顕在的にはイデオロギー的に無色ともいうべき型の憲法典が現われた。その典型的なものは一八七一年のビスマークのドイツ連邦憲法や、一八七五年のフランス第三共和国憲法である。そのいずれにも、権利章典のごときものは書かれていない。もっともこの権利章典がかかげられていないことは、ドイツの場合には同憲法の権威主義的性格の表現であるに反し、フランスの場合には、人権宣言は超憲的なもので、いうをまたないものと考えられているというふくみの差異はあったであろう。しかし、いずれの場合にも憲法典の体裁はどこまでも基本組織法的な性格のものである。そしてまたフランスの第四共和国憲法もこの型を継承している。そこでは人権に関する規定は法的拘束性のない前文のうちに姿を現わしているだけである。一九五八年のドゴール憲法も同様であるといえるであろう。さらにまた英コモンウェルス内の自治領の憲法、例えば、カナダやオーストラリアなどの憲法の体裁も基本組織法的な性格のものである。明治憲法もやはり基本組織法型の憲法であるといえるであろう。天皇の大権事項をひろく認めるところにドイツ的な権威主義的思想が潜在する。またそこには人権の保障の規定はあったが、それは〝法律の範囲内〟というわくのうちにはめられていて、つよい人権宣言とはいえないのである。

しかるに、二十世紀とくに第一次大戦頃からの憲法には、再びイデオロギーがつよく打ち出された型の憲法への復帰が見られるようになってきた。もっともそのイデオロギーの内容そのものは社会主義的な色彩が加味されたものである。その先駆とも見られるものは、一九一七年のメキシコ合衆国憲法である。その一二三条には福祉国家建設のための具体的政綱とみられるような三十一項目にわたる詳細な規定が姿を現わしている。そして、そこでは天然資源が国有化されているだけでなく、国家の個人にたいする社会的義務が高調されている。次に一九二一年のワイマール憲法でも、古典的な人権の概念を社会的経済的権利に拡大し、社会権に関する詳細な規定が置かれている。さらにまた〝所有権は義務を伴う〟とし、その使用は同時に公共の福祉に役立つべきものとした。財産権は憲法上の保障をうけるが、その内容と限界は法律の定むるところによるものとして、従来古典的人権の中心をなした絶対的所有権思想を打破したのである。次にまた一九三〇年代に制定されたポルトガル憲法（一九三三年）、オーストリア憲法（一九三四年）、アイルランド憲法（一九三七年）などは、カソリシズムの立場から、やはり古典的権利章典のほか新時代の社会的経済的要請が高調されている。そしてアイルランド憲法では基本的人権ときりはなして、国家政策の指導的原理というプログラム的政綱を憲法本文のうちにかかげている。次に一九三六年のスターリン憲法の体裁はロシア革命の直後の諸憲法とはよほど体裁を異にし、西欧民主主義国家の憲法の体裁に近づいている。そこでは、プロレタリヤ独裁ということを特に高調した共産革命直後にふさわしいつよい反資本主義的宣言をふくむ憲法と比べるとよほどの落着きを示している。これは国内的安定の反映とも見うるであろう。スターリン憲法では人民の国家社会に対する義務に関する規定が高くかかげられる。これは自由経済でなく、強制経済制度の実施のために不可欠の原則であるからであろう。

日本国憲法二七条の〃すべて国民は勤労の権利を有し義務を負ふ〃中〃義務を負ふ〃という字句は衆議院で社会党議員の提案にもとづくものであり、「働かざる者は食うべからず」というロシア革命当時のスローガンの影響の下につけ加えられたのであろう。そして違憲審査制との関連において考えるとこの勤労義務の規定は労働強制の憲法的根拠として、例えばストライキを全面的に禁止するような立法の合憲性の基礎づけとして援用されうるような規定ともなる可能性を包蔵するが、提案者はそうした危険を伴う規定とは考えていなかったであろう。スターリン憲法は義務を高調するが、同時にまた、言論、出版、集会、結社の自由などの古典的人権がかかげられる。これは革命直後の憲法にはなかったところである。しかしこの古典的な人権は〃労働階級の利益に従って〃とか〃社会主義体制を強化するため〃とかの条件がついている。これは明治憲法下の〃法律の範囲内〃と同じく、いなそれ以上に国家のこれらの権利を抑制するために合目的な規定として作用する。そこではこれらの人権は自然権的な不可譲渡のものとしてではなく、むしろ国家が許与した権利としていつでも取りあげうるべき権利として考えられている。そしてその範囲と限界は共産党指導者の当面の政策に合致するように定めうるわけである。これらの規定にもとづいて行政運営の細かな批判は許され、また奨励されてもいるようであるが、同時に強力な秘密警察によって反政府的な政治勢力の結成をチェックするように厳重に警戒されている。また自由主義国と同じく、選挙権、被選挙権などの政治的権利はあるが、実際には共産党の選んだ人達に拍手を送るというふうな擬制的な制度と化していることは衆知の事実である。これらの事実は強制経済を基本とする産業体制の効果的実施のために、市民の自由な精神的活動が抑制されていることを意味する。しかしまた、自由の伝統の弱かったロシアの一般大衆はこの体制によってかれらの祖先の享受した以上の経済的生活水準を享受することができ、またこうした政治的制約を守るかぎり、立身出世の機会均等を得ているのでそれで満足し、精神的自由の喪失にたいしまだ強い反抗運動が表面化してはいないようである。かくしてスターリン憲法は形式上古典的人権の規定をかかげてはいるが、西欧的意味では死文化しているのである。しかし社会的経済的権利に関しては詳細に規定され、かつこれを確保するための国家の計画が具体的に示されている。この点でスターリン憲法は全体主義的イデオロギーの濃厚なプログラム型の憲法であるといえる。むろんこれら社会的経済的権利に関する規定はアイルランド憲法の国家政策の指導的原理の規定と均しく、司法的救済で保障されている基本的人権でないことは勿論であって、それは国の政策のプログラムを示したものである。

ソ連の衛星国となった東欧諸国の憲法はいずれも、ソ連憲法にならって、こうした社会的経済的権利を規定しているが、同時に古典的な自由主義的な人権をもかかげる。しかし後者は空文化されていることはソ連の場合と同じであろう。

次に第二次大戦後成立した西ドイツ基本法を見ると、そこではドイツ連邦共和国が共和的、民主的、社会的な法治国家であるというイデオロギーが高くかかげられ、また各邦における憲法秩序もこの基本法の意味における共和的、民主的、社会的な法治国家の原則に一致せねばならないとしている。そしてワイマール憲法と均しく古典的な人権と社会的経済的権利とが同時に保障される。もっとも社会的経済的権利に関する規定は、ワイマール憲法ほど詳細ではない。おなじく戦後できたイタリア憲法も、西ドイツ基本法と同じく民主的、社会的国家のイデオロギーを高調するが、西ドイツ基本法の場合よりも、より詳細に社会的経済的権利が規定されている。そして西ドイツとイタリアの法曹は立法や行政が、これらイデオロギー的前提に合致するかどうかを決定するという新しいそしてむずかしい問題ととっくまねばならなくなった。この新しい問題の解決は通常の民刑事事件に熟達した裁判官にまかせえないものとして、両国共に司法裁判所とは別に〃憲法裁判所〃を設けることにした。一九四九年のインド憲法もやはりイデオロギー濃厚な憲法である。そしてそのイデオロギーの性格は、やはり西ドイツ基本法やイタリア憲法のそれと同じく、民主的、社会的国家の建設を目標とするものである。そこでは古典的基本的人権がかかげられているが、西ドイツやイタリアと異なり、司法裁判所に違憲審査権が与えられている。そこではまた、アイルランド憲法の体裁を模範として基本的人権と切りはなして国家政策の指導原理なる章が置かれている。基本的人権は司法的に保障されている人権であるが、この章にかかげられているところの原理は裁判所が強制することはできないが〃……法律制定に当りこれらの原理を適用することが国家の任務である〃としているのである。そして社会的経済的権利は、国際平和主義の政策などと共にこの章のうちに列挙されている。なお裁判所による強制を伴う基本的人権に関する規定において、基本的人権が抽象的でなく、とくにイギリスの判例法を模範としつつその限界なども相当具体的に規定されていることは日本国憲法の規定のしかたとくらべて著しいコントラストをなしている。

これを要するに二十世紀のこれら憲法では、前文でなく正条のうちにも国家建設の理想図とその実現方法が高く、そして時に修辞的な表現をつかって、つよくかかげられているのである。そして均しくイデオロギー的な十八世紀末から十九世紀前半の憲法典では、自由主義的な権利章典がかかげられているのに対して、二十世紀の憲法ではいずれも社会経済的権利が高調されているところに世紀の歩みが見られるのである。共産主義国家では、この社会的経済的権利に最大の重点が置かれ、古典的な自由人権は、強制経済実施の必要の前に犠牲となり、名目的なものとなっている。しかし自由経済の国においても、社会的経済的権利をかかげるのは二十世紀のイデオロギー憲法の特色であるが、同時に古典的な基本的人権をも効果的に保存せんとしている点で、スターリン憲法と異なっている。社会的経済的権利の多くは、国家が立法その他で積極的措置をとることを要請するものであり、これは近代的産業化に伴って起こった当然の要請にもとづくものである。しかしそれの具体化は一国の経済の実情によって定まるもので、産業化の発達しない国では、いかに憲法にこれがかかげられても、それは実現化されえない。社会的経済的権利なる概念は古典的な基本的人権の概念を拡大しつつ〝権利〟とよばれるが、インド憲法が明文で定めるように、それは裁判所を通じて強制しえざる〝権利〟であり、本質上国家政策の指導原理にすぎないのである。

## 二　国家改造を目標とした日本国憲法

右のような角度からの一般的考慮に照らして、日本国憲法を見ると、明治憲法が基本的統治組織とその機能を定めた、政治的イデオロギーを表面に出さない型の憲法であるのとは対蹠的に、日本国憲法は一定のイデオロギー的前提に立って、日本を改造していくことを目標とした憲法であるといえよう。これは日本国憲法成立の経過に照らしても当然であったといえる。日本国憲法はポツダム宣言の受諾にもとづくものであり、そのイデオロギー的前提はポツダム宣言のうちにも表現されている。すなわち〝言論、宗教及び思想の自由並《ならび》に基本的人権の尊重の確立〟〝日本国国民の間に於る民主主義的傾向の復活強化に対する一切の障碍の除去〟〝平和的傾向を有し、且つ責任ある政府の樹立〟などの諸条項はこれであり、このイデオロギーが、潜在的のみならず顕在的にも、日本国憲法のうちにより具体的に表現されているわけである。

まず古典的な基本的人権の保障が強く打ちだされている。そしてこれは明治憲法のように法律の範囲内というような制限が置かれず、国の最高機関たる国会の定めた法律でも侵すことのできない自然法的な人権思想にもとづくものである。そしてそれは司法的違憲立法審査権の制度によって単なる人権宣言でないことが示されている。この点はイタリア憲法、西ドイツ基本法、インド憲法と同じである。しかも〝……この憲法が国民に保障する基本的人権は、侵すことのできない永久の権利として、現在及び将来の国民に与えられる〟（一一条）、〝この憲法が日本国民に保障する基本的人権は、人類の多年にわたる自由獲得の努力の成果であって、これらの権利は過去幾多の試錬に堪え、現在及び将来の国民に対し、侵すことのできない永久の権利として信託されたものである〃（九七条）といったような修辞的とも見られる表現が用いられ、また同じことが繰り返して説かれている。かつ〃この憲法が国民に保障する自由及び権利は、国民の不断の努力によって、これを保持せねばならない。又、国民は、これを濫用してはならないのであって、常に公共の福祉のためにこれを利用する責任を負ふ〃（一二条）とか〃……生命、自由及び幸福追求に対する国民の権利については、公共の福祉に反しない限り、立法その他の国政の上で、最大の尊重を必要とする〃（一三条）とか、国民一般に対し、また為政者に対し訓示的規定が置かれているのである。これらの規定のうちに日本改造のイデオロギーが強く打ち出されていることがわかるのである。また戦前における国の政策のための神道の利用、これを中心とするキリスト者の圧迫などを背景として置かれた信教の自由、政教分離の原則も抽象的でなく、二〇条、八九条とすこぶる具体的にその徹底のための方策が打ち出されている。さらにまた、刑事手続について三一条以下の詳細な規定が置かれている。これは、刑事裁判における被告人の人権保護を目標として、従来の刑事裁判の方法に大改造を加えるためのプログラムが抽象的でなく具体的に示されているのである。これらの規定は、明治憲法の体裁になれたわが法律家から、〃憲法の体をなしていない、本来刑事訴訟法に規定すべきものを憲法に規定している〃というような批評がしばしば加えられたが、これは日本国憲法が日本国家の改造を目的としたプログラム的憲法であることを十分に認識しなかったためであろう。

かように古典的人権の保障が高調されていることは、戦前の封建的ないし権威主義的な政治形態を改造せんとする志向にもとづくことは明らかである。しかしまた、日本国憲法は十八世紀末に制定されたアメリカの各州憲法や連邦憲法には存在しない、いわゆる社会的経済的権利が同時に織り込まれていることも、イタリア憲法、西ドイツ基本法、インド憲法などと同じである。この点で二十世紀的色彩をもそなえたイデオロギー憲法である。わたくしは制憲議会で、人権に関する改正案の規定は〝二十世紀的アメリカ憲法〟だといったのはその意味であった。スターリン憲法の下ではむしろ古典的人権の犠牲においてこの二十世紀的な社会的経済的権利を高調するが、日本国憲法は、この二十世紀的要請をかかげつつ、しかも古典的人権の尊重を高調することによって、ソ連のような権威主義的なレジームへの移行をチェックせんとしているわけである。同時に社会的経済的権利を通じて勤労者を中産階級に引上げ、無産革命が起こらないようにする趣旨であると解することもできる。

日本国憲法の社会的経済的権利の規定は割合簡単で、ワイマール憲法やイタリア憲法のように詳細ではないが、その志向を同じうすることは疑いないところである。社会的経済的権利は古典的人権概念の拡大の形式をとり「権利」と呼ばれている。そのうちには勤労者の団体権（二八条）のように国家による労働運動の抑圧を禁止する性格のものがあるが、生存権（二五条）、勤労の権利（二七条）、教育を受ける権利（二六条）のように国家に積極的行為を要請する性格のものが多い。後者の場合の「権利」の性格は本質的に古典的人権の場合の「権利」とは異なっていることは先に説いたとおりである。前者はその侵害に対し司法的救済をうけうるものであるが、後者は司法的救済をうけえないものである。インド憲法がこの点に着眼して、これを基本的人権とは別に〝国家政策の指導的原理〟のうちにかかげているのは、そのためである。つまり、重要な政治的マニフェスト的な性格のものであるからである。日本国憲法では社会的経済的権利も基本的人権と区別されずに規定されているが、その性格はやはり為政の「指導原理」たるべきものであり、政治的マニフェスト的なものである。従って国家がこれがため積極的行動を怠るとしても、その結果苦痛を受ける人は、国の不作為に対して、司法的救済を求めることはできない。ただ国家の積極的行動を政治的に要請しうるだけである。国家の経済状態に照らして、いかなる程度までこれらの条項をインプレメントすべきかは保守と革新との政争の客体となるべき性格のものである。

戦後の諸憲法はいずれも平和主義を宣明する規定を置いている。これら規定の内容はいろいろ異なっている。日本国憲法は最も強い表現方法で平和主義を規定している。九条の規定は文字どおり戦力の保持を国に禁止するものであると、当時の政府当局も解釈し、また国民も広くそのように教えられてきているので、自衛隊とか日米安保条約は憲法違反だとの議論がでてくることもよくわかるが、わたくしは、問題の本質を考えながらこうした規定は平和主義の理想を高く強くそしてレトリックを使って表現した内外にたいする政治的マニフェストの性格を持つものであると解釈するのが正しいものとした。しかしまた、それが政治的マニフェストであるということは、その理念的価値をミニマイズするものでなく、国民はこの理想図を実現する国内的、国際的条件を完成するよう努力すべきである。

この改革を目標とするプログラム的志向は、日本国憲法中の組織法的な部分にも随処に潜在する。その一例は天皇に関する章である。戦争中日本を民主化するには天皇制廃止が必要なのかどうかが連合国のあいだで論議されていた。当時のアメリカの新聞論調は断然廃止論に傾いていたし、連合国中にも同じような見解が懐かれていたが、国務省内のグルー、ドウマン等のいわゆる知日派の人達は、天皇制を維持しても日本民主化が可能であること、これを廃止すれば無用の混乱を来たすのみであることを強調して、天皇制存続論を主張していた。そしてこれらの人達のつよい主張のため米国政府も天皇制廃止はかるがるしく行なうべきでないというように傾いていたようである。しかし一九四七年《ママ》一月、日本民主化のための憲法改正について、米本国政府の具体的意向をマッカーサー元帥に伝えた文書のうちにも、日本が共和国となる場合と天皇制が残される場合との二つの可能な場合におけるそれぞれの要件が別々に示されていたのであって、まだ天皇制を残すべしとはしていなかったのである。一方、かねて日本のことを研究していたマッカーサー元帥は、すでにマニラ時代から天皇制は日本人にとって必要であることを幕僚に語っていた。かれが日本に進駐して親しく天皇に接し、ますますその感を深くしたようである。かくして一九四七年《ママ》二月、マ元帥がマッカーサーモデル草案の起草を民政部に命じた際に渡した手記、いわゆる〝マッカーサー・ノート〟では、はっきりと天皇は国の元首の地位にあるとし、ただ天皇は立憲的にふるまうべきであることが記されていた。民政部の法律家が元帥の趣旨を体して天皇の章を起草することになって、現行憲法のような体裁のものにしたのである。起草者は天皇を〝統して治せず〟、政治から超然たる元首であるイギリス国王のような近代的な立憲君主たるべきことを特に明らかにすることに苦慮したのである。そのために第一にマッカーサー・ノートにある〝元首〟の言葉をさけて〝象徴〟という言葉を選んだ。しかしこれは天皇が日本国家の政治機構の最上位にある者であるというマッカーサー・ノートの趣旨を変更する意味ではなかった。元首という言葉をわざと使わなかったのは〝元首〟という言葉から将来明治憲法下におけると同じ性格の〝元首〟であるとの解釈の出ることを防止する趣旨であったと起草者は語っている。

　第二に天皇は国政に関する権能は持たないで、国事に関する行為のみを内閣の同意と承認によって行なうものとした。イギリス憲法では国王は、名目上は国政に関する権能をもつが、しかし国政の決定は行なうので、国政に関する権能はもたないともいえる。こうした近代的立憲君主のあり方を現実的に見れば、英国王は国事行為を行なうので、国政に関する権能はもたないともいえる。アメリカの法律家はそう割切って考えた。歴史的伝統を尊重するイギリス人は、こう割切って表現せずに、むしろ国王が内閣の助言によって国政を行なうという古式の表現を好むが、アメリカ人はイギリスの君主も国事行為を行なうだけで、国政についての権能はないと考えたのである。〝国政〟と〝国事〟とを峻別した趣旨は天皇が近代的立憲君主であることを強調するために司令部の法律家が作った法的技術であったのである。

第三に以上だけで立憲君主たる地位を表現するに十分なわけであるが、かれらはさらに「認証」という字句を用いて天皇はいわば国の政治については「脇役」であることを示すことによって念には念を入れて同じことを高調したのである。これは無用な表現方法であろう。私が貴族院議員として司令部の法律家と交渉した際、この技術は余計な表現で、これを削除しても同じことになると説いたところ、かれらは司令部としてこれに同調し、これを貴族院で修正しても異議なしとしたのである。これは司令部としては天皇が立憲君主であることが疑いの余地ないまではっきりしていればよいので、この「認証」という字句に大きな意味があるわけではなかったことを示すものである。ただどういうわけか、当時の金森国務相はこの字句を除去した修正案に反対し、また多くの議員は金森国務相が反対する以上、それは司令部の至上命令ならんと考えて修正案に反対したために「認証」の文字が残ったままでである。これは要するに司令部では天皇を近代的な立憲君主とすることが、日本の民主化のために必要であると考えていたまでであった。ところが、その表現の技術が、こみいりすぎていて、この章を解説するわが法学者が一つ一つの文字に重きを置いて解釈することになれた概念法学的傾向のために、いろいろな学説が生まれ、一般国民にも何だかすっきりしないような感を起こさせているのである。つまり第一章は天皇制を民主化して近代的なものに改造するプログラム実現のための技術的表現であった。その「技術」が必ずしも上乗でなかったために思想的混乱を起こしているのである。この天皇の章の字句を概念的に分析して、日本は〝共和国〟であるというような学説もあることを聞いて、草案起草者は驚いているわけである。

## 三　憲法解釈の態度

かくのごとく日本国憲法は日本の改造を目標としたイデオロギー的、プログラム的色彩のつよい憲法である。その目標は自由主義的かつ福祉国家的な法秩序の建設にある。この点で基本組織法的色彩の強い明治憲法と著しくその性格を異にする。かくしてそこでは直ちには実現しえないような理想、政治的マニフェスト、国民と為政者への訓戒などに関する規定が、通常の法規範とならんで正文のうちに織り込まれている。憲法典の構成は、平面的であるよりもむしろ立体的であり、静的というよりもむしろ動的なものとして表現されている。

こうした性格の憲法の実施が、日本の社会に広範な波紋をえがきだしていることは当然のことといえる。政治、法律、経済、労働等の分野でいろいろと困難な問題を提起している。この憲法が一定のイデオロギーによって方向づけられているがゆえに、このイデオロギーそのものに対してつよい不信をいだく保守的な人達のグループもある。これらの人は日本国憲法が生んだ社会的混乱を憂慮して、明治憲法下の権威主義への復帰を要望する。政憲論者の一部にはそうした人達もある。また日本の革新を欲する人達のうちにも、マルキシズムの世界観のつよい影響の下に、真に日本国憲法のフィロソフィに同感するのではなく、憲法の認めた基本的人権を利用して、権威を失墜させつつ社会的混乱を誘導し、やがては革命によって、モスコー的権威主義を実現せんとする型の進歩主義者もある。いわゆる憲法擁護の熱心な提唱者のうちにも同床異夢的なこれらの人達も多く含まれている。かくのごとく日本国憲法を中心としてこうした世界観対立の底流がある。かくして日本国憲法のフィロソフィが日本の進むべき途として、正しいと信じ、民主主義の育成に努力している人達は、右と左の権威主義にたいする両面作戦を余儀なくされている。

改造には破壊的な面と建設的な面がある。そしてこの二つのプロセスが平和的に、そして合理的に進行するようにくふうすることが日本国憲法の下における民主主義の育成を念願する法律家の関心事である。こうした立場から過去十数年の憲法の歩みを眺めると、次のような問題点が十分な検討を要するものであろう。

第一は、憲法解釈の態度である。つまり、解釈者が十分に日本国憲法の性格とそのフィロソフィを把握しつつ解釈する態度をとっているかどうかの問題である。これには二つの面がある。

(一) アカデミックな法学者による憲法の解説は、わが国では、法律実務家にたいしてのみならず、一般人にたいしてもつよい影響力をもっているが、これらの解説が明治憲法の解説におけると同じように、分析的に、法実証主義的に、パウンドが〃法学的ペシミズム〃とよんだ態度で、従って憲法を固定的なあるものとし、平面的な規範体系として描写し、よりプラグマティックな態度で、従って憲法を、動的なプロセスとして描写され《ママ》ていないのではないかという問題である。これは日本国憲法の性格認識の問題につながるものであり、また政治教育的見地からもすこぶる重要な点であろう。

(二) また裁判官や検察官や弁護士など法律実務家の憲法解釈態度にも問題がある。とくに裁判官が日本国憲法の下に新たに課せられた違憲審査の任務を果たす場合には、通常の法技術よりも高度の識見をはたらかせることが要請される場合がすこぶる多い。憲法解釈の態度はとくにクルーシアルな事件では政治家的でなければならない。裁判官は創造的意図で実質的には立法者としてふるまわなければならないのである。裁判官は明治憲法下の成文法主義と三権分立の思想から脱却せずに、憲法の条文を文理的に解釈することこそ、裁判官の任務である。結果いかんにかかわらず、こうした態度をとることが憲法を守る神聖な義務だというような考え方がまだつよいのではないかの問題である。こうした態度で違憲審査権が行なわれてはたまらないのである。これもやはり、日本国憲法の性格理解の問題につながり、またアカデミックな憲法解説の問題にもつながるものである。

第二は、民主主義のより古い要因である古典的な基本的人権を中心とする問題がある。古典的な自由人権の思想はむろん権威の乱用に対するチャレンジを内包するが、しかし権威そのものが消失すれば、基本的人権も同時に消失する。元も子もなくなることになる。権威主義的な権威思想が破壊されつつあるのは当然の過程だが、民主的に構成された新しい意味の権威が成立し、こうした権威にたいする尊重の態度が成立していないのではないか。同じことを法の面から見れば、権威主義的な〃法治主義〃の思想から、人権の尊重と表裏をなす〃法の支配〃の思想への転換がまだ成立していないのではないか。こうした問題がある。

第三に、基本的人権のうち社会的経済的権利を中心とする福祉国家的目標がいかなる程度まで実現されているかの問題もすこぶる重要である。

第四に、民主主義のより新しい要因である〝人民による政治〟の面では、選挙、政党（与党と野党）、国会（下院と上院）、内閣、公務員、地方自治などのそれぞれの現実の動きかたが、どこまで国の民主主義改造達成の方向をとっているかがいちいち検討さるべき問題である。

第五に、社会的な面についていろいろ問題はあるが、たとえば憲法二八条の認める勤労者の団結権を中心とする資本と労働、経営者と組合との間の自由主義的な闘争が、日本国憲法のフィロソフィに合致するように行なわれているかどうかの問題がある。

第六に、日本国憲法の条文の知識ではなく、そのフィロソフィが、どの程度国民に理解されているかの根本問題がある。

（三四・一二・一七）

# 第七章　日本国憲法の解釈

## 一　社会事実と憲法の役割

一九五四年八月パリで国際比較法学会の第四回総会がひらかれ、その公法部会で「現代の政治的、社会的生活における憲法典の役割」という議題について、午前午後にわたり、各国の公法学者、政治学者の間に熱心な討議が交わされた。私もこの討論を興味ぶかく傾聴した。この部会の議長をつとめたのはアマスト大学で政治学の教授をしているドイツ系の学者カール・レーウェンシュタイン（Karl Loewenstein）であったが、この人が面白いことをいったのを記憶している。

「南北戦争後の米連邦憲法の改正で表現された人種平等の原則は、南部諸州では守られていない。これは〝出来合い服が身体にしっくり合わないので、これを着ないで洋服ダンスに吊してあるようなものである〟。また、一九三六年のスターリン憲法中の〝言論、出版、集会、結社の自由〟も守られていない。これは当時ナチス・ドイツの脅威にたいし、人民戦線結成を行なおうとしたソ連の外交政策の必要上、自由主義国の人たちの対ソ感情を好転させるため置かれた規定で、ニューヨークやパリの博覧会のソ連館では、金文字で基本的人権に関する条項が展示された。それはある程度、一般観衆に錯覚を起こさせることに成功した。むろんソ連邦内では、自由主義国のような意味での表現の自由が守られているわけではない。たとえば、自由主義国では、資本主義を非難し、共産主義を提唱したとしても、かかる言説は、言論の自由として保護されるが、ソ連で共産主義を非難して資本主義にたちかえるべしとか、独裁政をすて二大政党政を採用すべしとか提唱すれば、各邦の刑法にふれ処罰されることになる。

また、ソ連の出版物にはすべて検閲番号がついている。これは自由主義国では出版の自由の侵犯と考えられる。集会結社についても大部分許可主義が採用されている。かくしてスターリン憲法中の表現の自由は、〝外国の観衆にみせることを主たる目的としたファンシ・ドレスであって、国内にかえればこの仮装服はトランクにしまって置く〃のだ」。

なかなか皮肉たっぷりではあるが、憲法社会学的な見方から、憲法典と社会事実の離隔を鋭く指摘したといえる。

## 二　憲法の流行

法の世界にも「流行」ということがある。一八世紀の末から今日まで憲法典の流行が世界各地域を風びした。つまり、独立国家は憲法典をもたねばならぬという思想が世界を風びしたのである。この流行を無視したのは立憲主義の母国イギリスと少数の国々に過ぎない。そしてまた、今日では、フランス革命に由来する国民主権の思想がこれら憲法典——共和制たると君主制たるを問わず——の通念となっている。一九三一年のエチオピア憲法第五条の「エチオピア帝国においては至上権は皇帝にある」というような規定は、きわめて例外的なものとなってきている。そして、スターリン憲法典の場合でもこの流行に従っている。そして、機能的な意味での三権分立の制度、基本的人権、選挙などの民主憲法の形態をそのうちに織り込んでいる。また、一九一八年、一九二三年の憲法のように〝プロレタリア独裁〟を強調しないで、国民によって選ばれた議会に無制約な権能を与える超民主主義的な一七九三年六月二四日のフランス憲法の議会統治の形式を採用した。しかし、元来、民主主義的諸制度の目標は、権力の集中化をさけしめることによって、人民の自由を守り、また、いつでも人民はその政治的支配者をかえうる趣旨であるのだが、ソ連ではこうした民主主義的ファサードの背後で権力の集中と永久化が行なわれているのである。これがためには、ルソーの思想にもとづき超民主主義的だが、権力集中に都合のよい、そして恐怖時代とロベスピーアを生んだかの議会統治（government conventional）の制度に範をとったのであろう。むろん、ソ連では憲法に従って選挙も行なわれ、立法・行政・司法は憲法に従って運用されるのだが、それら制度の民主主義の意味内容は失われている。また、議会統治は名目的となり、プレシディウム、常設の執行委員の、そして実質的にはスターリンの独裁が行なわれるようにできていたのである。

かくして政治的権力は絶対化され、また永久化され、従来の民主主義とは反対の方向を走ることになっている。なぜ表面的にもせよソ連の敵視する資本主義国の政治形態にならう必要があったのかは研究を要する問題であるが、それらの意味が自由主義国におけると全然異なるのは、近ごろの流行の「セマンティクス」（意味論）の興味ある問題でもある。

これは、憲法と政治的実践の著しい離隔とも見られうるが、このことは、ソ連その他の共産国の憲法だけでなく、南米の多くの国々、アラブ諸国の憲法などにも見られるのである。もっとも、これら諸国の場合には、ソ連憲法の場合とは意味合いを異にし、民主主義制度を実践しうる政治的能力の発達をそれら民族がとげていないために、現実との離隔がはなはだしいが、国民の進むべき方針をかかげた民主教育的意味をもつものと解すべき場合もあろう。スターリン憲法の場合には、そうした民主教育的意図にもとづくとはいえまい。スターリンの死後の変化によって将来それらが、いわば「嘘から出た真実」となって、憲法の諸制度が西欧的な意味で、民主主義的に運用されるようになるかどうかは、将来の問題である。

## 三　現実と原則の離隔

永い民主主義の伝統をもつ国々では、憲法典と政治生活の離隔が割合少ないとはいえようが、それでも憲法のある条項については、これとおなじような離隔現象が起こっている。右にふれた米連邦憲法の人種平等の原則と南部諸州の実践との離隔は、その一つの例であるが、こうしたことはアメリカに限ったことではない。たとえば、一九四六年のフランス憲法第一三条第二項では立法権の委任を禁止しているが、この条項は、国会も政府もこれを無視して、白紙委任（pleins pouvoirs）が国会によって政府に与えられている。そして「コンセイユ・デ・タ」もこの慣行を容認している。これは第三共和国時代のフランスのつよい慣行の力が、成文憲法の条項によって抑制しえないことを示すものであり、「コンセイユ・デ・タ」も憲法の条項よりもこの慣行の方に軍配を挙げたのである。また、一九四六年のイタリア憲法第一一四条以下には、地区（六特別地区、一四通常地区）を一年以内に設けることになっているが、今日にいたるまで大部分無視されている。憲法の目的である地区自治の趣旨が現実化されているのは、シシリーだけだといわれている。

スイス連邦の一八七四年の憲法では、三万人の市民または八つの州の請求があるときは、連邦議会の立法を一般投票に付することにしているが、連邦議会が緊急宣言をした場合は、その限りでないという例外がみとめられる。この連邦議会の緊急権限は、制定後五〇年間は妥当に行使されていたが、第一次世界大戦、第二次世界大戦の時期には、中立国のスイスでもこの緊急権限が発動された。ことに第二次大戦のときには、政府に立法権の白紙委任が行なわれて、州権限の侵害、政府による立法権行使、基本権保障の停止などの憲法無視が日常茶飯事として行なわれた。一九三〇年前半期の経済危機、後半期の独伊からの侵略に対処するためにも同じことが行なわれた。かくして国民の一般投票権は空文化するにいたった。もっとも、これは、スイスでも問題化され、一九四九年にいたって内容の合憲なものについては任意的一般投票、内容の違憲なものについては一年以内に一般投票にかけることを要するものとする条項が憲法中に加えられてやっと常道に立ちかえることになった。

ベルギーでは超国家的団体への参加が禁止されていたが、それにもかかわらず、ベルギーは国際関係の変化に順応するために、憲法の規定にかかわらずにこれに参加した。もっとも、憲法とこの慣行との不一致は、一九五四年に修正されたといわれている。

西ドイツが国防軍の設置をともなう欧州防衛共同体条約に参加する問題などで、政治的に、また、司法的にはげしい論争をまき起こしたことは、わが国でも知られているが、アデナウアー首相の行為は一九五四年の基本法改正で、連邦にかかる権限を付与することによって事後的に承認されることになった。

## 四　政治的色彩の強い二十世紀憲法

十八世紀末以来の世界各国の制定した憲法典の数は非常に多数にのぼるが、その正確な数は今でも分からない。アメリカの連邦憲法は部分的修正で今日までその生命を維持しているが、制定された憲法典の数は、南米のドミニカ共和国では二五、ハイティでは二二の多数にのぼり、また、欧州でも革命後のフランスは少なくも一六、ギリシャは一八二一年以来少なくも一〇の憲法典を数えうるといわれている。連邦における各州の憲法を数えると非常な数にのぼることであろう。ハンブルク大学の国際公法外国法協会はこれらの憲法典を網羅的に編纂する仕事に着手して、ドイツの部は、第一部としてすでに公刊されているそうだが、私はまだ見ていない。かかる大規模な憲法典集成でなく、各国現行憲法をあつめたエイモス・J・ピースリーの「諸国民の憲法」三巻が公刊され（学者は翻訳が不正確だときびしく批判しているが）、わが憲法調査会事務局でも各国憲法集（これもピースリーと同じ批判を受けるかも知れないが）を編纂している。

これらの現行憲法集も、ある価値をもつにはちがいないが、しかし、以上述べたような事情から憲法典に書いてあることによって、その国の生きた憲法を判断すれば、大きな誤解を招くことになる。成文法主義にならされたわが法律家は、こうした憲法典のテキストに重きを置き、各国の憲法典をならべることが比較法と考える傾向もあるが、これは最もナイーヴな比較法学であって、重大な誤解をひき起こす危険があるといわねばなるまい。もっとも、生きた憲法の比較ということは、わが国はもちろん、欧米の学界としても近ごろのり出した分野で、いまだ十分発達をとげていないのである。

十九世紀末期の憲法典には基本的政治機構の構成と機能を分析的に示す型のものが多くなった。その典型的なものは一八七一年のビスマークのドイツ連邦憲法や一八七五年のフランスの第三共和国憲法である。たとえば、両者ともに基本的人権の規定などはない。もっとも、前者の場合には人権規定のないことは権威主義の表現であるが、後者の場合には、人権宣言は超憲法的な原理として当然とされている含みの差異はあったろう。一九四六年の第四共和国憲法もおなじであって、人権に関する自由主義イデオロギーは前文のうちにかかげられているだけである。最近制定されたドゴール憲法もおなじ型の憲法と見て宜しいであろう。わが明治憲法もこの型の憲法と見るべきである。人権に関する規定はあるが、「法律の範囲内」で保護されることになっている。

しかし、二十世紀の、とくに第一次世界大戦ころからの憲法典には、十八世紀型の憲法（たとえばアメリカの連邦または州憲法）に似たイデオロギー的色彩がつよく打ち出された憲法典が多くなっている。一九一七年のメキシコ憲法典はその典型的なもので、その第一二三条の冗長な規定のうちには福祉国家的原理がつよく表現されている。一九二一年のワイマール憲法には自由主義的と社会主義的の複合的イデオロギーが表現されている。また、三〇年代にできたポルトガル（一九三三）、オーストリア（一九三四）およびアイルランド（一九三七年）の憲法は、カトリック的原理をつようち出している。第二次世界大戦後のイタリア憲法にも、西ドイツ基本法にも、この自由主義的、社会主義的イデオロギーがつよく表現されていて、戦前のファシズムまたはナチズムを否定する色彩がつよく現われているのである。

連合国の戦争目的は、右翼全体主義ないし軍国主義のイデオロギーを絶滅することにあった。したがって、戦勝後の連合国占領軍は敗戦国の法秩序にたいして、一九〇七年のヘーグ陸戦法規の「占領者は絶対的の支障なきかぎり占領地の現行法律を尊重」するといった態度をとるわけにはいかなかったので、むしろ積極的に敗戦国の法秩序を改革する任務を帯びていたのである。

ポツダム宣言は非軍国主義的かつ自由主義的な法秩序を日本が採用することを降伏条件としていたので、日本国憲法もおなじイデオロギーを基調として、連合国占領軍の監視の下に成立した。東欧諸国とか北鮮などソ連が占領した地域でも、ソ連はその地域の法秩序を尊重するという政策で動いていたわけではなく、被占領地の法秩序をソ連的法秩序に変革せしめているのである。したがって、かりに日本の占領軍総司令官がマッカーサー元帥でなく、ソ連の将軍であったとしたら、日本の憲法はソ連的なものとなっていて、日本の法秩序は自由主義的でなく、権威主義的なものとなっていたであろう。一部の人はこれは「第二の神風」であったとしているが、一部の人はむしろこれを遺憾なことと考えている。

明治憲法を憲法典のあるべき型と考えていたわが法律家は、政治学教科書のような教訓的規定を多くふくんだ、改革意志をつよく表現したイデオロギー的な新憲法を見て、憲法の体をなしていないなどと批判したりしたものである。これは憲法史的眼光が欠けていたためであろう。

日本国憲法にイデオロギー的性格がつよく打ち出されている点は、たしかに明治憲法と異なるのであるが、他面そのイデオロギーが自由主義的である点でソ連系の権威主義的なイデオロギーと著しい対照をなすものである。もっとも、十九世紀末から二十世紀の三〇年代のなかごろまでのアメリカのような資本主義的な意味で自由主義的でなく、むしろ財産権偏重の資本主義にたいするニュー・ディール的変更が加味され、労働の権利を強調した社会主義的要素をふくむものである点で二十世紀的自由主義のイデオロギーといえるが、やはり権力の集中による濫用を防止することによって国民の自由を保障するという自由主義的イデオロギーがつよく打ち出されているのである。

## 五　民主的な英米憲法

ハロルド・ラスキはその死後一九五一年に公刊された「憲法に関する考察」のうちで、イギリスの政治的主権者たる選挙民は、世界で一番聡明な選挙民であるといっている。イギリス人は現実に即した建設的な政策論議には耳を傾けるが、抽象的なそして破壊的意図をもつような批判には動かされない。かれらはマグナ・カルタ以来の伝統が身についていて、人権の侵犯にたいしてきわめて敏感だが、同時に政治的権威の価値を十分に認識し、また、法を尊重することが自由の確保されるゆえんであることを十分に知っている。かれらは権威の思想が圧政に通ずる危険のあることを知りぬいているが、また、自由人権の思想が無政府的混乱に通ずることをも十分にわきまえている。そこに憲法典の保障なくとも、人権が尊重されつつ民主主義が運営されている根元がある。

アメリカの連邦憲法典には、基本的人権および各州自治のイデオロギーがつよく表現されている。この指導精神をわすれずに、しかもそれらが個人的ないし地方的にアナーキーの方向をとらしめず、現実に即してアメリカ民主主義のすこやかな発展を可能ならしめたのは、十九世紀にはマーシャル、二十世紀にはホームズのような達識高邁な政治的見識をもった最高裁裁判官たちの創造的な憲法判決と、最高裁の権威を特に尊重するアメリカ国民の態度によること大である。ことにマーシャル最高裁長官が十九世紀前半期に「われわれの解釈せんとするのは一つの憲法であることを忘れてはならない」。契約書や遺言状などを解釈する場合のように、条文の字句の解釈に終始するような態度で憲法典を解釈してはならないということが、つよい司法的伝統をなしていると同時に、最高裁が過去のみならず現在と将来を見通して創造的に憲法を解釈する政治家的態度にたいし、国民が憲法の条章をゆがめるものだなどといって、これを非難することなく、憲法の条章ではなく「最高裁がこれが憲法だということが憲法である」として最高裁の判例を尊重する政治家ならびに国民の態度によってアメリカ憲法は守られているのであり、これによってアメリカの民主主義が育成されているのである。

## 六　基本的人権の動的解釈

日本国憲法でも第二次大戦後の多くの憲法典とひとしく、基本的人権の面がイデオロギー的につよく打ち出されている。このような憲法を裁判所や法学者はマーシャル憲法解釈の態度とは異なり、単に概念的に、分析的に、機械的に解釈すれば、政治的権威は失われてアナーキー的混乱をきたすし、やがてはその反動として権威主義的政治形態への国民の要望がつよまり、新憲法の保障する基本的人権は失われてしまうことは歴史の教えるところである。こうしたイデオロギー型憲法の解釈運用について裁判所が政治家的良識をはたらかせることが特に必要なゆえんである。権威と自由とのたえざる調整への努力のうちに自由主義的な憲法の生命は維持されることを知るべきである。憲法を解説する憲法学者も十分にこの理を弁えて、概念法学の弊に陥ることなく、政治家的識見をはたらかせて世論形成に寄与する責任があろう。そして国民も憲法解釈の最高責任を果たすべき最高裁の権威をどこまでも信頼するよき慣行を樹立しなければ、新憲法によってせっかくかちえた基本的人権を失ってしまうことをつねに警戒せねばならない。

国家機関の構成と機能を定めた明治憲法型の憲法の場合には、だいたい憲法を静的なもの固定的なものとして把握しつつ解釈することができるが、為政者（国会または行政府）の行為の合憲性を、基本的人権というイデオロギー的基準にてらしてその合憲性を決定する権能を裁判所に与えている日本国憲法型の憲法においては、少なくもこの部分については、憲法は動的なものとの措定の下に把握しなければならない。基本的人権という基準の形式は固定的であっても、その内容は固定的なものではない。基本的人権の侵犯が問題とされる場合には、裁判所はいつも基本的人権と公共の福祉との、自由と政治的権威の境界線を引いて合憲性の判定を行なわねばならないのである。こうした境界線は憲法の条章のうちに見いだされるのではなく、裁判所の良識によって判定されるのである。また、かかる境界線は判例によって一応固定的なるかのごとき姿をとるが、社会情勢の変化とともにその境界線は変化していかねばならぬものである。

基本的人権というのは、裁判所の見地にたてば、内容の明確な「規則」（rule）でなく一つの基準（standard）であり、その基準の内容が伸縮性をもつところに特色があるのである。かくして基本的人権は公共の福祉とのたえざる調整のうちにのみその生命を維持するのである。アメリカ憲法で定められた適正な法の手続き（due process of law）は、たとえば、各州の「ポリース・パワー」とのたえざる調節のうちに生きているのと同じである。アメリカ憲法のデュー・プロセス条項はすべての個別的基本的人権に関する憲法の諸条項を包括する基準だともいわれるが、この包括的な概念はドイツ法でいう「一般条項」の性格をもつものである。それは議会または行政府の行為を判定する基準であり、定まった内容をもつものではなく、内容は時と処によって変化する性質のものであることは、いまでは法律家の常識となっている。

日本国憲法第三一条の「法律の定める手続」というのは、アメリカ憲法の「デュー・プロセス」と同義に解すべきかどうかの問題は、ここではしばらくおくこととしよう。しかし、日本国憲法に定められた個々の基本的人権も一つの基準であって、固定した完成された規則ではないのである。時代とともにその内容は変化してゆくのであり、また、変更されてゆかねばならぬのである。それは内容的には動的なものとして考えられねばならぬのである。日本国憲法中でも機構的部分はだいたい固定的なるものとすべきであり、憲法改正手続によってのみ変更されうるものと考えて差支えないであろう。しかし、基本的人権の基準によって為政者の行為の合憲性を判定することが要請されている分野においては、裁判所の判決によって憲法の具体的内容が変更されてゆくと考えられねばならぬのである。ホームズ判事は裁判所はこうした場合、実質的には立法行為を行なっているのであるといったのはそのゆえである。それはオースティンが「司法的立法」(judicial legislation) と呼んでいる現象の一つであるといえよう。かくして裁判所の違憲審査権をみとめた日本国憲法は動的なものとして把握されなければならない。

わが国の一般人はもちろん、憲法学者も一般法曹も明治憲法とおなじように、「不磨の大典」的ではなくとも、改正手続によらなければ憲法は変わらないもの、つまり憲法は静的なもの、固定的なものと考える静的憲法観がひろく行なわれているが、新憲法の下では動的な流動的なものとしての憲法観をもつ必要がある。そうでないと違憲審査制は妥当に運用できないのであることを国民は理解しなければならない。

以上は、イデオロギー型憲法の下における基本的人権の性格について語ったのであるが、イデオロギーが強く打ち出されている憲法典では、強制しうるというような意味で為政者を義務づけていない。むしろ直ちには実行することは実際上不可能ないし著しくむずかしいような理想、進むべき目標が規範の形式でかかげられることが多い。日本国憲法第二五条に「すべて国民は、健康で文化的な最低限度の生活を営む権利を有する」とあるのは、そうした性格の規範である。インド憲法では、その第四編（第三六条ないし第五一条）に「国家政策の基本政策」という標題の下に、このような理想的規範が詳細に列挙されているのである。ただインド憲法では、これらの規定は裁判所によって強制しえないものであることを明記してこれを基本的人権と区別しているのである（第三七条）。

日本国憲法では、右の規定は他の裁判所によって強制されうる基本的人権とならんで規定されてはいるが、やはり裁判所によって強制される権利ではないと解釈さるべき性格の規範である。この目標は、一国の社会的経済的事情から直ちに実現することを期待することはできないが、それに向かって進むべき理想を示すものであって、為政者はこれが実現に努力すべきであるという意味で、義務づけられているのである。つまり憲法の定めた規範には、理想的と現実的との二つの種類があり、そのいずれであるかは各場合の解釈によって決定していかねばならぬのである。この点を頭におきながら、以下日本国憲法第九条の性格について考えてみよう。

## 七　第九条に関する三つの解釈

第九条については、二つの解釈が対立する。第一説を常識的に表現すれば、第九条は日本は外国を侵略するような戦争は行なわない、また、そのための武装は行なえない。しかし逆に日本が他国から侵略をうける場合には、これにたいし国土を守る戦争を行ないうるし、また、かかる脅威にたいして武装することはできるという解釈である（佐々木惣一博士、芦田均博士、砂川事件における検察側の上告趣旨書）。これならば、第九条は為政者を拘束する現実的な憲法規範であると解釈することができる。満州事変以後の日本の行動を反省した規定として、また、国際法の通念に合致する規定として、また常識でもなるほどとよく分かる規定である。

第二説は、日本国は他国から侵略されても為政者は国土を守るためにも、自衛のためにも戦争を行なってはならない、また、かかる侵略の脅威に対処するために武装を行なうことも許されないという解釈である（制憲議会における政府の解釈、憲法学者の通説、砂川上告事件における弁護側の答弁書の主張）。

こうなると、ちょっと頭をかしげざるをえなくなる。常識はつよくこの提言に反発を感ずる。しかしこの提言は、全然無意味というわけではない。たしかにこの提言は、現在の国際的情勢の下では国の安全と独立を守る責任のある為政者にとって実行不可能な、または著しく困難だと常識上思われるが、とくに原子力時代における為政者の理想ないし目標としては正しい提言だといえる。そして日本の為政家は、今直ちにこれを行ないえないが、日本がこの理想を実行しうることが可能となる国際的条件をつくり出すため各国の為政者と協力してこの理想達成に最大の努力をつくすことを要請するものと解すれば、常識上も納得しうるのである。

現在では国際情勢上実現できないが、世界各国に向かって同じ態度をとることをつよく要請し、各国が九条と同じ原則をとれば、日本はよろこんで戦争廃棄、完全非武装で行くという態度を表わしたものであると解すれば、それは世界平和達成のための一つの理想的提言として、尊重に値すべきものがある。それは「理想法」ないし「可能法」としての価値をもつのである。したがって、歴史的経験と世界の将来の透見から生まれたイデオロギーとしての九条を改める必要がないどころか、九条は大切に保存しておくべきである。

現在の国際情勢の下では、日本の為政者は実際上この理想的規範を実行しえず、国際法の原則に従って自衛のためには武力抗争も行ないうるし、また、外国からの侵略の脅威にたいして戦力をもち、その他の措置をとりうるので、第九条は為政者のそうした措置を禁止すると解すべきではない。しかし、これは世界平和の見地からは理想的状態ではないので、これらの戦争の廃止、非武装主義を実現する努力を忘れるべきではないのである。

この理想と現実とを分けて、それを憲法規範として共存せしめるという解釈態度は、イデオロギー的な憲法においては認めることを必要とする解釈方法である。こうした解釈をわたくしは「複線的解釈」とよんだのであるが（毎日新聞、昭三四・七・一二朝刊「憲法九条の複線的解釈」）、かつてわたくしは、九条を一つの「政治的マニフェスト」と解すべきであると説いたことがあるが（ジュリスト昭二八・一・一、第二五号「平和・九条・再軍備」）、これは複線的解釈と同趣旨のものである。

このわたくしの九条解釈をかりに第三説と呼んで話を進めると、第一説第二説とは単線的解釈である点で一致するが、規範の意味内容と自衛措置に関する結論を異にする。第三説は意味内容において第二説とおなじだが、自衛措置にたいする結論において、これと異なることになる。また、第三説は意味内容においては第一説と異なるが、自衛措置に関する結論においては、これとおなじことになる。理想と現実とを分かつ複線的解釈方法は、あるいはわが国の憲法解釈家には奇異の感を起こさせるかもしれない。しかしこうした奇異感は、日本国憲法が明治憲法と異なり、イデオロギー的色彩のつよい型の憲法であることの認識を欠くことに由来するものであると考えられる。

かりに文理上は第二説のように第九条を解釈するのが正しいとしても、イデオロギー濃厚な憲法の性格にてらしてそれが理想を表現する規範と解すべきか、あるいは直ちに為政者を強制する意味で義務づける現実的規範であると解すべきかが問題となる。第九条の意味内容が第二説のようなものであるとしても、第二説のようにそれから直ちにこれを強制規範ときめてしまうのは、イデオロギー的憲法の性格をわすれたことになる。わたくしはトマス・アクィナスが教えた「識別せよ」(distinguo) という有名な言葉を想起しつつ、理想と現実とを識別するという思惟過程を経ることが、必要であると考えているのである。

違憲審査権を行使する裁判官も、第九条の解釈について理想と現実の識別をして判定を行なう必要がある。裁判所は為政家の政策内容の可否を決定する機能も責任もないが、政策決定に合憲性の筋目をきめ、これに一定のわくを置くことが裁判所の任務である。したがって裁判所が、現実(社会事実)を無視して、実行不可能のような理想的規範を為政家に強いることは合理的でないのである。かくして、どこまでも社会事実に即しつつ為政家の守るべき憲法規範を宣明することが裁判所から要請される。そのためには、理想と現実との識別ということが重要となる。カルドーゾ判事が憲法の分野では歴史的方法とか論理的方法ではなく、社会学的方法が第一次性をもつといったのは、憲法解釈にあたってこの識別過程をふくむものである。

理想と現実とを識別する場合、識別の基礎として考慮さるべき社会事実というのは何か。基本的人権にもとづいて為政者の行為の合憲性を判定する場合に必要な社会事実は、通常の場合には、国内的社会事実であろう。しかし第九条の場合には、国の安全と独立を守るための政府の行為が合憲性判定の対象となるので、その判定に必要な社会事実というのは、主として国際的社会事実ということになろう。

たとえば、保守政党と革新政党の間に防衛措置について見解の相違があり、前者は自衛隊を置き、また日米安保条約を結ぶことが日本の防衛措置として正しい政策とし、後者は完全非武装と中立主義こそ防衛措置として正しい政策であるとする場合、そのいずれの政策が国際的現実にてらして正しいかは、政治家のきめるべき政策問題で、これはむろん裁判所の判定すべき問題ではない。ただ、保守党の防衛措置が違憲であるとチャレンジされた場合、かかる自衛措置を違憲として封じてしまうかどうかを判定するのが裁判所の職務である。そういうふうに第九条を解釈することが正しいかどうかである。この場合、裁判所が保守党の自衛措置は正しくないと考えても、合憲と判定して差支えない。裁判所が保守党の自衛措置を合憲と判定することによってこの政策を支持し、反対党の政策を不可としたと考えるのは、合憲性と政策の問題を識別しない俗論である。しかしこの混線はかなりひろく行なわれている。

国防に関する政策決定の場合はもちろんだが、合憲性の判定の場合にも、現実の国際的社会事実が考慮せられねばならぬのである。そして、九条解釈にあたって理想的規範か現実的規範かを判定するについて必要な国際的社会事実というのは、大体次のような事実であるということができよう。

## 八　国際情勢と第九条

世界各国が自衛のためにも戦争をしない、また武装もしないことになっているかどうか。もしもそうなっているならば、第九条は単なる理想の表現ではなく、日本の為政家の実践を拘束する現実的規範であると解釈するのが妥当であろう。この場合には、日本は、憲法の前文「平和を愛する諸国民の公正と信頼によってわれらの安全と生存を保持」することが、各国の態度によって保障されていると見てさしつかえないからである。

しかし、世界各国は右のような態度をとっていないことは確実である。世界のどこの国でも、自衛のためには戦うことのありうることを前提として戦力を保持している。それは大国たると小国たるとをとわない。日本の周辺を見ても、例外なく軍備を具えている。非暴力主義で独立をかちとったガーンディを国祖と仰ぐインド共和国ですらそうである。最も進歩的な国だと誇っているソ連にせよ、またその衛星国にせよ、非武装主義を実行しておらないし、またしようともしていない。

それだけでなく、終戦直後には核兵器はアメリカの独占であったが、ソ連はこれに対抗して核兵器の完成に努力し、今では、アメリカよりも精鋭な武器を誇っている。つまり軍備競争をやっているのである。そしてエジプトと英仏との紛争の際には、その精鋭武器の使用を示唆して英仏を外交的にけん制し、また、最近フルシュチョフ首相は、ベルリン問題でも、台湾海峡の問題でも、これと同じく威嚇的な言葉をつかい、武力を誇示してこれを外交の具にした。これらは九条にいう「武力による威嚇又は武力の行使」を国際紛争を解決する手段としてつかわんとしたという印象をつよくわれわれに与えた。また、米駐留軍がいると共産圏からの反撃の危険があることをもって安保条約の廃棄を主張する人々も、ソ連が自衛のためにも戦争はしないというような意味の「平和的勢力」ではないことを信じていることを間接に認めているわけである。

英仏独伊などの政治家も、国民もいわゆる「米帝国主義」などはたいして恐れていないが、「赤色帝国主義」進出の脅威の方はつよく感じているのも、おなじ理由によるものである。また、共産軍の進出は「解放」ではあっても「侵略」でないという共産理論は、ますます狂信的で危険だとかれらは感ずるのである。ここでは両陣営間の冷戦の発展にたいするソ連とアメリカのどっちに責任があったかを批判せんとするのではない。ただ、いずれの国でも自衛のためにも戦争せず、また非武装でいくという政治意識は見い出されない事実と、ソ連やアメリカのような超大国が軍備競争をしているのは武力を背景として国土の防衛のみならずその勢力圏を維持し、またはこれを拡大せんとする意図もうかがわれ、また武力均衡によって平和を維持するという平和思想が現在でも存在するという事実はつまり日本国憲法九条のフィロソフィとは、はるかにちがったフィロソフィが世界各国の政治家の考え方を現実に支配している事実を指摘せんとするだけである。

十九世紀以来強大国間の勢力均衡が国際平和維持の要諦であるという思想が実践されていたが、第二次大戦後の第一の発展は、数個の強大国間の対立が米ソの二つの超大国家の対立に整理されていったことである。そして、この二つの超大国家が軍事的だけでなく、イデオロギー的にも対立しつつ、今日の冷戦状態をもたらしたことである。第二の発展は、国の防衛ということは、今まで大国たると小国たるを問わず、各国家の任務であったが、今ではいずれの国も、この二大陣営の超大国と結合関係に入らなければ、自らの国土を守るのに大きな不安を感ずるに至ったことである。また、各国は軍事の面のみならず、経済の面でも、超大国の援助なしにはやってゆけないことになって来たことである。かくして、おのずから二つのブロックが成立することに至ったのである。

もっとも、自由陣営の場合には、結合関係は各国の自由意志を基礎とせねばならぬので、アメリカが武力で強制することはないが、共産陣営の場合には、ハンガリー事件の示唆するように、ソ連の強制による要因がつよく、結束はソ連の武力によって維持されているという差はあろう。この差異は、アメリカが自由民主主義の国であり、ソ連が全体主義の国であるという二つの超大国の政治的性格の反映であるとも見られるであろう。

なお、超強大国の米もソも、他の中小国家と結合することが、自国の安全を守るためにも、また、その勢力範囲を維持発展するにも必要と考えている。かくして、自由主義諸国間にはNATO、SEATOなどの共同防衛条約が成立し、また、共産国間にはソ連と東欧諸国を結ぶワルシャワ共同防衛条約やソ連と中共を結ぶ中ソ共同防衛条約の如きものが成立しているわけである。

日米安保条約も、そうした国際的背景の下に成立している。その他、インド等アジア、アフリカの国々でイデオロギー的には反共産的であっても、西欧諸国のかつての西欧帝国主義の記憶が新たで、自由陣営にも入りかねているいわゆる中立主義、ノン・アラインメントの政策をとる国もある、スイスは歴史的伝統から、またフィンランド、スウェーデン、デンマークなどは主として地理的関係から、中立主義をとることがより安全と考えている。そして、米ソ両国ともに軍事的、経済的援助によって、アジア、アフリカの中立諸国を自己の陣営に引き入れんとする動きがつよい。ソ連や中共が日本をまず自由陣営から引き離すために安保条約を廃棄させて中立主義をとらしめ、やがてはこれを共産陣営の一員たらしめることを欲するのも、こうした世界的背景の下における共産陣営の立場からは、自然だともいえるであろう。

国連が十分に世界平和維持の本来の機能を発揮しえない一つの大きな要因は、両超大国の対立に起因する拒否権の行使によるものである。かくして、本来は例外たるべき国連憲章第五一条の個別的集団的自衛権が活用され、これを基礎とした共同防衛機構が各地域に成立することになっているのである。かりに米ソ両国が冷戦に終止符を打ち、両者が国連を中心として世界平和に心から協力することになれば、憲章第五一条を中心として構成された両陣営内の共同防衛体制は解消され、日米両国ともに日米安保条約などの必要を感じないようになり、それはおのずから解消されることになるであろう。

かりに米ソ両国間の冷戦が解消するとしても、それだけでは各国は自衛戦争の放棄と自衛戦力の不保持とまでは、ふみ切れまい。それには、米ソ両強大国が戦争放棄と戦力不保持に一致し、各国がこれにならい、国連警察軍が効果的にその機能を発揮して世界各国の安全と独立を守りうるにいたることが必要であろう。世界の為政者が次の世界戦争では勝者も敗者も共だおれになるということを真に意識する可能性もあるから、それは夢想家の空想だとはいえないであろう。

戦争放棄と戦力不保持は普遍的でなければ不可能であるということは、国際常識であり、日本だけが非武装でいくのは危険だと一般に考えられているが、こうした事情の下でも完全非武装、中立でいくという聖者的考え方も、日本国民がその危険にふみ切ることに一致する可能性があれば、一つの現実的政策として成立するであろう。しかし、世界政治家の常識に合致する政策を封じて自衛隊も安保条約も違憲であるとするような九条の解釈は、社会事実を考慮する社会学的解釈の下では、非合理的であり、非現実的であって、九条は理想的規範で自衛戦争も自衛のための戦力保持の政策も許されると解釈するのが合理的であろう。この憲法解釈の下に、保守党の政策も革新党の政策も可能なのであって、両者はどこまでも現実にてらして政策の面で相争うことが要請されることとなるわけである。

第九条解釈に関する第一説は、現実に妥当するという長所はあるが、立法者の理想がかえりみられていない短所がある。第二説は、理想としては妥当であるという長所はあるが、現実が十分かえりみられていない短所がある。為政者の行為を現実的に拘束する憲法原理の宣明は、一面どこまでも社会事実に照らして妥当なものでなければならないが、他面それは、世界平和樹立の理想実現へのより高次な法的義務の理念的宣明と共存しうるものでなければならない。理想と現実を識別しつつ、両者を共存せしめるような九条解釈が最も妥当である。それが第三説の複線的解釈の特色である。

日本国民のみならず、世界各国の一般大衆は、戦争の絶滅を要望している。この理想実現への途をつよく表現した日本国憲法第九条は、世界の民心に合致する世界的な政治的マニフェストであり、同時にまた、戦前の軍国主義の再現を防止する警鐘として、国内的に重大な意義をもつ政治的マニフェストでもある。

# 第八章　違憲審査制の運用——砂川判決を中心として

## 一　違憲審査制度

裁判所による違憲審査の制度は、新憲法で認められた新しい制度で、明治憲法の下ではなかった。これは占領軍たるアメリカの法律家の示唆によって新憲法の主要な一部をなすに至ったのである。私は、一九一五年から一九一八年にわたる三年間アメリカで法律を研究していたころ、アメリカ独特のこの制度の運用を如実に見て奇異の感をもったが、同時にまた、この制度運用の実際をよく知らないと、アメリカの公法も私法もわからないことをさとったので、この研究に志すことになった。一九二〇年に日本に帰って来てまもなく、法理研究会で新帰朝者のお土産話の意味での講演をさせられた。そのとき私は、初めてこのテーマをとりあげ、アメリカのこの制度について若干の解説を試みた。その講演には、当時のわが公法学界の重鎮一木喜徳郎、清水澄、美濃部達吉などの諸先輩も列席されていた。

これは、多年のうんちくを傾けた報告ではなかったので、とくに一木博士からいぢ《ママ》のわるい質問をうけて、答えに困ったことをおぼえている。また当時、ヘボン講座というのが東大に置かれ、その担任教授となるべき高木八尺君がそのため米国に留学していたので、その留守に美濃部達吉、姉崎正治の両先輩がこの講座のために、東大で講演を行なったが、私に京大に行って、このテーマについて講演をするようにというので、京大に出かけ三回講演を行なった。

この講演は、法学協会雑誌に「米国憲法における司法権の優越を論ず」(三九巻)という論文として掲載された。その後もずっと私は純学問的興味から、現行日本憲法には直接関係のないこの制度をいろいろの角度から研究していた。山田教授還暦論文集のために「条約の違憲性」という論文も書き、また、ローズヴェルトのニューディール立法が、世界的に問題となった際も「NRAと米国憲法」(国家学会雑誌四八巻)その他いくつかの小論を書いた。また、国家学会雑誌には、この制度の法思想的背景を取りあつかった長い論文を書いて編集者に迷惑をかけたこともある。けだし、当時の憲法解釈には大した実益のないアメリカの制度の思想的背景など読んでくれる人はほとんどなかったからである。その後研究が相当熟したので、一九三五年にそれまでの研究を一応まとめた概論的な論文「司法的憲法保障制」を国家学会雑誌に発表した。そしてまた、終戦後「司法権の優位」という一書を公けにした。

## 二　違憲裁判の特質

約三十年間、違憲審査制を研究の対象としてきた私は、伊達判決と、これに対する世論の動きなどを熟視しながら、同判決の是非の問題を離れて、違憲裁判の特質にかんがみ、わが国におけるこの制度の現状や将来について、いろいろ考えているが、ここでは違憲審査制の特質、すなわち違憲裁判においては裁判官による政治的決定の働く部分がいかに多いかということを指摘して世人の注意を喚起したいと思う。ここで政治的というのは、政党政治を越えた本質的な意味でつかわれていることを、あらかじめ断って置く。

法律、命令、規則、処分などの合憲性を判定する裁判所は、必然的に技術的な法の解釈を越えて、政治的判断に基く決定を行なわねばならぬのである。違憲裁判の最高責任者である最高裁の裁判官について、裁判所法はその任命資格として「識見の高い、法律の素養ある、年齢四十歳以上の者」であることを要件としている。識見の高いということに特に重きを置いているのは、違憲裁判にあっては、その政治的決定の比重が重いためである。

むろん違憲判決でも、法文の文理解釈で容易に決定しうることもある。しかし合憲・違憲の判定は、法文からの演繹論理のみによってなさるべきで、政治的判定であってはならぬと考えるなら、それは違憲審査の特質に対する認識の不足に基く短見である。

基本的人権の保障ということは新憲法の特色であり、違憲審査制の置かれた主な理由なのであるが、ある法律なり、処分なりが基本的人権を侵犯するものであるかどうかを決定する場合には、裁判所はいつも基本的人権と公共の福祉との境界線を引かねばならない。

この境界線をどう引くかは憲法の条文を分析しても分からないのであって、その決定は結局裁判官の識見によるのである。それは一つの創造であって本質的には政治的決定である。しかし、この決定が裁判官の識見によるといっても、それは主観的、独断的な決定ではなく、客観性をもつものでなければならない。客観性をもつ決定というのは、社会事実の正しい認識に基く決定のことである。この社会事実の認定ということは、〝非法律的〟な要素であるが、それが異常な重要性をもつところに違憲裁判の特色がある。アメリカの違憲裁判では〝社会学的弁論書〟（ソシオロジカル・ブリーフ）の提出ということが弁護士の技術となっている。これは判決に関連性をもつ社会事実に裁判所の注意を向けさせるための技術である。

ここでは憲法第九条の成立史を顧みることはできぬが、同条は終戦直後における国際政治的考慮と法律的考慮とがからみ合って成立した関係上、政治的宣言たる要素を多分に含んでいる。そのため法律家が、この第九条を文理的に解釈しようとするとき著しい困難に直面する。憲法制定当時の金森国務大臣は、日本に自衛権はあるが、九条二項によって戦力は保持できないものと解釈し、憲法学者で、この解釈をとるものもかなり多い。たしかに文理上は、そうも読める。しかし、わが憲法学界の長老佐々木惣一博士は、九条のテキストと前文とを詳細に分析した結果、自衛のためには戦力を保持しうるものと解釈する。たしかに、そうも読めるのである。かくして文理上は二つの相反する解釈が可能となる。裁判所は、この二つの解釈の内容をなすテーゼのいずれを可とするかをきめなければならない。そのためには、文理解釈を越えた政治的決定が行なわれねばならぬのである。憲法第九条は日本の平和への決意をつよく表現しているものであって、この理念を国民が忘れてはならぬことはもちろんである。しかし国の安全と生存を無視してもよいという高踏的態度をとるわけにはいくまい。裁判官は、世界平和を教える宗教家、哲学者、教育者ではなく、実際政治家の行動を規制する憲法原理を宣明することを職務とするからである。

従って裁判官は、現実の国際関係という社会事実に照らして右の二つのテーゼの価値を判定せねばならない。この社会事実としての国際関係の、どういう点に重点があるのかといえば、自衛のためにも戦力をもたぬというテーゼが国際理念となっているか、また近い将来、現実的可能性があるかどうか、日本が他から侵略をうける場合、国連を中心とする集団安全保障が効果的にはたらく可能性があるかどうかなどの点であろう。

米駐留軍は違憲の存在であるかどうかを判定するについては、当然、憲法と条約との関係が問題となる。日本国憲法の解釈として、憲法と条約といずれが優位にあるのか、憲法が優位にあるとしても、条約違憲性の判定権は裁判所にあるのか、あるいはまた終局的な判定権は国会にあるのかなどの問題について、いろいろの見解があるのであるが、その決定は、憲法の条章の文理解釈だけからは出てこない。それは、やはり社会事実としての国際関係なるものの正しい認識に基礎づけられた識見によって決定さるべきである。またこの決定については、このような点を判定する裁判所の適格性などが顧慮されるべき重要な社会事実である。

憲法の文理的解釈のみを固守し、その解釈が、いかなる政治的価値をもつものであるかは、これを無視することこそ、裁判官として憲法を守るゆえんだと考えるのは、成文法主義のドグマと旧憲法下の司法権の考え方にとらわれ憲法裁判の特質の理解を欠く謬見である。

裁判所は立法府、行政府に対し司法権の独立を守らねばならない。従って、その政治的決定は、当然、超党派的なものでなければならぬ。合憲違憲の判定は特定政党の政策を越え、政党政治家の行動を規制する、より高次の政治的決定たるべきものである。

砂川事件は上告され、国民は最高裁の判決いかんを注視している。最高裁の裁判官は、いずれも高い識見のゆえに任命された人達である。そして広くかつ深い学識、多彩な政治的、社会的経験、日本の将来を透見する想像力、そしてまた謙虚な知性などが高い識見の象徴である。

私は、最高裁が慎重に、しかしまた国民審査などに気をうばわれずに大胆かつ良心的に、こうした政治的決定を行なうことを期待する。そして政治家も国民も、合憲か違憲かの判決が高次の政治的決定であることを十分に理解しつつ、最高裁の判決を尊重し、これに服するよき慣行を樹立しなければならぬ。

（昭三四・五）

## 三　違憲裁判における憲法の解釈方法

縁あって、私は、憲法調査会に創設以来関係することになった。調査会では、いま、現行憲法の運用の実際を調査しているが、この制度の運用の実際も第一委員会で研究されている。その委員長は、最高裁発足当時から停年まで裁判官であった真野毅君である。一九二〇年以来研究していた私は、「日本における違憲審査制の運用」という面からの第一委員会の調査研究には特殊の関心をもっている。

砂川事件について東京地裁の判決があり、それにたいして検察側から飛躍上告があった。私は、日本における違憲審査制の運用の実際という見地から、とくにこの判決の成行きに関心をもった。東京地裁判決の考え方、検察側や弁護側の動き方、雑誌新聞などに現われた法学者の考え方、また、自民社会両党の政党政治的立場からのつよい発言などをいわば非人情的に注視していた。そのうちには妥当な運用といえるか疑わしい二、三の点もあった。そのうち法学者の考え方にもどうかと思われる点もあり、一般に憲法の文理解釈に偏し、違憲裁判の本質を見失っているのではないかと思われたので、私は、朝日新聞に「違憲裁判の特質」という短文を寄せたことがある。

重要な違憲裁判では、文理解釈よりも、裁判官の良識によって決定されるべき部分、つまり、本質的な意味での政治的判断によるべき部分、実質的には立法者として国のポリシーを決定する作用をいとなむ部分が多いことを指摘し、かつ、この良識は独善的でなく、客観的社会事実の究明を基礎とする判断でなければならないことに注意を惹起するのが右の短文の目的である。

この点は、アメリカの法曹の間では常識となっているところであるが、わが国では一般人はもちろん、法律家の間にも、じゅうぶんに理解されていないという印象を私はうけたからである。日本の法曹が、裁判官が立法者的にふるまうのは司法権の思想に反するという旧憲法の司法権思想にとらわれているかぎり、日本では新憲法の違憲審査の制度はうまく運用できないということになろう。新憲法のこの制度そのものを再考する必要があるということになるかもしれない。私は、人権思想についてイギリス人のように身についていないわが国では、この制度は大いに意味があると考えているのではあるが。

上告審での争点は、第一に刑事特別法二条が憲法三一条に反するかどうかの点、第二に条約と憲法との関係について、裁判所は条約の合憲性を審査する権能をもつか、また、一般には審査権ありとするも安保条約のごとき条約については〝政治的〟なものとして審査をこばみうるか、また、条約は憲法より優位にあるとすべきかどうかの諸点、第三に憲法九条の解釈、つまり自衛のためにも戦争を行なったり、また、その準備として戦力をもつことができぬのかどうかの点である。

最高裁が原判決を破棄すると仮定した場合、やっかいな九条の解釈にはふれないで、たとえば、憲法九八条の文理解釈上条約の違憲審査権は裁判所に与えられていないといったふうに簡単に判決することも法技術的には可能であろう。自衛隊法の合憲性が争点となれば、そうはいかぬだろうが、安保条約だけが問題になっているこの事件では、九条の解釈に立ち入らないでこの点だけで破棄差戻しの処置をとることは、ある意味では利口なやり方だともいえよう。しかし、九条が地裁判決の焦点となっているのだし、九条の解釈が検察弁護側の鋭い争点となっているのだから、こうしたやり方は、裁判所は九条の解釈と正面から取り組むことを故意に回避したとのつよい非難をうけることをまぬかれぬであろう。また、平行線をたどる九条論が国会で幾度かくりかえされ、わが政界の論議を抽象論に終始させている日本政界のガンを除去することこそ、憲法解釈の最高権者としての最高裁の責任であるように思われる。

私は、貴族院で九条の解釈について金森国務相にたいし相当つっこんだ質問をしたのであったが、その当時の金森君の説明は、日本に自衛権はあるが、九条によって自衛のためにも戦争はできぬし、戦力ももてぬということであった。つまり、日本が外国から侵略をうけた場合にも日本は武力に訴えてこれを排撃することはしない、また、それがために軍備ももたない、すなわち、完全な非武装主義で行くという絶対平和主義を意味するものというにあった。そしてその数多くの憲法学者も、この同じ解釈に基いて自衛隊は違憲だとしている。この大前提に立ちそれから大胆に論理を進めていけば、東京地裁判決のような結論が引き出されるのもあやしむに足りないわけである。その意味で伊達判決は論理的にはすじがとおっているともいえよう。もっとも、英米の法律家は、論理的に完璧なこのような判決を「ストロング・デシジョン」といって冷笑するだろうが、日本では、一般人のみならず法律家もこういう正直な論理的操作を喜ぶ傾向がある。伊達判決に拍手を送った人々の心理は必ずしも一様ではないだろうが、こうした面からの拍手も相当あったものと思われる。

制定当時の立法者の意志を中心として解釈する方法は、これを歴史的解釈とよぶことができる。弁護側としては、この立場に立って憲法議会の議事録を援用してこの立法者意志を立証することにつとめるであろうし、また、その立証はそうむずかしいことではあるまい。

しかしなぜ、日本政府が当時こうした説明をせざるをえなかったのかを理解するためには、さらに歴史を一歩進めて総司令部と日本政府との関係にさかのぼって考える必要がある。この点を明らかにするため私は、文藝春秋に「活殺自在の憲法第九条」と題して研究の要約を発表した。もっとも、「活殺自在」というやや皮肉なこの標題は編集者のつけたもので、私のつけたものでないことは、もちろんである。

立法者意志の究明、すなわち、歴史的解釈ということは、憲法の場合にもたしかに一つの解釈方法である。しかし、九条の制定経過を仔細にながめると、あの当時の日本政府として、九条にああした解釈をせざるをえない事情——一種の心理強制——があったので、この場合に政府の説明を根拠として九条を解釈することは、必ずしも妥当とはいえないのではないか。この点を示唆するのが、私のあの一文の一つの目的であったのである。

むろん、歴史的解釈が憲法の解釈の唯一の方法ではない。

アメリカのすぐれた最高裁判官カルドーゾは、憲法の分野では〝社会学の方法〟が、第一次的であることは、一般に認められているといっている（Cardozo, the Nature of Judicial Process, p. 76)。カルドーゾが社会学の方法というのは、演繹論理とか歴史にとらわれずに、法の目的である広義の社会の福祉を目標としたより高次の立場からの解釈である。こうした解釈方法は、通常の制定法の解釈にはつかわれないのが英米の慣例であるが、憲法の場合には、この方法が第一次的な方法とされるのである。

これは、マーシャルの「われわれの解釈せんとしているのは一つの憲法であることをわすれてはならない」(McCulloch, v. Maryland, 4 Wheaton 407)といったその憲法解釈の態度からの帰結でもあるといえるであろう。マーシャルのこの有名な言葉について、米最高裁のフランクフルター判事は、マーシャルの最大の寄与はこうした憲法解釈の態度をアメリカの法律家に教えたことにあるといっているが、これは、わが憲法を解釈する裁判官も弁護士も法学者も、憲法解釈の鉄則として守らねばならぬことと思う。

憲法九条の解釈については、とくにカルドーゾのいわゆる〝社会学の方法〟、法の目的に立ちかえる方法、この場合には世界平和の理念と国の安全の現実的調整という立場から解釈しつつ、実際政治家を指導するという態度が最高裁としてはとくに必要不可欠であると思う。

## 四　グ教授と砂川事件を語る

五月の末、大野駐英大使からオックスフォード大学のグッドハート教授(Arther Lehman Goodhart)が日本に行くから、ぜひ会ってくれという手紙が着いた。いま、グッドハートは、オックスフォードのユニヴァシティ・コリッジの学長をしている。皇太子殿下が訪英の際にオックスフォードでかぜを引かれ、同学長宅に数日間休養されたことも聞いた。教授はニューヨーク生まれのアメリカ人で、永くイギリスに住み、イギリスの学界や法曹界で大きな業績を残している。息子さんは〝出生によるイギリス人〟として英政界に活躍していると聞いているが、氏自身は英国に帰化していないので、いまでもアメリカ人である。

私は、一九二〇年代からこの人の論文に親しんでいた。ことに判例法についての英米法と大陸法との比較を取りあつかった労作 Precedent in English and Continental Law (1943)、「法哲学へのイギリスの寄与」(English Contributions to the Philosophy of Law, 1949) などは、私の愛読書のうちに数えられている。また、一九三七年に私は、氏と同時にアメリカ学士院 (American Academy of Arts and Sciences) の客員に推されたこともあって、彼も私のことを知っていた。

彼は、視野のひろいイギリス法学界の重鎮として世界的に知られた人である。去年の秋私は、ユニヴァシティ・コリッジを訪れたが、彼はその日折悪くロンドンに行って会えなかったのを遺憾としていたので、今度の氏の訪日を楽しんで待っていた。ところが、六月末私は北海道を旅行し、彼は関西旅行をしたりしていたので会えないのではないかと思ったが、彼が羽田を立つ前日の夕方、帝国ホテルで、一時間近く会談の機をえた。

私はこの会談で、彼が私より二つだけ若いことを知った。彼は君は「私より若いと思った」というので、私は「あなたは私より何倍かの仕事をされたので、ふけたのでしょう」と答えた。彼は彼の先輩フレデリク・ポロックが九〇歳近くになって書いた論文が彼の労作中一番すぐれているといって、老人必ずしも年を気にすることはないといって大いに老人のために弁じた。それから彼は、最高裁で演説をしたことや、東大や慶応を訪問したこと、東大の法律図書館はなかなか良いなどと語った。それから彼は、日本では砂川判決が最高裁に上告されているそうだが、と話をその方に向けた。そこで私は、この事件のあらまし、また、憲法九条の解釈、安保条約などについての争点などを一応説明したが、彼は、とくに憲法九条の解釈について最高裁がどう判決するかについて法理学者としてつよい関心を示した。私と彼との間には、大体次のような会話が交された。

T　トマス・ホッブスは、国家論（Leviathan）のうちで、他人から攻撃をうけた場合にもこれに抵抗してはならぬと主権者が命じた場合には、この命令は自然法に反するから無効である、したがって、臣民は、この命令に従う義務はないといっていますね。

G　そういうことをホッブスがいってますか。

T　私もその章句は近ごろ発見したのです。ジョン・ロックなら分かるが、絶対論者のホッブスの言葉としてはちょっと変に思ったのですが、たしかにそういっています。そこで今度は、国家の自衛権ですが、現行国際法では自衛権は主権国家の固有の不可譲渡の権利、つまり自然法に基くものとされていますね。

G　それはその通り。留保なくとも不戦条約でも国家の自衛権をすてたものとは解釈されない。ただし、私は、その場合〝自然法〟という言葉をつかうことには反対です。

T　そう、あなたは実証主義者でしたな。それなら主権国家の自衛権は確立した国際慣習法、しかも一つの強行法規（Jus cogens）で認められた権利であると考えても同じことになりましょう。

G　そう考えた方がよろしい。

T　国家の自衛権というのは、他から武力攻撃をうける場合、国際法上許される範囲で、実力をもってこれを排除することが国際法上認められるというのでしょうが、この自衛のために必要な軍隊をもち、また、それで足りない場合、他国の援助をうける措置を講ずる権利も国際法でみとめられていると見るべきでしょう。

G　それは当然でしょう。国連憲章第五七一条の共同防衛というのは、自国が攻撃されないでも、他国が武力攻撃を受けた場合、これを助けることを正当化するという、防衛を援助する側の行為を正当化したものでしょうが、攻撃を受ける国が自衛権行使のための措置として、他国の援助を求める取極めをすることはむろん適法です。アメリカやソ連が大きな軍備をもち、また、NATOやワルシャワ条約を結んでおるが、それは各国の自衛権に基くものでしょう。日米安保条約もやはり国家の自衛措置と見るべきではないですか。

T　話を国際法から国内法にうつすが、かりにある国の成文の憲法で自衛のためにも軍隊はもてないと規定した場合、その国の政治家はこれに拘束を受け侵略を受けても、憲法を忠実に守ったのだといって国民にたいする責任をまぬかれることができるか。または国家の自衛権の行使を不可能ならしめる規定は、自然法違反で無効といえますかどうか。

G　そういう規定はたしかに不合理(unreasonable)だといえるでしょうが、しかし、私は、合理性に反するゆえ、その規定自身が無効だというふうには考えたくない。むろん中世には自然法違反の実定法は無効という考え方があり、コーク卿も理性に反する国会制定法は無効だといったことはあるが、現代の実証主義の法思想からは、いきなりその憲法の条項を無効としないで、そんな不合理なことを制定者は意図したはずはないとして、字句にとらわれずに、合理的なように解釈するという行き方が正しいでしょう。

T　かりに憲法制定者が高遠な理想から、現実には不合理な規定を置いた場合、あなたのような解釈方法は制定者が考えたこととは異なった意向を措定することになり、それは、一つの擬制的考え方ではないですか。

G　論理学的にはそういえるでしょう。しかし、法の解釈では、立法者の現実の意志ではなく、制定された法の趣旨の探究に重点がおかるべきです。たとえ現実には立法者が不合理なことを考えていたとしても、法の解釈者はそれを合理的なものとの立場から、不合理でないように解釈するのが正しい解釈方法です。遺言の解釈の場合には遺言者の意志が不合理と思われても、これを尊重する解釈方法をとることに意味があるが、法の解釈にそういう解釈方法をとることは非常識です。

T　あなたの解釈方法は、私も良識的だと思います。時にあなたは、自然法という表現をきらわれるが、しかし、「理性」といっても「自然法」といっても法文の字句を越えたあるものに訴える点では同じでしょう。理性というのは、自然法にたいするイギリス的表現ではないかと思われますが。

G　しかし、「自然法」というと固定的なあるものが考えられるのですが、「理性」といえば時代に即応した判断で、より流動的でしょう。もっとも、シュタムラーは「内容の変化する自然法」といってますが、そうなれば、自然法といっても合理性といっても言葉の争いになるでしょう。時に日本の法学者は、九条をどう解釈していますか。

T　多数説は自衛権はあるが軍隊はもてぬとしています。九条の文理解釈からいえばそうも読めるのです。したがって、この大前提から出達《ママ》していまの自衛隊は違憲だとする。その論理には誤りはないでしょう。

G　しかし、そういう解釈は、現在の国際社会の性格にてらして非現実で、アンリーズナブルでしょう。

T　たしかにイェリングの非難した概念の遊技ということになるかも知れない。しかし、砂川判決は、そうした学者の通説を基礎としていろいろの議論を展開しているのです。

G　通説とちがった学説はないのですか。

T　それはあります。しかし、反対説も大部分はやはり文理解釈に基くものが多い。もっとも、事情変更の原則、つまり、どの国も日本を侵略するような危険のない相互信頼に基いて存在する新しい世界ということが九条の前提要件であったが、冷戦の激化とともにこの前提要件がくつがえされたという理論はあります。

G　なるほど、それも非現実的な解釈を、より現実的なものにひきもどすための一つの理論ですね。自衛隊法が憲法違反でないという前提の下に国会を通過し、それに基いて政府が自衛隊を組織し、また、日米安保条約が国会で批准され、それに基いて米軍が日本に駐留している。そして、これらの事実は効果的にチャレンジされないで相当の年月をたっていることにより、憲法九条の初め考えられた意味が変更されたという議論は出されていませんか。

T　余り聞かない。一般には憲法所定の改正手続による改正だけで、憲法は改正されるものと考えられている。ブライスの硬い憲法（rigid Constitution）、柔かい憲法（flexible Constitution）の考え方の影響がつよいからでしょう。また、多年大陸風の成文法主義に法律家が慣らされているということもあるでしょう。

G　ブライスのあの区別は形式的で現実に則しないことは、いまでは一般にみとめられている。アメリカ憲法は硬い憲法の典型といわれるが、正式の改正は、制定当時なされた初めの一〇修正を除けば、一二回にすぎない。しかし、政府や議会の憲法解釈、憲法慣行、また、とくに最高裁の解釈によって改正されてきているので、この点柔かいイギリス憲法と大差ありません。

T　そうした動的な憲法観よりも憲法を固定的なものとする静的憲法観の方が一般人のみならず、日本の法律家の間にもまだつよい。もっとも、アメリカや日本のように改正手続の著しく困難な憲法の下では、アメリカの最高裁のように社会的変化に応ずるような創造的解釈の必要がおいおいと日本でも分かってくるでしょう。

G　そうでないと、憲法は、社会的変化に順応していけないで骨化するでしょう。日本は、大陸法系の国々と均しく法学者の意見が重要視されるのでしょうから、そうした創造的解釈の責任は、むしろ憲法学者にあるのではないですか。

T　それもそうでしょうが、憲法解釈の最高責任を課せられた最高裁も、アメリカの最高裁のような創造的解釈の範を示す必要があると思います。

（昭三四・九）

## 五　条約の違憲性

砂川上告事件では、憲法第九条の解釈が焦点的問題である。けだしこの点について、自衛のためには第九条は適用なく、戦力もてるという解釈をとると、他の論点はおのずから解消することになるからである。この点について、マッカーサー元帥は、自国の安全を守るためには日本はあらゆる措置をとりうるので、第九条はその妨げとなるものではないと憲法制定の当時から解釈していたとしているのを初めとし、芦田均元首相もやはり、制定当時から第九条は自衛の場合には適用しないと解釈していた。その後、佐々木惣一博士もいくつかの論文で芦田氏とおなじ解釈をとっていた。わたくしも数年前、文理解釈をはなれ、より本質論的考察の結果、おなじような結論に到達し、これをジュリスト誌に発表した。

砂川上告事件の検察側は、この解釈を正しいものとして主張している。そしてわたくしは、この点については検察側の解釈が正しいことを証するために、中央公論（三四年六月号）の論文でこれを指摘し、またいろいろの角度から、「時の法令」に発表した三つの論文でこの問題について詳細な省察を施した。しかしこれとは逆の解釈、つまり自衛のためにも戦力はもてぬのであるという砂川判決、弁護側の主張ならびに多くの人によって懐かれている解釈をとるとする場合、あるいは最高裁が九条解釈についての結論を留保する場合には、さらに他の論点について十分の考察を加える必要が生ずるであろう。そして憲法の解釈として条約について裁判所に違憲審査権があるのかどうかの問題は、相当重要な争点として浮かび上がってくる。

この問題について検察側は、現行憲法上裁判所は条約について違憲審査権なしという解釈をとっている。この解釈は、わが国で有力と見られている憲法学者の学説によって支持されている。わたくしはこの点については、検察側の解釈には懐疑的である。砂川上告事件をはなれ、永い眼で見た場合には、そこまで違憲審査権を縮小してしまうような憲法解釈は危険ではないかと考えているのである。

日本国憲法の政府案が貴族院で論議された際、わたくしはこの問題およびこれに関連する問題についてのアメリカ判例法を頭におきながら、本会議で政府にたいしてこの点について質問を行ない、金森君がこれに答えたが、その時の質問応答は、速記録によれば左のようなものであった。

高柳賢三君（研究会）

……第三は条約に付てでございます。第十章最高法規に関する規定中、第九十四条の条約、国際法等に対して、立法其の他国政の上で最大の尊重が払わるべきこととしたことは、日本国が国際団体の一員たる以上当然の事理ではございますが、一部国民の間にそれを軽視する風潮があったことに照し、此の条項を掲げたことには賛成であります。唯改正草案の下に於ける条約の国内法的地位に付て、一二政府の見解を御尋ね致します。第一点、第九十四条第一項には、「条約」と云うものを特記して居りませぬが、条約は「国務に関するその他の行為」中に含まれ、憲法の条項に反する条約は、法律其の他と同様、国内法上無効と解して差支ないかどうか、第二点、国内法上条約と法律は並立的関係に立ち、所謂前法、後法の理論に依って両者間の効力を定むべき趣旨であるかどうか、第三点、第七十七条では最高裁判所は法律、命令、規則又は処分で憲法に適合するや否やを決定する権限を有するものとして居るが、此の所謂「処分」は条約を含む趣旨であるかどうか。

国務大臣　金森徳次郎君

条約の関係に付てでありますが、御示しになりましたように、憲法改正案は第九十四条に於きまして、「条約及び確立された国際法規は、これを誠実に遵守することを必要とする」という規定を設けて居ります。此の言葉は極めて簡単でありまするが、其の包含して居る内容は、有らゆる角度に於て誠実に遵守するということをはっきり言切っているのであります。従ってそれが国際法の、国際関係の面に現れまする場合に、又国内的秩序として現れまする場合も誠実に遵守することになって来るのであります。

此の基本の考を前提と致しまして、高柳君が御指摘になりました三つの問題に触れて行きまするると、第一の御質問は、多分第九十四条の中に現れて居る「国務に関するその他の行為」というものの中に条約が入って居るか居ないか、斯ういう御質疑であったと察するのであります。いい換へ《ママ》ますれば憲法と条約との関係であります。是は一言にして尽し難きものがあるのでありまして、条約というものは国際関係に於きまして非常なる深い価値を持って居ります。其の現れまする姿は必ずしも一つの姿ではありませぬ。憲法との関係に於きましては、其の条約の性質に照して如何に扱うかを慎重に考えなければならぬと思うのであります。いい換へ《ママ》ますれば憲法に対して制約を加える条約も亦《また》あり得るという考に基いて御説明を申し上げたのであります。それから第二の点と致しまして、国内法的に法律と条約とは並立的なものである、二者を調節致しまするに、所謂前法、後法の原理を以てして宜しいか、斯ういう御質疑でありました。此の点は従来迄の日本の実情に於きましても、稍々《やや》疑点はあるのでありまするが、多分は此の前法、後法の原理が当嵌まるという建前であったと思います。併《しか》しながら今回の憲法の下に於きまして条約は誠実に遵守することを必要とするという原則を示しました限り、其の考は変って行くのであって、条約の方に特別なる尊重を加へ《ママ》なければならぬと考えて居ります。尚第七十七条には条約という言葉が入って居ないがという御質疑でありました。是は先にも申しましたように条約というものの持って居る意義は、必ずしも一義的に、一つの意味に於て、効力の解決をすることが出来ませぬ。其の本質を顧みつつ適当なる国内法的の処置をしなければならぬのであります。結局条約は誠実に尊重するという言葉の適用となって宜しきを得る次第と考へ《ママ》ております。

そこで再びアメリカにおける裁判慣行にたちかえるが、わたくしは約一週間前にReed, Superintendent, District of Columbia Jail v. Covert. という事件の一九五七年六月一〇日の連邦最高裁判決を通読した。この判決によると、わたくしの前論文の結論中最高裁が条約を違憲とした実例はないという部分は、修正を要することになった。なぜならこの事件で最高裁は、基本的人権に関する連邦憲法の条項違反のゆえに国際協定の一部を無効としているからである。砂川上告事件に関連して国際法学者や憲法学者の公表した見解中にもアメリカの先例が援用されていたが、この判例を引いた人は一人もいなかったし、弁護側にもこの判例を有利に援用した人はなかったようであるので、この事件についての概要を書いて置くことが必要であると考えて、この一文を執筆することとした。

この判決では連邦最高裁は、イギリスで起こった事件と日本で起こった事件との二つの事件を併合して裁判している。この二つの事件というのは、左のごとくである。

### (一) イギリスの事件

カヴァート・クラリス夫人は、空軍基地で米空軍の軍曹であったその夫を殺した。カヴァート夫人は軍隊の一員でなかったが、当時夫と基地に同棲していた。そして同夫人は、軍事裁判統一法典(Uniform Code of Military Justice; UCMJ)第一一八条に定めた謀殺罪で米軍事裁判所(Court Martial)で裁判された。この裁判は空軍構成員の告発にもとづいて行なわれ、軍事裁判所は空軍の士官から構成されていた。軍事裁判所の同夫人にたいする裁判権は、統一軍事裁判法典第二条(11)の「米大陸の限界外の米国軍隊に服役し、雇われ、または随伴するすべての人」という条項にもとづくものであった。

同夫人の弁護人は、同夫人が夫を殺した際に精神異常であったと主張したが、軍事裁判所はこれを無視して、同夫人が謀殺罪を犯したものとして終身刑を言い渡した。この判決は空軍複審委員会で承認されたが、軍事上訴裁判所では、精神異常の抗弁についての事実審査に欠陥があるとの理由で破棄された。そして同夫人は、米本国のコロンビア準州の軍事裁判所で行なわれることになっていた再審理をうけるため米本土に抑留されていたのであったが、弁護人は、軍事裁判所が同夫人を審理することは連邦憲法の禁止するところであるとして、その釈放を求めるために連邦地方裁判所に人身保護令状の発給を求めた。連邦地方裁判所は文民は文民裁判を求むる権利があり、同夫人を軍事裁判所で裁判することはできないとして釈放を命じた。これにたいし米国政府は、連邦最高裁判所に飛躍上告を行なったのである。

㈡　日本の事件

ドロシー・スミス夫人は、陸軍士官たる夫の日本の在勤地で夫と同棲していたが、同地で夫を殺した。同夫人は軍事裁判所で謀殺罪として審理をうけた。そして精神異常について証拠が相当あったにかかわらず、有罪判決をうけ終身刑を言い渡された。そしてこの判決は、陸軍複審委員会および軍事上訴裁判所の承認を受けた。その後同夫人は米本国に送還されて、ウエスト・ヴァージニアの連邦監獄に監禁されていた。同夫人の父親は、ウエスト・ヴァージニアの連邦地方裁判所に人身保護令状の発給を求めた。

この訴えは、海外の軍人に随伴した文民たる家族を裁判する権能を軍事裁判所に与えた範囲において、統一軍事裁判法典第二条⑾は違憲であるから軍事裁判所には裁判権がなかったのだとの理由によるものであった。連邦地方裁判所は、この訴えを却下した。そして第四地区連邦控訴裁判所にたいする上訴が係属中、米国政府の請求に応じて最高裁は、この事件を最高裁に移送させた。

かくしてこの二つの事件は、最高裁に係属することとなったが、この二つの事件は、併合されて審理が行なわれることになった。そして一九五六年五月三日に弁論が行なわれ、同年六月一〇日に判決の言い渡しがあった。この判決では、連邦憲法第三条と第五および第六修正によれば、犯罪は大陪審（起訴陪審）の起訴があった後、陪審によって裁判されるように定められているが、これらの規定は、外国で犯した犯罪が外国におけるアメリカ政府によって裁判される場合には適用がない。そして連邦議会はその裁判手続が不当でなく、適正手続の原則に合致するかぎり、自由にこれら犯罪の裁判方法を定めることができる。そして現在行なわれている軍事裁判は、海外における軍隊の構成員の家族に適用された場合に不当または専断的なやり方ではないと判示した。この判決には、三人の判事が反対し、一人の判事は意見を留保した（351 U. S. 470, 487）。

この判決があった後、一九五六年一一月五日再審の請求が許可された（352 U. S. 901）。そして一九五七年二月二七日に再弁論が行なわれ、同年六月一〇日に判決が下だされた。そして、これによって、スミス夫人についても、カヴァート夫人についても軍事裁判所で裁判を行なうことは連邦憲法違反だとの判決が下だされ、前判決が廃棄されたのである（354 U. S. 1）。

連邦最高裁のこの判決は、六〇余の外国に駐兵を行ない、しかもなるべく軍務者の家族を同棲させる政策をとっているアメリカにとっては、相当な影響を及ぼすものであろう。もっとも、日本、英国その他NATO諸国についてはすでに行政協定の改訂が行なわれているから影響はない。熟慮の上こうした判決を最高裁が下だすに至った動機は、軍部の力が増大してくれば、文民の基本的人権が侵されて、民主主義そのものが危殆におちいる危険を歴史上の事例を想起しつつ、つよく感じたからである。軍事裁判所の裁判権に制約を加えた主な動機がそこにあることは、判決中の所論のうちに明白にあらわれている。

海外におけるシビリアンたる米人にたいし、連邦憲法の陪審裁判の保障が適用されるのかどうかについては、かつて日本における領事裁判に関連して、また新領土ハワイ、フィリピンにおける裁判方法に関連して最高裁で問題となったことがあった。そしてこれらの場合には否定的に解釈されたのであったが（前掲「司法権の優位」（昭和三三年版）三三七ページ註一一註一二参照）、現在の新しい国際情勢の下でことなった姿でおなじ問題が提起されてきたわけである。そして現在では、各国駐留米軍の裁判方法を中心としておなじ陪審裁判保障の問題が提起され、連邦最高裁は前の場合とはことなり、陪審裁判の憲法上の保障をシビリアンたる軍人の妻の裁判について、これらの先例に従わなかったところに意味があるわけである。

この判決は、ブラック判事が言い渡したが、ブラックの意見（判決理由）には、首席判事とダグラス判事とブレナン判事とが同意している。この意見では、左の四点について論じている。

(一) 米国が在外市民に対し行動する場合には第三条第二項、第五および第六修正をふくむ連邦憲法の定めたすべての制約をうける（五―一四ページ）。

(二) 統一軍事裁判法典第二条(11)の規定中、外国における軍隊に随伴する文民たる家族の裁判に関する部分は、それらの国々との国際協定による米国の義務を実施するに「必要かつ適当」な立法としてこれを支持することはできない。なぜなら、外国とのいかなる協定も、連邦議会またはその他の政府部門に、憲法の制約をうけないような自由な権能を与えているものではないからである（一五―一九ページ）。

(三) 連邦憲法第一条第八項(14)の「陸軍海軍の統轄及規律について規則を設ける」連邦議会の権能の規定を「必要適当」条項と関連させて見た場合、連邦議会の権能は文民には及ばないとすべきである。たとえ、その者が軍事基地で軍務者と同棲する家族であっても、そうである（一九―四〇ページ）。

(四) 連邦憲法の下では司法裁判所だけが、合衆国にたいする犯罪について文民を裁判する権能を与えられている。

フランクフルター判事は、判決の結果について右四判事と同調するが、それは本件のような死刑に該当する犯罪だけにかぎり、かつこれは平時に限るという条件をつけて右四判事の意見に同調する。ハーラン判事も、フランクフルター判事の意見と大体同じである。なおこの判決について、二人の判事が反対意見を書いている。しかしこれはいずれも、軍務者に随伴する家族に関する統一軍事裁判法典の右の規定が合憲であるとするにあるので、この規定の基礎となる条約の違憲性の問題にはふれていないし、またふれる必要もなかったのである。

そこで多数意見の国際条約の違憲性に関する部分、つまり右の(二)の部分をかえりみることにしよう。この点について多数意見は、大体次のように論法を進める。——

カヴァート夫人が犯したとされる謀殺の行なわれた当時、米英両国間にアメリカ軍務者およびその家族の犯した罪について米国が専属裁判権を行使することを定めた行政協定が効力をもっていた。また米国側は、これらの軍事裁判所がこれらの人たちのイギリス法にたいするすべての犯罪を審理処罪することを約束していた。スミス夫人がその夫を殺した当時の日本の事態も、大体同様であった。軍事裁判所は、被告人に陪審裁判その他権利章典の保護を与えてはいない。しかし米国政府の主張によれば、統一軍事裁判法典第二条(11)は、英国及び日本における軍隊に随伴する家族の軍事裁判の規定に関する部分についでは、これらの国との国際協定上の義務を実施する必要かつ適当な立法として支持できるというのである。この主張にたいする明白かつ決定的な答えは、外国とのいかなる協約も、連邦議会またはいかなる政府機関にたいしても連邦憲法の制約をうけないような権能を与えてはいないということであって、これはいうまでもないところである。

連邦憲法第六条の最高法規条項は、「この憲法これに準拠して制定された合衆国の法律、および合衆国の権能をもってすでに締結され又は将来締結さるべきすべての条約は国の最高法規である」と宣明する。この条項の字句のうちには、条約または条約に準拠して制定された法律が連邦憲法の条項に従わないでもよいということを暗示するような何物も存しない。また連邦憲法の起草または承認の際の討議中にも、かかる結果を示唆する何物も存しない。これらの討議および第六条の条約条項の採択をめぐる歴史に照らせば、条約が憲法に〝準拠して〟締結された条約に限定されなかった理由は、連合規約（Articles of Confederation）の下に米国の締結した革命戦争終了のための重要な平和条約をふくむ諸条約の効力を存続せしめるためであった〔4・Farrand, Records of the Federal Convention（rev. ed. 1937）123〕。第六条を連邦憲法上の禁止を守らずに米国政府が国際条約の下に権能を行使することを認めたのだと解釈することは連邦憲法を創定した人たち、ならびに権利章典を置くことにした人たちの目標に反するものであり、またわが憲法の歴史と伝統の精神に反するものである〔3 Elliot's Debates（1836 ed.）500-19 に記載された憲法採択のためのヴァージニア会議の討議参照〕。

かかる解釈は、実際上第五条の認めない方法で憲法の修正を許すこととなるであろう。連邦憲法の禁止は連邦政府のすべての部門に適用する趣旨であって、行政府または行政府と立法府と共同してもこれを無効にすることはできぬのである。

われわれがここで説いていることは、新奇なものでも、われわれ独自の見解でもない。本裁判所は、いつもかかわらずに連邦憲法の条約にたいする優位を認めてきたのである（たとえば United States v. Minnesota, 270 U. S. 181, 207-208; Holden v. Joy, 17 Wall. 211, 242-243; The Cherokee Tobdacco, 11 Wall. 616, 620-621; Doe v. Braden, 16 How. 635, 657 なお Marbury v. Madison Cranch 131, 176-180 参照。われわれ

は、本事件では行政協定が問題であることはみとめるが、行政協定が条約以上のものだと主張することはできない）。たとえばGeofrey v. Riggars, 133 U. S. 258, 267では、次のように宣明している。

「連邦憲法の規定する条約権能は政府又はその部局の行為にたいして右文章中の制約および連邦政府および州の性質から生ずる制約によるものを除いては、字句上無制約である。しかし憲法の禁止していること、政府の性質または州の一つの性質の変更、州の同意なくしてその領土の一部を譲渡する権能をもつものという程度まで及んでいるとは主張されないであろう」。

本裁判所は、憲法に合致せねばならない連邦法律は条約と完全に同格であり、後の法律が条約に矛盾するときは、その矛盾する範囲で、条約を無効ならしめるものであるという立場をくりかえしとって来ている（Whitney v. Robertson, 124 U. S. 190で裁判所は一九四ページに「連邦憲法では条約は立法行為と同位にあり、そして同じ拘束力をもつものとされている。両者共に右文書では国の最高法規であることが宣明されている。その一つに他よりもすぐれた効力を与えていない。……両者が矛盾している場合には後のものが他を抑制する……」Hard Money Cases, 112 U. S. 580; Botiller v. Dominguez, 120 U. S. 238; Chae Chang Ping v. United States 130 U. S. 581. なおClark v. Allen, 331 U. S. 503, 510-; Moser v. United States 34 U. S. 41, 45参照）。連邦憲法に合致せねばならぬ連邦法律によって、条約は無効ならしめるのに、条約は憲法に合致しないでもよいというのは、異常な論法である。

ここでとられたわれわれの立場は、Missouri v. Holland 252 U. S. 416に反するものではない。右ホランド事件では裁判所は、当該条約は憲法の特定条項と両立しないものではないことを注意ぶかく指摘している。裁判所は、連邦政府に委任されない権能が州及び人民に保留されていることを定めた第一〇修正に着眼していたのである。米国政府が有効に締結しうる範囲内で、人民と州はその権能を連邦政府に委任したので、第一〇修正はなんらその妨害とならないのである。

これは要するに、スミス夫人およびカヴァート夫人の裁判には連邦憲法全部が適用されるのである。かれらの裁判された軍事裁判所は、第三条第二項または第五および第六修正の要件に合致しない。そこでさらに、連邦憲法のうちに海外の軍務者に随伴する家族の軍事裁判を認める根拠があるかどうかを決定する必要がある。

以上が連邦最高裁のこの行政協定の一部を無効とした理由の主な部分である。最高裁はさらに進んで、連邦憲法第一条第八項(8)をとりあげて論じ、この条項は文民たる家族に及ぶものでないことを説くのであるが、これはここには省略する。

以上が条約の違憲審査に関する最高裁の多数意見であるが、これについてここに若干のコメントを加える。

(一) 多数意見について、二人の判事は判決の結果には同意しつつ、死刑に該当する罪、平時であることという二つの条件をつけている。つまり、判決理由について、四人の判事と二人の判事について差異がみられるわけである。こうしたことは、判例についてしばしば見られるところである。そしてこの場合のレイシオ・デシデンダイ(判決の理由)として判例拘束性をもつのはなにかという問題が起こるが、この場合には、二人の判事の狭い解釈の限度においてのみ判例拘束性があるとすべきであろう。もっともこのことは、行政協定の一部違憲を宣明したという事実にはなんら影響しない。

(二) この判決は、直接に行政協定自体を無効としたのではなく、直接にはこの協定に準拠して制定された連邦法律たる統一軍事裁判法典の一部を違憲としたのであるが、間接に条約を違憲とした型のものである。この型については、前掲「司法権の優位」（昭和三三年版二二三ページ）を参照。直接に条約自体を違憲とした判例のみならず、間接に条約を違憲とした最高裁の判例も、従来はなかったのである。

㈢　この事件の犯罪が行なわれた当時の米英および日米間の行政協定は、今では効力を失っている。米英および日米間の現行行政協定は、一九五一年六月一五日ロンドンで署名された「軍隊の地位に関する北大西洋条約当事者間の協定」の線に添って改正されている。この点について右最高裁意見の（註二九）には、左のごとき記述がある。

「英国の事件の基礎となったのは一九四二年七月二七日の行政協定である（57 Stat. 1193）。現在における英国その他の北大西洋条約機構加盟国ならびに日本に行なわれている協定は「ナト」の軍隊の地位に関する協定（NATO Status of Forces Agreement, 4 U. S. Treaties and Other International Agreements 1792, T. I. A. S. 2846）である。これは明文上外国及び米国の法律を犯した罪について、アメリカ軍務者に随伴する家族を審判する第一次的な裁判権を外国に与えている（Art. VII）。外国はその法律のみを犯した罪について専属裁判権をもっている。しかし右協定は外国はこの協定の下にその裁判所で審判される米国人について手続上の保障を定めている（Art. VII）。

右の協定とこれに類似する協定および一定種類のアメリカ人を別にすれば、外国はその領土内でその法律に反して罪を犯したすべてのアメリカ人――旅行者、居住者、営業者、政府の被傭者等について完全な裁判権をもつのは勿論である」。

わが日米行政協定の該当条文は第一七条であるが、米軍務者の家族たる妻が日本でその夫を殺した場合には、妻は軍属（Civilian Component）には入らないから、米軍事裁判所は第一七条(3)(a)にもとづく第一次の裁判権をもたず、(3)(a)によって、日本の当局が第一次の裁判権を行使する権利をもつことになる。したがって、現行の日米行政協定は、右の判例からいっても連邦憲法違反とはならないであろう。

四　いわゆる〃ブリッカー修正〃を中心とした最近における条約と憲法との関係に関する活発な論争（前掲「司法権の優位」（昭和三三年版）、三六二―三六七ページ参照）の動きを注視していたアメリカ研究者にとって、この多数意見はふかい含蓄をもつものである。

連邦憲法第六条の最高法規の規定の司法的解釈の結果に照らして、条約は連邦法律とひとしく州法に優位するということは、明白である。このことは、一七九六年の最高裁の判例で確立されたふるい法理であり、またこの法理は、狭義の〃条約〃だけでなく、行政協定についても同様であることが最近の判例できまっている（「司法権の優位」（昭和三三年版）四五〇ページにふれたリトヴィーノフ・アサイメントを中心とする判例参照）。

しかし、条約と連邦法律との関係については、両者は同格のものと裁判所によって解釈されていた。つまり条約で連邦法律を変更廃止することができる。また連邦法律で条約を変更廃止することも可能であって、この場合裁判所は連邦法律に従わねばならないのである。つまり連邦議会は、法律的には条約を実施する義務はない。むろん道徳的には条約を遵守することが一般には必要であるとされるが、特殊の場合に条約を守らないことがより道徳的であるような場合には条約に従わないでもよいというふうに考えられているわけである。むろんこれは、国内法だけの話しで、国際責任の問題は別である。

条約といっても、すべての条約が自動的に国内法として裁判所を拘束するものではなく、ある条約は連邦法律の制定をまって初めて裁判所を拘束する。このことをアメリカの法律家は、条約が「セルフ・

エグゼキュティヴ」でない場合には条約施行のための連邦法律を必要とするという。そして条約がセルフ・エグゼキュティヴであるかどうかは、裁判所による条約の解釈によって決定されるのである。この点ではイギリスの法理とアメリカの法理とが大いにことなる。イギリスでは条約が直ちに国内法的効力をもつものでなく、国内法的効力はつねに国会法律の制定によって発生するのである。つまりイギリス法では「セルフ・エグゼキュティヴ」な条約というものはないのである。日本は、明治憲法の下でもイギリスとことなり、アメリカのように「セルフ・エグゼキュティヴ」の条約を認めていた。そして現行憲法の下でもそうである。

そこで再び多数意見にかえるが、裁判所はミズーリ対ホランド事件とを区別し、ホランド事件の法理にこの判決が影響を与えるものでないことを明らかにしている。このホームズ判事が判決を言い渡した有名な事件について、一応説明して置くと、一九一三年連邦議会は州の内部で渡り鳥を殺すことに規制を加える法律を制定した。ところが連邦下級裁判所は、渡り鳥は州の所有に属するので、この連邦議会の法律は州の権限を侵犯することになるから違憲であると判決した。そこで連邦政府は英国と条約を結んで、両国は米国とカナダについて一定の禁猟期間を定めて、それぞれの立法府にこの条約を実施するために必要な措置をとらしめることを約束した。そして一九一八年連邦議会は、この条約を実施するための法律を制定した。最高裁は、連邦議会が単独に制定しえない権能を条約があるからといって、州権侵犯の権能を行使することはできないという主張を排斥して、連邦議会だけでは規正できぬことも条約にもとづく連邦法律で規正できると判決したのである。

この最高裁の判決は最近にいたって、連邦権限を定めた連邦憲法を憲法改正手続によらずして条約で改正することになるという非難を浴びていた。たとえば各州の労働条件の規律権は各州に属するのに、連邦は条約をむすぶことによって州権を侵犯する可能性をみとめるものだといって、州権論者はこの判例を攻撃していたのである。しかし、この判例は、条約と州法とに関する十八世紀以来の判例法に従っただけである。そして、ホームズは、この条約が連邦憲法の特定条項に反するものでないことを指摘しているのである。本件では、条約締結権は無制約的なものでなく、連邦憲法の禁止規定の制約の下に立つことを条件として、ホランド事件の法理を支持し、条約の州法にたいする優位を支持しているわけである。

最高法規に関する連邦憲法第六条中、連邦法律については「憲法に準拠して」という文句がつかわれているが、条約についてはこの字句がないので、条約については憲法に準拠しないでもよいのではないかという疑いが文理上起こっていたが、最高裁は、なぜ、条約の場合「憲法に準拠して」の文句がつかわれなかったかを歴史的に解明し、また連邦憲法制定当時の討議を援用しつつ条約締結権もまた連邦憲法の制約に服するものであることを宣明している。そしてこの法理は、行政協定についても同じであることを判示しているのである。この部分の最高裁解説をわたくしは極めて興味ぶかく読んだ。

話しが大分長くなったが、本稿の主たる目的は、アメリカの最高裁が条約を違憲とした実例ができたということを、わが法律家に知らせ、あわせて日本国憲法の解釈として、第八一条の文理解釈から条約については裁判所に違憲審査権なしという〝明快な〟解釈は妥当でないことを示唆するにある。

将来多くの条約や行政協定が結ばれるであろう。そしてそのうちには、明白に憲法の基本的人権侵犯となるような条項をふくむことを政府も国会も気づかなかったということも起こるであろう。このような場合、条約をこうした条項について無効とすることは裁判所の責任でもあり、またそうした判定をするのには具体的事案ととっくむ裁判所がもっとも適任であるといえるであろう。また裁判所による条約の違憲審査権の存在が、国会と政府が条約を結ぶに当たって各条項が基本的人権に反しないかをこまかく検討するという作用を生むことにもなるであろう。

むろん条約と国際法の尊重は日本国憲法の根本原則であるから、条約と法律との関係についてアメリカの判例法の同位説に従うよりも、条約は法律に優位するという解釈の方が妥当であると思う。この点、右に引用した金森国務大臣の答弁は正しいと思う。しかし条約と憲法との関係については、憲法優位説が現在の世界の構成と各国の態度を背景として考察する以上正しい解釈であると思う。そして条約の合憲性について一般原則としては裁判所に審査権ありとすべきであろう。ただ例外的に、政治性のつよい条約について〝統治行為〟とか〝政治的問題〟とかの考え方にもとづいて政治的部局、つまり政府と国会を最終の判定者とすることも許されるであろう。

金森国務大臣の条約の司法的違憲審査権に関する答弁は、きわめてあいまいだが、あるいはこの〝政治的問題〟を考えていたのかも知れない。安保条約の合憲性がそうした〝政治的問題〟として取り扱われるべきかどうかは、最高裁がきめる法理的であるよりもむしろ司法政策的問題である。むろん〝政治的問題〟の採用は〝法の支配〟の制限を意味することもわすれてはならない。（昭三四・一一）

## 六　砂川最高裁判決の批判

砂川判決の中心問題は、安保条約が憲法九条違反かどうかの点にある。そして最高裁は九条は自衛のために有効適切な措置をとることを禁止するものではないから、政府および国会によって自衛措置として締結された安保条約は合憲である。したがって安保条約が違憲であるという前提のもとになされた伊達判決は破棄を免れないとする。本件の中心問題にたいする右のような結論はすべての裁判官の一致した判断であるといえる。

政治的見地から、このような結論をこのまない一部の人達は、この判決には政府の圧力が加わったとか、保守党政府によって任命された裁判官の判決だから、こういう結論になったとか、あるいはまた、これは老人にふさわしい判決だとかいって、いろいろの無責任な悪声をはなって、最高裁への国民の信頼を傷つけるようなことをやっている。しかし、わたくしは多数意見、補足意見を冷静に熟読してみて、そうした悪声を基礎づける証拠は全くなく、右のような結論に関するかぎり、最高裁が真剣に憲法前文、九条の規定の本質ととっくんでえられた結論であると思っている。また、それと同時に、第一審の伊達判決もやはり真面目に提出された問題ととっくんでえられた判決で、政治的偏向によってゆがめられた判決だとは考えていない。伊達判事の進退問題を口にすることは、司法の何ものたるかを理解せざる人の言葉であると思う。

自己の政治観からこのましい国家の決定にたいして喝采を送り、このましからざる決定にたいして悪声をあびせるということは、政府や国会などいわゆる政治部門の決定にたいしては当然な政治的過程であるとしても、政党政治を越え公正かつ慎重に憲法を解釈することを国民から信託された裁判所の判決にたいしては、なすべきではない。行政府や国会の行動と裁判所の判決とを同視して、政治的見地から非難をあびせることは、素朴なデマゴギーであって、日本国憲法下の民主主義の精神にそわない行為である。国民は日本国憲法によって憲法の最終の解釈権を与えられた最高裁の判決を尊重することが、憲法を擁護するゆえんであることを思い、デマゴギーに迷わされてはならない。九条の解釈について、また九条と安保条約との関連について学界にもいろいろの議論があり、また検察側と弁護側から、それぞれそれらの議論が提出され、最高裁はそれぞれの言い分を十分きいたうえで、憲法上のアンパイヤとして最終の判定をくだしたのであるから、国民がその判定を尊重することが憲法の趣旨であることは明らかである。これを尊重しないで誰が憲法の解釈について判定しようというのか、主権者たる国民だというのか。

〝憲法の番人は国民である〟ということがいわれる。これは行政府とか国会とかの行動が憲法に違反せぬようたえず国民が監視せねばならぬという意味では全面的に真理であってそれが民主主義の要請である。しかし、この標語が最高裁の判決に関連してつかわれる場合には最高裁の判決に政治的に不満なものはこれを尊重しないでもよいというふくみをもつことになる。〝国民〟のうちの誰に最終解釈権を与えんとするのか。国民のうちにもいろいろの考えがある。憲法学者のあいだでも意見が対立する。そのうち、どの学者の意見を正しいとするのか、あるいはいつまでも最終解釈は放置して置いた方がよいというのか。むろん法律にせよ、憲法にせよ、国民の大多数が最高裁によって解釈された法律または憲法そのものが不当であるとする場合、その改正を行ないうることはもちろんである。それは国民主権の原理に合致する。しかし、それはどこまでも合法的な手続、つまり選挙をとおして行なうべきである。英人が大陸式なまたアメリカ式な〝国民主権〟という抽象的な表現をこのまず、政治的主権は〝選挙民〟(electorate)にあるというのは、この合法的な民主主義を尊重するからである。こうした正式の改正が行なわれるまでは、どこまでも国民は、最高裁の解釈を尊重すべきである。国民が最終の憲法の番人であるから、最高裁の憲法解釈を無視してもよいという理論は、日本国憲法下の民主主義原理に反するものである。一面、この理論は、国民大多数の支持をえている政府と国会が裁判所の解釈を無視して、政治的にこのましい勝手な解釈をとるための理論ともなり、他面、最高裁の判決にたいする政治的レジスタンスの運動の理論ともなる。後者は革命の理論ではあっても、日本国憲法を守る理論ではない。また日本国憲法では最高裁裁判官について国民審査の制度があるが、この制度が政党政治家によって利用されることは、司法権独立にとって最大の危険である。たとえば社会党が最高裁の九条解釈は、自らの政治的見解のうえからこのましくないという理由で、最高裁判事全員を罷免すべしといった運動をおこし、これに対抗するために、保守政党がこれとは逆の運動を組織的に行なったとすれば、それは結局、裁判官が政党的にふるまうことを要請するものであり、裁判所自身が内部的に政党対立を来たす危険を包蔵する。司法権の独立は、これとともに消失する。国民は果たしてそうした政党化された最高裁を要望するのであろうか。しかし、かくいうことによって、最高裁がその結論に到達した理由をうのみにすべしというわけではない。最高裁の判決理由は法理論的なものであり、これらにつき学者も有識者も十分に批判的に考察することが最高裁の将来のためにも大いに望ましいことである。

この判決が自衛隊の合憲性の問題をふくめて、九条の解釈を全面的に明らかにしていないので、自衛隊の合憲性の問題が久しいあいだ国民の関心となっていた関係上、世人の期待にそわなかったというつよい批判が行なわれた。こうした批判にさらに輪をかけて、これは〝最高裁の怠慢〟であるから、この怠慢の理由で国民審査の際、全員が罷免されるよう投票するといった勇敢な意見も現われた。しかし、最高裁が自衛隊の合憲性にふれなかったのは裁判所は当該事件だけについて判断し、なるべくそれ以外には及ばないようにするというプラグマティックな心理にもとづく司法的慣習によるもので、これは日本の裁判所に限る態度ではない。この点は、あらゆる問題について理論的解明を試みんとするアカデミックの法学者の態度とことなるところである。したがってこの点で最高裁を非難するのは当らない。この点について奥野健一、高橋潔両裁判官の「意見」の終りに〃なお、憲法九条が自衛のためのわが国自らの戦力の保持をも禁じた趣旨のものであるか否かの点は、上告趣意書の直接論旨として争っているものとは認められないのみならず、本件事案の解決には必要でないと認められるから、この点についてはいまここで判断を示さない〃といっているが、これは全裁判官の態度を示すものというべきであろう。しかし、また自衛隊の合憲性の問題をふくむ事件と本件とが同時に上告されていて両者について同時に判断をせまられていたら、判決の理由も、もっとすっきりしたものになっていたと思われる。

自衛のために、日本が戦力の保持ができるかどうかについて、最高裁が判断を留保したために、九条二項が〃戦力の保持を禁止したのは、わが国が主体となって指揮権、管理権を行使しうる戦力をいうのであり、外国の軍隊はたとえ、それがわが国に駐在するとしても、ここにいう戦力には該当しないと解すべきである〃（多数意見）として、九条二項の文理解釈をとくに強調する必要があったのであろう。この文理解釈には各裁判官とも異論を示していない。ただ田中裁判官が〃従ってその「駐留」が同条二項の戦力の「保持」の概念にふくまれるかどうかは――我々はふくまれないと解する――むしろ本質に関係のない事柄に属すると解する〃という若干批判的とも解せられるコンメントがあるだけである。なるほど文理解釈からいえば、たしかに米軍は日本の戦力でないといえるが、自衛のためにも日本国家は戦力を保持できぬ、つまり九条は完全非武装主義を定めたものという前提をとる人から見ると、日本も戦力をもてぬことを国是とするのだから、外国の軍隊の駐在を認むべきでないことも当然だ、といわゆる〃文理解釈〃をとることも可能である。自衛のためなら日本も戦力を保持しうる。またそれで足らなければ米軍に駐留してもらうこともできるのだといえば、何人にもわかる明瞭な論理となるが、前者についての判断を留保し、戦力の保持の文理解釈から九条二項が米軍には適用しないという形式的解釈は何んとなくすっきりしないとの印象を、とくに非法律家には与えるのも無理のないところかと思われる。

しからば、将来、自衛隊法の合憲性が最高裁で問題となった場合、最高裁はどう判決するであろうか、の予測をこの判決の理由から推測できるか。最高裁は〃もちろんこれによりわが国が主権国として持つ固有の自衛権は何ら否定されたものでなく、わが憲法の平和主義は無防備、無抵抗を定めたものではない〃(多数意見)といい、また〃自衛権は急迫不正の侵害に対しやむをえざる場合、わが国自らこれを行使し得ることは当然であって、若しその行使が禁止されているとするならば、自衛権を以て無内容とし単なる画餅とするに外ならぬ、わが国自ら行使しうるものとする以上はこれに即応する有効適切なる手段を持ちうるものとすべき結論に到達する……右防衛手段として原始的或は粗笨なる武器に類するものの名を挙げ、かかる器具のみは機に臨み、変に応じ国民それぞれの工夫において、その使用を許さる如く論ずる者もないではないけれども、事態にかんがみれば、かくの如き方法は国家の為の防衛手段中に算える価値があるとは考えられない。されば自衛権行使のため有効適切なる手段を国家が予め組織整備することも又法的に可能であるとせざるを得ない〃(石坂修一裁判官)とある。これらは自衛隊の合憲性をつよく示唆するものである。そして各裁判官もこれに反するような意見は少しも発表していないのである。

したがって最高裁が、自衛隊が真の自衛のためのもので侵略のものでないかぎり合憲であると判断するであろうとの予測は九〇パーセントあたっているといえるであろう。

多数意見が多くの読者に失望を与えた一つの要素は〝統治行為〟の名のもとに安保条約の合憲性の司法審査権を否定したところである。アメリカにおける司法的憲法保障制の歴史を研究した専門法律家は、いわゆる〝政治的問題〟の理論が一七九六年の Ware v. Hylton, 3 Dall. 199 以来とくに外交関係に関する事件について、しばしば米最高裁によってつかわれたことも知っている。それがつかわれた多くの事件では、その妥当性を認めうるのであるが、久しいあいだ米最高裁では基本的人権侵犯が問題となる場合には、審査権を行使する方針をとってきたのであったが、一九三七年以後の最高裁が人権侵犯問題となっている法律について、この理論を採用しないでも、容易に政治部門の行為を合憲としうるような場合でも、この理論を採用する傾向のあることが、つよく批判されていることを知っているであろう。〔Colgrave v. Green, 328 U. S. 549〔1946〕; South v. Peters, 339 U. S. 276〔1950〕; Vanderbilt, The Doctrine of the Separation of Powers and its present Significance〔1953〕P. 138 なお、この点について、わたくしは「司法権優位《ママ》」（増訂版）四五三ページ以下でふれておいた〕。この批判は、最高裁が法の支配の原理を不必要に狭くするという考えと、合憲性判定の責任を政治部門に転化せんとする態度と解せられるからである。もっとも、〝条約〟については最高裁は古くから合憲性の審査権ありとの態度をとってきて、それが〝高度の政治性〟をもつという理由で審査権なしとしたことはない。もっともその審査にあたってなるべく条約が憲法に違反せざるものと解釈する傾向はつよく、最高裁が条約を直接または間接に憲法違反とした事例はなかったが、最近、日米安保条約のもとにおける行政協定およびこれと同様な米英間の行政協定のある条項を連邦憲法違反としたことは、前述の〃条約の違憲性〃のもとに詳説したとおりである。

本件では、最高裁が九条について自衛のため有効適切な措置をとりうるという解釈をとる以上、安保条約は、合憲だとの結論に容易に到達しうるので、わざわざ〃統治行為〃の理論をもち出す必要のない事件のようである。法の支配を制約するこの理論を不必要にもち出すことにより、最高裁は合憲性判定の責任を政治部門に転化したとの印象を与えるのみでなく、政治的に重要な通常の法律、たとえば自衛隊法についても合憲性判定の責任は政治部門にあるとして、政治部門の行為にたいする憲法上の司法的監視の責任をつくさず、結局、違憲審査制を骨抜きにしてしまうのではないかとの印象をつよく与えることになる。この点で、この理論の採用には多くの裁判官が〃補足意見〃または〃意見〃のうちで、反対または疑いを表示しているのはもっともである。この点からとくに奥野、高橋両判事の「意見」は、結論は同じでも、理由づけは多数意見よりもすっきりしている。

多数意見が統治行為理論を安保条約についてつかったことは、条約についてこの理論をつかわないアメリカ最高裁の先例に反するばかりでなく、多数意見の展開した統治行為理論が、アメリカにおける〃政治的問題〃の理論とは異なった一種独自のものであるばかりでなく、それはすこぶる了解に苦しむ種類のものである。「その内容が違憲なりや否やの法的判断は、その条約を締結した内閣およびこれを承認した国会の高度の政治的ないし自由裁量的判断と表裏をなす点がすくなくない。それ故、右違憲なりや否やの法的判断は、純司法的機能をその使命とする司法裁判所の審査には原則としてなじまない性質のものであり、従って、一見極めて明白に違憲無効であると認められない限りは、裁判所の司法的審査権の範囲外のもの」とするのである。この多数意見の理論について奥野、高橋両裁判官は〝条約には裁判所の違憲審査権は及ばないだろうという意見と本件安保条約は統治行為に属するから審査権がないという意見とを最大公約数的に包括したもの〟であるという。これは両裁判官の指摘するように〝論理の一貫性を欠く〟基準である。この基準にしたがって伊達判決をかえりみると、同判決は、自衛のためにも戦力はもてないとの無防備主義を定めたものとの九条解釈を正しいと考えたので、この前提に立つかぎり、安保条約は〝一見きわめて明白〟な違憲のものであるともいえる。したがって司法審査権の範囲に属するのであったといえないこともない。そうすれば多数意見の基準にしたがえば安保条約は高度の政治性をもつ統治行為ではあっても、この理由で違憲審査権の範囲を越えた判決とはいえないことになるのではないか。むしろ伊達判決の破棄を免れない理由は、九条の解釈そのものを誤った点にあるので司法的審査権の範囲を越えた点にあるのではないとすべきではないか。

多数意見は、「一見極めて明白に違憲無効」であるかどうかについて実質的審査を行ない、そうは認められないと判断し、原則に立ちかえってその合憲性の判断は裁判所の司法審査権の範囲外だとして、刑特法が三一条違反であるかどうかの問題には立ち入らないという態度を示したように見える。もしそうだとすると、この態度には疑問の余地がある。安保条約の合憲性については、政治部内の合憲判定に従うとしても、安保条約の合憲性のマントルが、それにもとづいて制定された行政協定、また行政協定にもとづいて制定された刑特法その他あらゆる法律をも覆うものと考えるのはどういうものか。米最高裁が安保条約の合憲性には疑いをいれずに、しかもなお行政協定の一部を連邦憲法違反と判断したとおなじような態度をとる方が正しいのではないか。つまり最高裁が具体的事実を取り扱う場合〝一見極めて明白〟でないそして政治部門の気づかなかったような〝かくれた違憲〟が潜んでいるかを審査して、潜在的違憲ある場合にはその部分を違憲としてもよいのではないか。この点で垂水克己裁判官の補足意見が、刑特法第二条は三一条についての二つの学説のいずれをとるにしても、これに違反しないという点を補足して詳説したことは正しい態度であると思われる。

田中耕太郎裁判官の補足意見中第一点の既成事実の尊重を高調している点は、多くの人に不安の念を起こさせているようである。それは政府は既成事実をつみかさねて、九条を骨抜きにしているという見方が相当ひろく懐かれていることを背景とすれば、このショックは理解しうるところである。わたくしは、こうした理論をとくにもち出して読む人にこうしたショックを与える必要があるのかを疑う。

違憲審査制の本質論から考察してみても、ある法律が制定されると、その法律を基礎として多くの既成事実がきづ《ママ》かれることが多い、したがってその法律が違憲と判決される場合には、これらの既成事実がくずされていって、法的安定性をきずつけることが多い。そこで違憲判決の効果の問題について、理論的に当初無効とするか、あるいは合宜的に判決のときから無効とするのかむずかしい問題があり、違憲法律にもとづく既成事実の取扱いについて、アメリカの判例は区々となっている。この消息について、わたくしは「司法権の優位」(増訂版一九一ページないし二一〇ページ)のうちに詳細に検討した。しかしある法律のもとに既成事実ができている場合に、法的安定性の見地からその法律の合憲性の問題に立ち入ってはならないので、裁判官はその法律をそのまま適用して法的安定性に奉仕すべしということになると、それは、違憲審査制そのものの否定の論理となるのであろう。したがって〝日米安保条約にもとづくアメリカ合衆国軍隊の駐留の合憲性の問題はかような事件の解決の前提問題として判断すべき性質のものではない。この問題と刑事特別法二条の効力とのあいだには全く関連がない。原判決がそこに関連があるかのように考えて、駐留を違憲とし、従って同法第二条を違憲無効なものと判断したことは失当であり原判決はこの一点だけでもって破棄を免れない〃という提言には了解にくるしむものがある。国内法的に無効な条約にもとづいて制定された法律もまた無効の立場から、弁護側が条約の違憲無効を主張し、検察側がこれを合憲と主張した場合、裁判所がこの争点について合憲または違憲の判決をしたからといって、こうした問題に立ち入ることは失当であるから破棄を免れないというのはどうであろう。この第一点にたいし石坂裁判官だけは、これに賛意を表示しているが、この点はどういうものであろう。

ついでながら田中裁判官の第二点中〃今日はもはや厳格な意味での自衛の観念は存在せず、自衛すなわち他衛、他衛すなわち自衛という関係があるのみである〃というエピグラマティックの表現は、今日の国際社会における連帯性の強化を示すものとして多大の真理をふくむと考える。とくに日米安保条約の背景をなす思想として妥当であろう。もっとも前段の〃厳格な意味の自衛の観念は存在せず〃ということは、やや誇張であろう。たとえば中立主義をとるインドが中共軍の国境侵犯にたいしとられた自衛措置は、むしろ〃厳格な意味の自衛〃というべきではなかろうか。したがってこれはむしろ後段のエピグラムを引きだすための修辞的表現として受けとらるべきであろう。

判決の理由については、いろいろの問題点があるが、この事件の基本的な問題は九条の解釈にあると思う。伊達判決の九条解釈は主として憲法の文理解釈にしたがって九条を解釈しているが、こうした解釈方法は従来の憲法学者大多数の九条解釈において見られるので、伊達判決の九条解釈は新しいものでなく、〃学界の通説〃にしたがったものだとも見られうる。しかるに最高裁の九条解釈の態度は文理解釈を越えて、国際情勢の社会学的考察を背景としつつ政治的識見に導かれた解釈であるといえる。つまり伊達判決も最高裁判決もいずれも良心的になされたにはちがいないが、憲法解釈の態度に差があり、結論を異にするに至ったのであろう。わたくしは、いくつかの論文で、九条の解釈について憲法解釈の態度が政治家的でならぬことを強調してきたことは読者の知るところであろう。したがって、最高裁の九条解釈の態度に敬意を表すものである。

奥野、高橋両裁判官はいう。〃元来法律の制定とか条約の締結の如き行為は、概ね国の重大政策に関する政治性の高い事項であり、従ってこれに対する違憲審査は当然に政治性の高い判断を必要とするものであるから、単に政治性が高いとか、国の重大政策に関する問題であるからというだけの理由で裁判所の違憲審査権が及ばないとすると、政治的問題となった重要法律等の多くは裁判所が違憲審査ができないこととなり云々〃。

これは違憲裁判の本質を理解した人の言葉である。また田中裁判官も憲法解釈の態度にふれ次のようにいう。〃我々はその解釈について争いが存する憲法九条二項をふくめて、同条全体を一方前文に宣明されたところの恒久平和と国際協調の理念からして、他方国際社会の現状ならびに将来の動向を洞察して解釈しなければならない。字句に拘泥しないところの、すなわち立法者が当初持っていた心理的意思でなく、その合理的意思にもとづくところの目的論的解釈方法はあらゆる法の解釈に共通な原理として一般的に認められているところである。そしてこのことはとくに憲法の解釈に関し強調されねばならない〃。

これは憲法解釈において文理解釈、歴史的解釈よりも、社会学的解釈、目的論的解釈がとられねばならぬとするカルドーゾ裁判官の態度やアメリカ最高裁の伝統的態度に照応し、わが国でも憲法解釈における最高裁の将来の指針とする価値あるものであると思う。

しかし、三権分立の概念を基礎とし、統治行為の理論をこの場合に採用して、これらは司法的審査になじむ《ママ》ものであるとの理由でこれらの行為を違憲審査権の範囲外に置かんとした多数意見、またとくに藤田八郎、入江俊郎両裁判官の補足意見のうちには、憲法解釈は政治学的識見をもってなされねばならぬという解釈態度にたいする消極的レジスタンスが見られると考えるのはひが目か。

とにかく、最高裁のこの判決を契機として違憲審査権の運用にあたる裁判官も弁護士も憲法学者も、マーシャル判事の〝われわれはわれわれの解釈せんとするのは憲法であることをわすれてはならない〟という古典的な言葉を中心として、じっくりと憲法解釈の態度について考えることが必要であるように思われる。

（昭三五・一）

# 第九章　選挙民権と政党政治の粛正

## 一　序・改憲、護憲論の複雑な内容

私は憲法調査会第三部会で〝選挙の公正を保障するための憲法上の機関〟について私案を発表した。（昭和三七・九・一一）そして私の構想を具体化するのには、憲法の改正が必要となることを説明した。翌日の各新聞に私見のあらましが報道された。従来憲法は今の法秩序の土台石となっているのだから、かるがるしく改正すべきでないことを説いていたわたくしが、〝改正論〟をしたというので、驚きの色を示す記事もあった。改憲是非が政争の具となっていたため、またさらにふかく、日本人には黒か白かと論理的に割切ることを好む性癖があるためと説く人もあるが、これはここに問わないとして、憲法問題についても〝改正論者〟と〝改正反対論者（護憲論者）〟ときっぱり二分することを好む傾向がある。しかし事実上は、改正論にも考え方にいろいろの型があって複雑なのである。

(一)

第一の型の改正論は現行憲法は占領中、いわゆるマッカーサー草案をモデルとして作られたものであるから、完全に日本国民の〝自由意志〟にもとづいたものといえない。日本の憲法は日本人の手で新たに自主的に起草さるべきであるとする、制立経過に最大の重点を置く改正論である。そこからいわゆる〝全面改正論〟が唱えられる。初めはいわゆる〝押しつけ憲法論〟が高唱されていた。しかし憲法調査会があらゆる角度から行なった詳細な事実調査の結果、(1)米本国政府の方針はポツダム宣言にもとづく日本民主化に必要な憲法改正は日本人自らの手で行なわしめるべきで、米国案のごときものを日本側に示してはならないというにあったこと。(2)マッカーサー草案が急速かつ極秘裡に作成され、これをモデルとして、政府案を作ることを日本政府に勧告したのは、当時の国際情勢にてらして、天皇制そのものが危かったことをマ元帥が見てとって、日本国民の大部分の要望であり、また幣原首相ら当時の為政者のつよくマ元帥に懇請した天皇制の保存を可能たらしめるには、松本案ではだめだと認め、至急に米本国その他の連合国の受け入れうるような形の天皇制をふくむ憲法案を日本政府が作ることが必要だとの考慮にもとづいたこと等々の事実が証拠によって明らかにされたので、〝押しつけ論〟の事実的根拠がぐらついてきた。

しかし、まだかかる事実を全然知らないで、今でも全国各地でひらかれた公聴会でも押しつけ論が時々聞かれた。そこでこの型の改正論者は一歩退いて、〝押しつけ〟ではなく、また、日本国民の要望に従って天皇制を残そうとしたマ元帥の好意を多とするが、日本国憲法は総司令部の監視の下にでき、かつその大部分マ草案の翻訳の形をとったことは（翻訳になったのは司令部でなく日本政府のきめたことではあっても）事実である。日本の憲法の成立過程にこのような外人の介入があったことは極めて遺憾であるから、日本人のみの手で新たに起草すべしとするやや緩和された形の自主憲法論が提唱されている。

この型の改正論について、外国の日本研究家のうちには、これはゼノフォビック（外国人ぎらい）な偏狭な愛国心にもとづくものと心理的解釈を行ない、またこの型の論法を使う政治家はこれによって、国民のあいだに改正の気運を高めようとする戦術（拙劣で逆効果を来たしているが）と批判しているものもある。それはともかくとして、この型の議論は国民の一部に案外つよく訴える力をもっていることは事実である。しかしこの型の改正論に反対する者も少なくない。日本国憲法の内容が米法律家の示唆によってできたというようなことは重要な問題ではない。その内容が現在及び将来の日本国民のために宜しいかどうかが、重要な問題であるとかれらは説く。私自身は後の考え方がより合理的であり、日本の将来を考える態度としてより正しいと考えている。

それなら、制定経過について、私がどう考えているのかと問われるなら、私はこう答える。当時総司令部と日本政府とは権力服従の関係にあり、憲法制定についても政府は総司令部の監督の下に行動していたのは誰も疑わない。それにもかかわらず、内容的に見ると、日本国憲法は日米合作の憲法であると私は評価している。私の評価の論拠をより具体的に説明すると、日本民主化のために共和制をとるか君主制を残すかは、アメリカ政府もどっちともきめていなかったし、連合国中にはつよい君主制廃止論があったが、この日本人にとって重要な問題については、日本政府の要請が認められて君主制を残している。ただ近代君主制の理論の先例に従って、天皇の地位は〝主権の存する日本国民の総意に基く〟ものとしたのである。つまりイギリスにおけるように、民主化された形で君主制そのものが残されたのである。また戦争放棄に関する第九条は、核兵器時代においては各国共戦争を放棄し、非武装化でいかなければ、人類は破滅することになるという幣原首相の見解にマ元帥が感激を覚え、その結果第九条が入ったものである。

米本国政府は日本政府案に第九条の如き規定のあることを発見して、むしろ驚いたのである。天皇制と第九条の問題は、日本国憲法中最も重要な点であると一般に考えられているが、この二つは日本側の要望をマ元帥が認めたのである。残る問題はポツダム宣言の要請した自由な民主主義の政治形態をどのように構成するかの技術的問題になるが、そこでは米法律家の着想が殆んど全面的にとり入れられている。しかしまたこの点でもマ草案は全然日本人に分からないような アメリカ式憲法の形式ではなく、大体明治憲法の編別に従いその内容が民主化されているだけである。またアメリカ式の大統領制によらないで、ヨーロッパ式のパーラメンタリズムをとっている。これは明治憲法下のわが政治家が熟知した制度であり、当時の〃護憲論者〃が実現せんと努力したものである。ただ人権の高調、違憲審査制、司法権の独立強化などの点には、アメリカ憲法の影響が強く表われている。右のような事実にてらして、私は日本国憲法は日米合作の憲法であると見ているのである。

第二の型の改正論は日本国憲法の実質的内容に向けられている。(1)現憲法のとった日本としては画期的な国民主権の思想そのものに挑戦して、再び明治憲法の天皇主権に立ちかえるよう改正すべきだというような改正論はきわめて少数である。明治憲法下で教育をうけた人にとってこれこそ〃国体〃に関する最大問題であり、従って感情的にはこの点に不満をいだく年輩の人達も相当にあろう。しかし改正論のうちに国民主権を天皇主権に改むべしという主張は、調査会の内部でも公聴会でも殆んどあらわれていない。(2)現憲法は自由主義的原理を高調することを特色とする。かくして国民の権利義務の章では、権利章典が明治憲法よりはるかに強く打ち出されている。しかしアメリカ憲法の古典的権利章典では、治者の消極的義務のみがかかげられているのにたいして、日本国憲法では治者の積極的義務が同時にかかげられているのは、二十世紀的な福祉国家的思想をも織り込んでいるのである。また人権は公共の福祉のためにのみ利用さるべきであるとして、人権を憲法で保障する主旨を明らかにし、この主旨を逸脱する自由と権利の濫用を戒めてもいる。また間接ではあるが国政上公共の福祉による人権の制約の必要をみとめる規定が置かれている。これらの規定もアメリカ憲法には見られないところである。そしてアメリカの憲法学者のうちには、福祉国家的志向をもつ規定や、公共の福祉に関する諸規定を成文憲法のうちに置くことに対し、きわめて批判的なものもある。

これらのことはしばらく置くとして、人権が現行憲法では、明治憲法よりもはるかにつよく保障されていることは疑いない。つまり治者の行動に対する制約がつよく規定されているわけである。この点に焦点を向ける改正論がある。つまり今の憲法は国民の権利のみを高唱しているが、もっと国民の義務を列挙して、権利と義務とのバランスのとれるように改正すべしというのである。しかしこの改正論に反対する人はこの論は近代成文憲法の目的と技術を理解せざるもので、義務規定を併記することは権利章典の色彩がよわめられることになるので不可であるとする。(3)国会は国の最高機関であるという字句を削除すべしとの改正論がある。これに対しては、この規定は〃規則〃ではなく、国民主権につらなる国会優位の〃原則〃を表明した大切な規定であり、これを改めるべきではないとする。

要するこの型の諸種の改正論に反対する人達は、その背後に、現行憲法の人権尊重、国会優位の自由民主主義の線をくずして明治憲法の行政府優位の方向にもっていこうとする政治的意図を感じ、いわゆる逆コースの改正論としてこれに反対しているのである。いわゆる〃護憲論者〃の改憲反対の焦点は主としてこの点にあるのである。

第三の型は主として法律学者から唱えられる〝理論〟的改正論である。この型の改正論の当否を考えるについては、成文憲法の書きぶり、つまり〝スタイル〟の問題に立入る必要がある。日本国憲法は一種独特なスタイルで書かれている。(1)十九世紀の古典的憲法は、基本的政治機構の構造と機能、国民と治者との関係だけをかかげた。一八三一年のベルギー憲法、一八七一年のビスマーク憲法、またわが明治憲法もこのスタイルで書かれている。これと異なって日本国憲法は、イデオロギー的色彩をつよく表面にうち出そうとする文体で書かれている。共産圏の諸憲法は共産主義的イデオロギーをつよく出しているし、アイルランド憲法はカトリック的イデオロギーを表面に打ち出しているように、日本国憲法には二十世紀的な自由な民主主義的イデオロギーをつよく打ち出している。つまり右または左の全体主義ないし独裁主義に行くことを抑制せんとする色彩が濃厚に表面に打ち出されているのである。この〝イデオロギー的プログラム的憲法〟とよばれうるスタイルは一九一七年のメキシコ憲法にさかのぼるが、二十世紀の諸憲法には多くみられるところである。(2)十九世紀の古典的憲法では前文に書くべきことと本文に書くべきことについて一定の法則が守られていたが、日本国憲法の本文に書かれている規範中には(a)例外のありうる〝原則〟、(b)固定的な〝規則〟、(c)内容の変化しうる伸縮性のある〝基準〟の外、前文に書かるべきものと考えられていた、直ちには実現しえないとしても為政者はこの目標に向かって努力すべき〝理想〟がふくまれている。これはアイルランド憲法や、インド憲法でも同じである。つまり日本国憲法を解釈せんとする人は、条文毎にそれが如何なる種類の規範であるかを一々判定しつつ解釈する必要があるのである。本文に書いてあることはすべて固定的な規則と考える法律家も未だ見うけるが、それではこの憲法の真の意味を読み違えることになる。(3)将来起こりうべきあらゆる場合に対する法的結論を含むような、つまりギャップのない〃完全法典〃を理想として書かれた憲法もあるが、日本国憲法は、多くの問題を将来の解決にゆだねるという態度で書かれている。つまり〃規則〃による憲法の固定的部分は最小限に止め、司法的・行政的・政治的経験によって処理すべき流動的な範囲を広くとっている。つまり純合理主義的でなく、経験主義的なフィロソフィを多分に含んだ憲法である。(4)日本国憲法は、学者的といわんよりは一般国民にアッピールするという政治家的な態度で書かれている。従って例えば基本的人権の重要性を訴えるために、リトリカルな表現を用い、また同じことをくり返すことを避けようとしていない。つまり憲法学者のための憲法というよりコモンマン、一般庶民に感銘を与えようとする態度で書かれている。右のようなスタイルの法典は、ドイツ式法典に慣らされた日本の法律家には異常なものを感ぜしめる。従ってこの日本国憲法のスタイルに不満を覚え〃理論〃的立場からの非常に多くの改正論があらわれている。尤もこの〃理論〃というのは、合理主義的なギャップのない完全法典の理想図を措定する〃理論〃であって、日本国憲法のフィロソフィとこれにふさわしいスタイルを無視した改正論がかなりある。最後に、多くの改正論者は静的な憲法のテキストのみに視線を向けている。これに対し、憲法の運用の実際をふくめた動的な過程として憲法を理解せんとする立場が対立する。この対立は、法典ポジティヴィズム的な憲法観と社会学的憲法観という、法の考え方の差異に内在する。そして後の立場をとる者は、テキストいかんにかかわらず、運用の実際に不都合がなければ、テキストを改正する必要がないという立場をとる。

私は最近の渡米中、憲法調査会は改正委員会 Revision Commission であるのか、再検討委員会 Review

Commission なのかと質問をうけたが、むろん後者であると答えた。わが国でも憲法調査会は改正を前提とした委員会と考えている人が今なお多いのだから、米人からこの質問をうけたのはよくわかる。しかし憲法調査会法にてらし、調査会が改正を任務とするものでなく、再検討をその任務とするのであることは明らかであり、この前提の下に現実に調査会は動かされてきたのである。尤も委員として制定の経過にてらし全面改正を唱えることも、政治的見解にもとづいて行政権の強化を唱えることも、また〃理論的〃立場から一部改正論を唱えることも完全に自由であるし、また逆に改正の必要なしとすることも完全に自由であって、現に衆知のようにいろいろの議論が展開されている。私個人としては、日本国憲法はすでに国民の間に根を張っており、政治も、経済も、社会の動きも日本国憲法の線に添って動かされている。それはわが法秩序の中核をなしている。従って憲法をかるがるしく改正することは危険であると考えている。私は制定経過にもとづく全面改正にも〃理論的〃立場からの部分的改正にも反対である。私は以上のようなスタイルの憲法であることを銘記して、これを良識的に解釈するならば、日本国憲法は日本民主化の基本政策を定めた文書として、大体において穏健中正なものと考えている。

実際上わが国の政治、経済、社会の進展がこの憲法のために阻害されているとは考えられない。初めの頃はこの憲法の真意を理解せず、誤った解釈によって憂慮すべき混乱がなかったわけではないが、それらは国民の良識によって漸次解消され、日本の民主化は大体において着実な歩みを続けていると見ている。わたくしは運用の実際の検討にもとづき、天皇の章も戦争放棄の章もまた基本的人権に関する部分も改むべきではないとの結論に達している。ただ現行憲法の下における民主主義の基本をなすわが国の選挙の実態に至ってつまずいた。それは憲法のテキストの欠陥の問題ではなく選挙法の問題だが、これだけは何んとかしないと憲法の定める議会制度、やがては民主主義一般への国民の不信を来たし、右または左向きの政治革命をもたらす危険の伏在する重大な問題であると思うようになった。私の提案は主として、現憲法の議院内閣制を補強せんとする趣旨であって、例えば大統領制の（首相公選制）採用の主張のように現憲法の体系を全面的に改造せんとするものではない。私は国民投票のような直接民主主義の盲目的な支持者ではない。直接民主主義には場合によって色々の弊害を伴うことはすでに各国の経験によって明らかにされている。ただ選挙法という、限られた分野について弊害を伴うことは殆んどないと考えて、国民投票の制度を織り込んだのである。また日本では三権分立の抽象的理論が憲法学者、政治学者の間につよく唱えられ、また特に新憲法の高調する国会優位の原則を制約することに対する抵抗の強かろうことを予知している。そこで私は三権分立の理論に対し、三権をになう機関の人的構成に眼を向け、この〝適格性〟という新しい角度からの理論的考察を試みた。それはかかる抵抗を予定してのことである。ともあれ私の提案はまだ各国に先例のない未経験の制度の新提案であるから、十分な論議を経ることを必要とすることもわきまえている。つまり論議の対象として問題をなげかける主旨である。もっとよい方策があるならば、必ずしもこの提案に執着するものでもない。以下は憲法調査会第三部会で私の述べたところに、若干の補正を加えたものである。

## 二　本論・憲法上の機関としての選挙委員会設置の提案

### (一)　問題点

今の選挙制度とその実際の運用を見ている庶民は選挙がもっと清浄かつ公正なものになることを望ん

でいる。また心ある政治家も現状を憂えている。しかし政党を中心として動く今の国会で、超党派的なフェアプレーの精神で貫かれた選挙制度ができるかに大きな疑いをもっている。この疑いが誤りで、与野党の超党派的協力によって、かかる選挙制度ができれば一番よいのだが、それは百年河清を俟《ま》つようなものであるというのなら、別に工夫を加える必要がある。英国の選挙が清浄かつ公正なものになった歴史的過程をかえりみると、国民の政治意識の発達、政治家の政治道徳の向上など精神的要因もあるが、同時に選挙法の改善という制度的な面が大きな要因をなしている。ここに提案する憲法上の機関としての選挙委員会を設置するという着想は、選挙制度改善という制度的面についての一つの考察である。

## (二) 三権分立の理論

モンテスキューの三権分立の理論は、アメリカにおける連邦および州の憲法の基礎として採用された。そしてその後制定された各国の憲法にもつよい影響を与え、明治憲法も日本国憲法もその影響をうけている。しかしモンテスキューの理論は近代民主政治の発達前に構成されたものであって、当時の主要国家の大部分は君主国であった。従ってかれの理論が、君主制を頭において構成されたものであったのは自然であろう。それは「モナーキカル・コンスティテューショナリズム」といわれるべきものであった。

この理論を採用した米国連邦憲法の起草者は産業革命によってもたらされたテクノロジカル・ソサイエティに照応して発展した行政作用の大きな変化などは予見していなかった。産業革命の波紋は「立法権の委任」という各国共通の現象となってあらわれている。アメリカでも立法権の委任は憲法違反であるとの議論があったが、この種の憲法論は今では姿を消している。また第四共和国のフランス憲法では立法権の委任を禁ずる規定が置かれたが空文化した。また英米両国における諸種の行政委員会の激増という現象もテクノロジカル・ソサイエティの所産である。一九三〇年以後英米共に伝統的憲法思想とこの二十世紀的新現象とをどう調整するかについて委員会を設けて検討した。

もう一つはアメリカ連邦憲法の起草者は民主政治が現代におけるように政党を中心として動くようになるというようなことは想像もしていなかった。議会は、国民から選ばれた選良が個人的な判断を自由に表明し合って立法を行なうのでなく、相対立する政党が、それぞれの政策をもち、議員は党議によって拘束をうけ、政党を中心として議会が運用されることが現代民主政治の動向である。そして議院内閣制の下では議会で多数を占める政党の首領が行政府の首班となる。また、アメリカのような大統領制の下でも、二大政党いずれかの首領が行政府の首長となるが、議会でこれを支持する与党をもたないと、大統領はその政策を行なうことが著しく困難になる。従って立法府や行政府の性格も連邦憲法起草者の考えていたようなものではなくなった。

## (三) 立法権のデヴォリューション

現代の経済的、政治的変化に伴って、三権分立の原則を前提とする国でも三権のデヴォリューション現象が顕著である。立法権についてみると、先にふれた委任立法の激増がその一つである。議会が唯一の立法機関だといっても現代必要とされる複雑な立法を全部議会で制定することは実際上不可能となったので、議会は立法の原則を定めるに止め、行政府が大部分の立法を行なっている。また訴訟手続などは議会が行なうよりも裁判所をして立法させることが妥当であるという考慮から規則制定権の制度が発達し、初めは立法府による委任の法理にもとづいていたが、実際上は議会がこれをくつがえすことはない。さらに進んで最近のニュー・ジャージー州の憲法では裁判所の規則制定権に対する議会の介入を排除している。また選挙区画の改訂では、英国でも中立的な下院議長を委員長とする委員会が実質的に行なうようになっているし、一九三七年のマライ憲法ではこれを議会から独立する憲法上の機関をして行なわしめている。なお行政権についても（例えば内閣の完全な統制の下にない独立の行政委員会の発達）司法権についても（例えば行政委員会による準司法権の行使）おなじデヴォリューションの現象が見られるのである。このデヴォリューションの現象が起こった理由は、三権分立の建前はくずさないがこれら三権を構成する人のそれぞれの機能をいとなむ適格性ということを考えて、部分的に適任者をして行なわしめるという考え方にもとづくものである。またこのようなデヴォリューションによって立法行政司法の本来の機能をより能率的に果しうることにもなるという考えにもとづくのである。私の憲法上の機関としての選挙委員会という構想もデヴォリューションの一つの型であるが、〝適格性〟という新しい角度から考えられたものである。

## (四) 選挙民権

現代における民主政治の実際の動きに照らして、アメリカの憲法学界の重鎮ウイロビー教授（W. F. Willoughby）は、一九三六年に公刊された「近代国家における政治」のうちで立法権、行政権、司法権という古典的三権中、行政権を執行権（executive power）と行政権（administrative power）に二分したほかに、選挙民権（electoral power）という第五権を認め、これが三権の派生する根源的権能であり、また統治機構（organ of government）でもあるとするとした。英国は米国のような三権分立を建前としてはいないで、「クイーン・イン・パーラメント」は米国の議会と異なり法的に万能である。法的主権者（legal sovereign）であるとされるが、その背後には国会よりも有力な選挙民（electorate）があり、この選挙民が、政治的主権者（political sovereign）であると説かれているが、ウイロビー教授の場合は単にこれを政治的なものとせずに、法的な統治機構の一つであるとし、選挙民が法的主権者（legal sovereign）であり、国民全体を政治的主権者（political sovereign）とする理論構成上の差異がある。この差異は両国の制度上の差異に内在する。しかし、選挙民が近代民主政における最も重要な地位を占めるとする点は両国共通であり、また民主政をとる国の一般原則でもあるといえよう。

ウイロビー教授の選挙民権の概念は単に近代民主政の分析的理論として妥当であるというだけでなく、民主政治の運用について実践的含蓄を含んでいる。選挙制度について、古典的な分類を根拠として考えれば、選挙法を制定するのは当然国会の権能であり、国会の制定した選挙法を執行するのは、行政府の権能である。しかし政党の対立を中心として動く国会が果して選挙民の要望するような公正且つ厳粛な選挙法をつくる適格性をもつか、また多数党によって作られた政府は公正にこれを執行する適格性をもつかが選挙民にとって大きな問題である。超政党的でなければならぬ選挙法の制定とその執行は、むしろ選挙民権に直結し、政党の当面の利害の影響を受けないような別の機関を設けてこれを行なわしめることが適当ではないかが民主政治運用上の問題として提起される。

### (五) フィリピンとマライの憲法

一九三六年のフィリピン憲法は、アメリカ憲法にならって三権分立を建前として制定された。しかるに一九四〇年に憲法改正が行なわれ、選挙の管理執行を行政府の手から奪って憲法上の機関として、司法権のように不羈独立の選挙委員会（Commission on Elections）をして行なわしめることになった。選挙の管理執行は初め三権分立の理論に従って内務大臣が行なっていたが、先ず法律でこれを選挙委員会にうつし、一九四〇年の憲法改正で選挙委員会を憲法上の機関としたのである。そしてフィリピンの憲法学者ジュアン・F・リヴェラ教授は、これは選挙民権に基くものと説く。次に一九三七年のマライ連邦憲法ではフィリピン憲法と同じく選挙委員会（Election Commission）を憲法上の機関として選挙の管理執行を行なわしめた。マライ憲法ではさらに進んで、一定期間経過毎に選挙区画（Constituencies）の改訂を行なう権能を選挙委員会に与えている。これは立法権に制約が加えられたことを意味する。これらの憲法上の制度は、古典的な三権分立の原則が政党の対立を中心として動く議会多数党の支配する政府および議会が、選挙について公正を欠く傾向があるという現実に照らし採られた憲法上の措置である。すでにマライ憲法では立法権に若干の制約を加えているが、選挙法の制定権までこれを選挙委員会に与えていないのは、イギリスで完成された公正な選挙法が継受されているので、おそらくこの点問題とならなかったためであろう。

## （六）英と仏伊独の対比

次にヨーロッパを眺めてみる。私はイギリスの有名な憲法学者ジェニングズ教授の最近の大作「政党政治論」三巻を読んで感銘をうけたが、教授はその中で一八八五年以降イギリスでは選挙法は政党間の大きな争いの対象でなくなったといっている。その頃には小選挙区、比較多数の原則が確立し、二大政党を中心とする議院内閣制を助長し、これにマッチするような選挙法が作られ、また選挙の清浄化を達成する厳格な法律が作成された。公正な競技規則として与野党の納得しうる基本原則が確立した。そしていわゆるイレクトラル・ジャスティスの理論にもとづく比例代表制採用の誘惑を断固拒否して今日に至っている。これにたいし、英国にならって議会民主主義をとった仏、伊、独などは未だイギリスのような永続性をもつ選挙法が確立せず、選挙法は政党の目前の利害の見地から高等数学までつかって検討されている。選挙法は与党に有利のように制定されるともいわれ、また与野党の妥協による選挙法が生れるのが関の山であるともいわれる。真に超党派的なそして議院内閣制にマッチした公正な選挙法を議会が制定することは実際上頗る困難な状態にある。つまり選挙法は政党のおもちゃにされていて、より高い見地からの選挙法の制定は達成されていない。わが国の状態もこれに似ていると見て差支えあるまい。

## (七) あるべき姿の選挙法

明治憲法下の選挙と日本国憲法下の選挙とではその含蓄に重大な変化を来たしている。明治憲法は行政府優位の性格を特色とし、従って議会は第二次的存在であったので、選挙は左程重要でなかった。国会優位の現行憲法の下では選挙は国政全体のあり方を左右する作用をいとなみ、選挙法は憲法と均しい重要性をもつに至っている。

アメリカの政治学者ハーバート・J・スパイロ教授は次のようにいう。「モンテスキューはかつて民主政の下における選挙法は、王政の下における王位継承法と均しく基本的重要性をもっている。王位継承法は通常簡明であった。そしてそれが実効的であるためには、数世代にわたって変わらないものでなければならない。自己に有利なように王位継承法を改めんとした国王もあったが、近代の政治家もこれに均しく自己に有利なように選挙法を変えようとするものもある」。これは欧州大陸諸国およびわが国の政治家にたいする皮肉の言葉ともひびく。

選挙法は憲法と均しく超党派的なものでなければならない。また一般選挙民がわかるような簡明で、かつ公正だと納得しうるものでなければならない。選挙法はまた憲法と同様に永続性をもつようなものでなければならない。また日本の選挙法はとくに日本国憲法の議院内閣制にマッチし、その健全な発展を助長する性格のものでなければならないと思う。こうした性格の選挙法の制定について政党の対立を中心とする国会には、現実的に見て適格性が少ないとすれば、選挙民権の直接の発動として他の機関をして行なわしめることが必要ではないか。

## (八) 具体案

右のような考え方が正しいとした場合、あるべき姿の選挙法を創造するための具体案の大綱は次のごとくである。

(1)憲法上の機関として若干名（例えば五名）から成る選挙委員会を設ける。選挙委員会委員には、裁判官と同様な身分保障を与えて、その不羈独立の行動を確保する。(2)選挙委員会委員の選出については、総理大臣、両院議長、最高裁判所長官等に学界、言論界等の代表数名を加え、公正かつ識見の高い人物として知られる候補者を推薦する委員会を設け、選挙委員会の定員倍数（例えば十名）の候補者を指名し、国民投票によってその中から選挙委員会委員を選定する。(3)選挙委員会は十分な調査研究の上選挙に関する法律案を作成して、これを国民投票に付する。右法案が投票者の過半数によって可決された場合には、右法案は法として成立する。(4)選挙委員会は選挙の管理、執行をも行なうものとする。(5)右の外選挙争訟に関する準司法権、選挙犯罪に関する訴追権をも与うべきかは司法権との関連において、慎重に考慮する必要がある。更にまた選挙犯罪についての赦免権等の行政府による濫用を抑制するためそれらについては選挙委員会の推薦を要するものとするようなことも考えられる。

右のような具体案を実現するためには、憲法改正を必要としよう。しかし、右の案は現行憲法の定める議院内閣制の健全な発達にマッチする選挙法の創造を目標とした補強的性格のもので、首相公選制の提案のように憲法の性格を根本的に改造せんとするものではない。私は憲法をかるがるしく変更せんとするのは有害であると考えているが、以上の案は憲法改正なくしては実現できない。以上のような案は検討に値すべき問題として提起したもので、国民が十分に論議をつくした上、かかる改正の要望が圧倒的世論となった場合にのみ、憲法改正にふみきるべきである。

**追　補**（三七・一〇・九　憲法調査会第三部会提出）

(1)　第三部会の本問題に関する審議も終りに近づいて来ているので、また私の提案についての前回の質疑応答に照らし色々な誤解もあるように思われるので、ここに私の考えていることを、もっとはっきりと記録に残して置いた方が適当と考える。

(2)　私の提案は私のこの問題の検討過程において考えた諸案中の一つ、しかもそれは一番徹底した案であったので、その外二つの案を私は考えたのである。ここではそれらの案をもあわせて、発表しておこうと思う。それで先に発表した案を高柳A案という名をつける。

〔B案〕

A案中(3)を次のように改める。

(3)　選挙委員は十分の調査研究の上法律案を作成してこれを国会に提出する。国会はこの法案について通常の立法手続をとる。但しこれを否決するには特別多数によることを要する。

ヨーロッパ調査団の調査事項に織り込れたのはこのB案と同じく特別多数による国会の拒否権を認め

た案である。

〔C案〕

A案中(3)をB案のように改める外、A案中の(1)(5)を削除する。

右のいずれの案も憲法改正を必要とすることになる。しかしC案中に、A案の方向に進む場合には、法律で改正しうる旨の規定を置くことができる。私の提案はこの問題について一応具体案を出して、十分な論議のキッカケを作ろうとするにあったので、私自身としては憲法改正までやるならA案まで行く方が宜しいと考えてはいるが、しかし、必ずしもA案に固執する趣旨で出したのではない。広瀬案も同じ線に添った一つの案である。前回の部会では他の委員から別の案は出なかったが色々な案について、その長短を比較検討することが望ましいのである。つまりコレクティヴ・シンキングのための資料として一つの案を出したのである。

(3) 一番宜しいのは憲法改正など行なわないで現行憲法の下で、与野党政治家が自党本位の立場からでなく、永い眼で日本民主主義の将来を考えて選挙法の改正を行なうことにあるので、それを私はつよく要望しているのである。それがイギリスが十九世紀グラドストンとディズレリの時代にたどった正道である。ただ欧大陸諸国の経験を熟視し、わが国でも国会議員の個人的打算や政党の利害から、いつまでもそれが達成されないという可能性もあり、国民からこれでは百年河清を俟《ま》つもので、何とか工夫がないものかとの声が強まった場合、これに対して法律家としてこんな工夫も考えられる。しかしそれには憲法改正という外科手術を必要とするということを示したものである。

私の提案は一つの仮設《ママ》、つまりわが国の政治家の良識によって永読《ママ》性をもつ理想的な選挙法制定が実現しえないのではないかという疑いの上に立っているので、私としてはむしろこの仮設《ママ》自体が誤りであることをわが国の政治家が実証することをつよく要望しているのである。この点は要旨中(1)「問題点」のうちで私の指摘しておいた通りである。またこのような案は憲法改正を要するので、理想的な選挙法実現のためには憲法改正をも辞せずとの見解が圧倒的世論となった場合にのみ、このような改正を試みるべきで、それまでは軽々しく憲法改正を試みてはいけないという趣旨を私は右要旨の最後の部分に述べているのである。この点について委員の間にも、世人にも、私の真意を誤解しているものがあるように思われるので一言したのである。

# 第一〇章　改憲問題に対する米加学者の見解

## 一　まえがき

憲法調査会の任務は、日本国憲法に検討を加えて、その結果を内閣と国会に報告するにある。検討を加えるに当って、調査会では、委員だけでこれを行なうのでなく、委員外の学識経験者を参考人として招いて、その意見を聞いた。調査会はまた、全国各地で公聴会をひらいて国民各層の意見をも聞いた。さらにまた、民主主義憲法の運用について学識経験の豊富な欧米の政治学者や法律学者の意見をも聞くことにした。この報告はアメリカとカナダの学者の意見である。

調査会の行なった日本国憲法の運用の実際についての検討の過程において、委員や参考人から多くの問題点が提出された。これらの問題について、「ジュリスト」誌の企画で、日本の多くの学者の回答も公けにされたが、このおなじ問題点についての、アメリカとカナダの学者の回答ともいうべきものの要約が、この報告にもられているのである。

われわれの会った学者のリストを、あるアメリカの学者に示したところ、これはまさにアメリカ、カナダの政治学界、公法学界のオール・スター・キャストであるといった。日本の憲法の問題点には、日本独自のものと普遍的なものとがあるが、これら学者の普遍的な問題についての意見は、日本国民も十分に考えてみる価値があると思う。それは、〝民主政〟と〝憲法による政治〟について豊富な経験と学識をもつ人たちの発言であるからである。またこれらの学者の中には、日本の政治を専攻し、これに精通している人達もいる。日本独自の問題、例えば天皇制や第九条に関するかれらの発言も、日本国民としてやはり十分に考慮する価値があると思う。これら日本専門家の発言はいずれも、日本国民のすこやかな成長を望んでいる日本の友人たちの言葉であるからである。

日本の法秩序は現実に日本国憲法を中心として動いている。これの改正はきわめて慎重でなければならない。そうでないと、日本の法秩序そのものに大きな動揺をきたすことになるからである。

憲法調査会は改憲を前提とするものであるという誤った印象は、いまだに日本国民の間にも行なわれているが、この印象がアメリカにも伝わっていた。私はいくたびか、憲法調査会は〝レヴィジョン・コミティ〟ではなく〝レヴュー・コミティ〟だと、かれらの誤った印象を是正した。

憲法改正を提議するのは国会であり、これを最終的に決めるのは国民である。調査会の任務はどこまでも、国会や国民が憲法改正の問題を考える場合の参考資料を提供するにある。そして欧米の学者の意見もこのような参考資料の一つとして役立つことになるであろうというのが、調査会の見解である。

## 二　第一章　天　皇

(一)　天皇の元首たるべき地位を明らかにすべきであるという見解に関して、ワシントン大学のマキ教授から、「日本国の元首であり、日本国民統合の象徴である」と改めては、という意見が出されました。同教授は、また今の条文では、「主権の存する日本国民」と、主権の所在が形容詞的に表現されているのであるが、元首ということを明文で書くなら、明治憲法的な元首の解釈の出ないように、主権の所在をもっと明確に規定した条文を、同時に設ける必要がある、ということをいっておりました。

しかし、大部分の学者は、現行の条文のままであっても、天皇は元首にしてかつ象徴であることは明らかである。日本の一部の学者の説として伝えられる、この憲法の下では、元首は内閣総理大臣であるというようなことは、この章全部を率直に読んでみて、われわれにはとうてい考えられない。だから、実際にも、諸外国は、日本国の元首は天皇であるというように日本国憲法を解釈して、それにもとづいて行動しているのである。また、この条文の下では、天皇の権限は、旧憲法下よりもいちじるしく縮小されているけれども、日本は、やはり立憲君主国であって共和国ではないと一般に考えられている。カナダについて、クイーンは政治的権限がなくても元首であり、カナダは立憲君主国であると、カナダ人も考えているのと同様に、新憲法の下でも、日本は立憲君主国であると考えられている、という意見でありました。

(二) 天皇が、内閣の助言と承認とによって行ないうる国事行為の中に大赦があるが、大赦は、内閣でなく、国会の決定事項とすべきであるという意見がしばしば聞かれました。

(三) 天皇の章は、実際上不つごうなく運用され、天皇制は安定しているのであるから、今、これを改正しようとするのは賢明でない。これを改正しようとすると、必然的に、極右および極左から、天皇制についてのイデオロギー的論争がまきおこされ、その結果は、せっかくできあがった天皇の地位の安定性をゆるがし、天皇制そのものをあやうくする可能性がある、というのが、カリフォルニア大学の政治学者スカラピーノ教授の意見でありましたが、この点については、多くの学者も同じような見解を表明しておりました。

## 三　第二章　戦争の放棄

(一)　第九条については、三つの型の見解が法学者から表明されました。

第一は、第九条の条文を率直に読めば、自衛権はあるが、第九条二項によって戦力は持てないという、国会で表明された金森国務相の見解が正しい。したがって、自衛隊を持つことは九条違反である。もしも、日本国民が軍隊を持とうとするなら、九条改正の手続きをとらなければならない、というものであります。

第二は、自衛隊法を制定した国会は、自衛隊は九条違反ではないという解釈をとったのであり、また、最高裁判所も、これを違憲とは判決していないのであるから、立法当時の九条解釈はどうであったにせよ、現在では、自衛隊の保持、国連軍および合衆国軍隊の駐在は合憲であると解釈すべきである。したがって、もしも日本国民の大部分が、日本は、自己防衛を国連のみにまかせ、戦争にまきこまれないため軍隊を持たないほうがいいと考えるなら、このことを明らかにするような九条改正を行なうべきであり、それは法的に可能である、とするものであります。

第三は、憲法中には、ただちには実現しえないような高い理想を掲げることがある。南北戦争後の連邦憲法改正で定められた人権平等の原則は、すなわちそれである。約百年後の今日、現実にはまだこの理想は実現されていないが、現実に合致するように連邦憲法を改正すべしという提案はない。第二次大戦後成立した日本国憲法第九条も、やはり、ただちには実現しえない理想の表明である。このような規定を、現実に合わせるように改正しようとするのは短見である。現実にはただちに実現しえないとしても、この理想に近づくように努力すべきであり、自衛隊を違憲とみるのは、第九条の性格をみあやまった見解である、というものであります。

以上のように解釈の分かれるのは、憲法典の解釈方法の差異にもとづくものといえると思います。すなわち、第一の見解は、法典の条文を中心とする分析的、論理的解釈方法を押し進めたものであり、第二の見解は、法典の条文の意味が、行政的解釈や裁判所の解釈によって、立法当時のそれから変化していくという点に重点をおくものであるように思われます。この点は、アメリカの憲法解釈について一般に認められているところでありまして、憲法の解釈は、憲法制定者の意思でなく、解釈の時点における憲法の解釈、すなわち立法者意思でなく立法意思によるべきであるという解釈態度に基づくものでありまます。第三の見解は、第九条の意味を決定するについて、この規範の作用する社会的背景（この場合には、国際社会の現実）に照らして、九条を理想的な規範と解釈するものでありまして、ブランダイス、カルドーゾおよびパウンドらが、憲法解釈について特に高調したいわゆる社会学的解釈の立場でありまます。

右にのべた分析的論理的解釈と社会学的解釈の差異を、大陸法的解釈と英米法的解釈というふうに考えるのは必ずしも正確ではなく、アメリカでも、解釈方法について多年の論争があったのである。ただ一九三七年以後の連邦最高裁判所では、社会学的解釈方法が優位をしめているといえるだけのように思われます。また、大陸法でも、特に民法の分野では、法典解釈の方法について多年の論争が行なわれ、フランスのジェニーの自由な科学的探究や、ドイツの自由法論にみられたように、むしろ社会学的解釈が強調されたものであります。また、現代のドイツでも、憲法裁判所の裁判官は社会学的解釈に傾いて、大学の公法学者と対立しているということをきいております。

(二)　以上は法律学者の意見でありますが、次に政治学者の意見についてみますと、第九条の改正に乗り出すことは、政治的に賢明ではなかろう。すなわち、日本における九条改正問題の経緯から、九条論争は、理知的というよりも感情的な問題となっているようにみられる。もっとも、漸次、問題を理知的に、冷静に考える傾向はみられるが、これが憲法改正問題として提案されると、再び社会的対立が現われ、国民を二分するような政治的危険を伴うのではないかと思われる。また、国際的にみると、改正論者の意図いかんにかかわらず、日本は再びミリタリズム的侵略に乗り出したという強い国際的宣伝を生み出す機縁となるばかりか、このような宣伝は、遠隔の地にある国では影響力はないと思われるが、日本がかつて占領した、近接する東南アジアの国々では、実際的影響力が強く現われるのではないだろうか。日本の政治家は、第九条の改正に乗り出すことから生ずる国内的、国際的波紋を十分考慮することが賢明であろう。日本は、時間がかかっても、第九条に関する良識的な解釈が、国民に受け入れられることをまつという道をとることが政治的に賢明である、という趣旨の意見が、スカラピーノやコロンビア大学のジョン・ハザード教授らの学者によって述べられました。

## 四　第三章　国民の権利及び義務

(一)　権利や自由のはき違いに由来する慢性的な秩序無視の状態がみられるようであるが、そうした事情にかんがみて、すべての個人または集団は、正当に成立した国会の決定の結果を遵守する義務があり、かつ、その抗議は、合法的な形態においてのみすることができる、ということをどこかに書くことも、教育的価値があるであろう、という意見もありました。

しかし、第三章は、国民の権利のみを強調し義務規定が少ない、もっと義務規定を加えるべきであるという見解については、大部分の学者は、義務規定をおく必要はない、という見解でありました。

その理由は、合法的に成立した法律または政府の命令に服従する義務が国民にあるということは当然のことであって、そうした前提の下において憲法は書かれているのである。また、重要な義務を選び出すことは非常に困難である。かりに、国民の教育という意味で、特定の義務を書き入れると、反対解釈によって、それ以外の義務はないという解釈も起こりうる。こうした反対解釈の生ずる余地をなからしめるために、総括的規定を憲法におくとすると、国家権力の乱用防止を趣旨とする人権に関する規定の影をうすめることとなるであろう、というのであります。

連邦地方裁判所のワイザンスキー判事は、より広い視野から、憲法は国民のウエイ・オブ・ライフの表現であるというアリストテレスの憲法観を正しいとする見地に立って、憲法に義務規定を書き入れることが、必然的にわるいとはかぎらないが、これを書くとして、いかなる義務を書くのがよいかは、自分には経験がないから何ともいえない、と述べておりました。

また、ソ連法の大家であるコロンビア大学のジョン・ハザードは、ヴィシンスキーは勤労の義務に最大の重点をおいていた。これは、ソ連の工業化を急速に促進する目的に照らしてきわめて当然である、という見解を述べておりましたが、これは、つまり、全体主義国家は、国民の権利でなく国民の義務を高調するというフィロソフィの上にのみ成立する、という見解のようであります。

㈡　緊急事態に際して、人権を制限することができる旨の規定を憲法に設けるべきかという問題については、否定的な意見が多数でありました。緊急事態と人権の問題は、アメリカの国内法の問題として、論議されつくした問題でありますし、また、欧州や南米等における、緊急事態に関した憲法上の規定の実際の結果を熟知するところから、こうした結論に達することも十分に理解できるように思われます。

すなわち、日本の憲法の下でも、真に緊急の事態が起きた場合には、公共の福祉の範囲が拡大され、人権に対して必要な制限を加えることができるのであるから、特別の規定を設ける必要がない、という意見が多く、さらにまた、緊急事態についての規定を憲法に設けておくと、この規定を乱用して、真に緊急事態がないにもかかわらず、緊急事態と称して人権を制限する危険があることは、各国の経験によって明らかであるから、憲法にこのような規定を設けるべきではない、という意見が表明されました。

また、憲法に特別の規定がなくても、緊急事態が生ずれば、政府はこれに対処する措置をとらざるを得ないのであるが、政府は、異常の措置をとっているという自覚をもち、すみやかに常態に復するよう努力することになるから、特別の規定を設けないほうがよい、という治者の心理を考慮してのワイザンスキー判事の意見がありました。

なお、緊急事態を憲法に規定するの可否から離れて、緊急事態にとらるべき方法については、ワシントン大学のマーチン教授は、緊急事態に際して必要な措置をとる機関について、内閣と国会のいずれに重きをおくかは問題であるとし、また、ハーバード大学のフリードリッヒ教授も、緊急事態であるかどうかを決定する機関が何であるかがもっとも重要な問題であるとし、緊急事態宣言によって利益を受けるもの（この場合には、政府）にこの決定権を与えてはならない。たとえば、両院の議長、副議長、その他一定数の国会議員で構成する委員会にその決定権を与え、この委員会が憲法上のどの保障を停止するかをも決定することにし、かつ、その委員会による緊急事態の再宣言がないかぎり、一定期間の経過によって、緊急事態の効果が当然に消滅するものとすべきである、という意見を述べておりました。

(三) 第一四条の平等の原則について、人権問題の大家として知られているエール大学のエマーソン教授は、法の平等な保護の問題はもっとも困難な問題であるが、人種または信条にもとづく差別は絶対にこれを禁止し、その他の要因にもとづく差別は、〝合理的〟であることを必要とするという制限のみに服することとする。そして、前者については、裁判所は厳格な規則に服することとし、後者については、適当な、伸縮性ある判断をする権能を裁判所に与うべきである、といっておりました。

また、同氏は、第二九条の「財産権は、これを侵してはならない」という規定はあまりに広すぎる。一般的にいえば、財産権を制限する国家の権能に対する憲法上の制限は、平等の原則および手続的なデュー・プロセスの二つの原則にかぎられるべきである、といっておりました。第二九条について、これと類似の見解を表明する学者はほかにもありました。

(四) 第二十四条第二項について、同項は「………相続………に関しては、法律は、個人の尊厳と両性の本質的平等に立脚して、制定されなければならない」と規定し、男女の平等を明白に規定しているが、同性間の平等、すなわち、兄と弟との間、姉と妹との間の平等までを要求しているかどうかは疑問である。また、そうだとしても、農地をひとりの子に継がせなければ農業経営が成り立たなくなり、日本の農業政策の見地から、望ましくないというのなら、公共の福祉の必要上、法律で一人相続を定めることも合憲とすべきではないか。また、法律の規定によらず、遺言によって、農業を営むひとりの子に、全農地を継がせることにすれば、憲法上の問題は生じない。そして、日本に遺言の慣習が広く行なわれてはいないのなら、そういう遺言を奨励するために、遺言によって農地の一人相続をした場合には、相続税を減免するというような規定を設けることも一策ではないか、という意見もミシガン大学のジョージ教授らによって述べられました。

(五) 第三一条の規定について、ハーバード大学のブロインド教授は、同条のような法律の定める手続という規定では、法律で定めさえすればいかなるものであってもよい、と解釈されるおそれがあるから、たとえば、公正と正義に従った手続、というような表現に改めてはどうか。もっとも、現行の規定も、こういう意味であると解釈することも可能であろう、といい、このような規定ないし解釈は、刑事手続において不当な処置がとられないようにするためにはすこぶる重要であり、また、民事手続、特に行政手続における制限としてもすこぶる重要である、といっておりました。

(六) 基本的人権を規定した第三章にかぎらないが、日本の法律家の解釈方法は、法文の字句にあまりに拘泥しすぎるきらいはないか。人権に関する条文の字句に重きをおきすぎると、良識的な政治をも不可能ならしめるようなことになる。基本的人権に関する憲法の規定はそうした趣旨のものではない、というのが、多くのアメリカの学者の意見でありました。

もっとも、わが国の最高裁判所の判例を細かく研究しているマキ教授は、最高裁判所の判例は、だいたいにおいて良識的であって、日本の最高裁判所には十分信頼を寄せてよいように思う、という見解を表明しておりました。

## 五　第四章　国　会

㈠　両院制か一院制かという問題については、意見はまちまちでありました。

上院存置論者は、上院に関する従来の一般的な考え方、つまり、純政党的に動く下院に対して、英知の府としての上院によって問題を熟慮せしめることが望ましい、また下院の行きすぎに対して一定の冷却期間をおくことが望ましい、というような考え方にもとづき、上院が必要であるとしておりました。このような上院をつくるために、各界の学識経験者を政府が任命するのも一つの方法であろうと説く学者もありましたが、現在の参議院議員の選挙方式は、実際経験上不満足なことが認められるにしても、任命制は不可であり、やはり選挙制を可とするという意見のものが多数でありました。この選出の方法については、地域的な考慮によるべきか、各界の代表の方式をとるべきか、または、ブライス委員会の提案したように下院をして上院議員を選出せしめる方法によるべきか等について、一致した意見はみられませんでした。

これに対して、日本は単一国家であり、かつ、もしも人種・言語・宗教等にもとづくレジオナリズムの要請を考える必要がないのなら、上院は不要である。上院存置論者のいう学識経験者によって冷却期間をもたせるという上院の機能は、政党政治の現代では、すでに時代錯誤的な考え方である、という意見も表明されました。

九条改正にはいちじるしく難色を示したスカラピーノ教授も、これは日本国憲法上の真の問題である。まず十分な検討の上、国民の納得するような具体案ができ、その具体案の実現のために憲法改正が必要であるということなら、改正の提議をすれば国民の大多数の同意をえられることになろう、といっておりました。

なお、衆議院議員の選挙について、小選挙区制に変更するほうがよかろうが、これには、同時に、選挙区の定数改定を五年または十年ごとに行なうことを命ずるような規定をおくことが望ましいとする意見もありました。

なお、この二院制の問題について、これは、国内政治を詳細に検討しないと、どちらがよいかということは外国人にはいえない問題であり、日本人が十分に検討した上で決めるべき問題である、としていずれとも意見を述べない学者もありました。
(二) 政党に関する規定を憲法に入れることについては、これに賛成するごく少数の学者がありましたが、むしろ反対の意見が多数でありました。ある学者は、政党については、できるかぎり法的規制を加えないほうがよいという意見を述べ、また、規制を必要とする若干の事項のあることを認める学者も、これらの事項については法律で定めればよいという意見でありました。政党についての規制のうちでは、政党の内部的運営が、権威主義的でなく、民主的に行なわれることを保障することが最もたいせつなのであり、この点で、英国の労働党が模範的である、という意見も述べられました。また、政党の財政について、政党があまり私的寄付金にたよりすぎることはよろしくない。アメリカではそのようになっているが、寄付金にたよらないで運営されることが望ましいのである。その方法をいかにすべきかについては、たとえば、所得税の百分の一が政党にいくようにすることも考えられよう。問題はその分配であるが、政府がこれを決定すれば与党に有利になる傾向があり、これを与党野党間に均分すれば野党に有利となり、また小党を育成する傾向になる。選挙権者に、自己の分はどの党にいくべきかを決定させる方法がよいであろう、という意見もありました。

## 六　第五章　内　閣

(一)　行政委員会と内閣との関係について、カナダのある学者は、行政委員会を設置することは、行政に対する内閣の責任と一致しない。行政委員会の決定を内閣が拒否できるようにすればよいが、という意見を述べておりました。これに対して、ミシガン大学のジョージ教授は、行政委員会は近代政治において不可避のもののようである。国会は、行政の細かいところまで予見して立法することはできず、裁判所も、行政の運営にあたって起こる複雑な点に関する法律の解釈をいちいち行なうことはできない。このため、行政官はたえず立法の意味を決定していかなければならない。こうした背景を考慮すれば、内閣を頂点とする行政制度のわくの中で、内閣の干渉を受けずに行政委員会が政策を決定したとしても、それは憲法第六五条の適用範囲に属すると考えられるし、また、個人や団体に対する行政委員会の行為が、裁判所の審査に服するなら、憲法第七六条第二項違反にはならないと解釈できる。行政委員会制度は、憲法による権限の分配の範囲内で、国会が定めたきわめて現実的な制度であると考える、と述べておりました。また、この問題について、マーチン教授は、アメリカの行政手続法のような内容の法律をつくって行政委員会を規制すれば、これを存置してもさしつかえないであろう、という意見をいっておりました。

(二) 首相公選制については、われわれが意見を聞いた範囲では、すべての米国、カナダの学者が否定的でありました。

日本の議院内閣制の運用がいろいろな点で欠陥があるのは事実であろうが、それは制度そのもののためではない。議院内閣制を憲法で決めたからといって、ただちにイギリスのようにうまく運用されることを期待することはできないのであって、世論の圧力と与野党の反省による政党の体質改善にまつほかない。それには相当の時間を要するが、政治的良識をそなえた日本国民には可能であると信ずる、というような意見がしばしば聞かれたのであります。

## 七　第六章　司　法

(一) 通常裁判所から独立した大陸法的な行政裁判所を設置することの可否については、多くの学者は反対でありました。日本国憲法は、英米法の伝統に従って、政府と国民との争いを処理するには通常裁判所が適当であるという考え方に立っているものでありますが、アメリカの学者の大部分は、現在もこのような考え方をとっているわけであります。しかし、学者のうちには、日本の行政裁判所が、フランスのコンセイユ・デタのように人権保護の実をあげうるなら、必ずしも英米の制度によらないでもよいであろう、という意見もありました。

(二) 憲法裁判所の設置については、それが、法律の違憲性について抽象的判断をするため政治的裁判所となり、第三院をつくる結果になるという周知の議論とか、野党がやたらに憲法訴訟を起こして、立法過程を不必要に混乱させる危険を伴うという意見とか、いろいろな角度から、これに反対する意見が大部分でありました。ただ、ドイツの憲法裁判所の実際を研究したトロント大学のマクウイニ教授は、西ドイツでは、憲法裁判所はすこぶる好評である、と述べておりました。

㈢　最高裁判所の規則制定権についてでありますが、この規則制定権というのは、最近における国会の立法作用の委任または委譲の現象の一つの現われであるわけであります。

わが国では、規則制定権に関する規定の運用について伝統的な思想が強く、民事刑事両訴訟法は国会によって定められ、規則制定権はこれを補充するための細則制定権として動いているのでありますが、現在のアメリカでは、民事訴訟法、刑事訴訟法ともに裁判所規則によって制定されるのが通常であり、この点で、十九世紀のアメリカの慣行とも、また、わが国の現行の慣例ともいちじるしく異なっているのであります。

問題は訴訟手続に関する立法についての国会と裁判所との関係であります。アメリカの連邦の制度では、最高裁判所の制定した規則は、これを国会の会期のはじめに国会に提出し、この会期中に国会が拒否しない場合には、その会期の終了時に効力を発生するものとしているのでありますが、これは国会の伝統的な立法権に関する至上性を形式上認めているだけで、実際には、国会がこれを拒否するようなことはないようであります。

これに対して、ウイグモア、パウンド等の有力な学者の見解およびシカゴにあった司法改善のための司法協会の、これらの学者の見解と同趣旨に立つ宣伝の結果として、訴訟手続に関するかぎり、議会の干渉をすべて排して裁判所に全面的にまかせ、それに全責任を負わすべきであるという進歩的改革意見もつよくなり、ニュージャージー州では、このような主張どおりの憲法改正が行なわれたのであります。

こうした情勢の下で、学者のこの点についての考え方にも、保守、進歩の対立があるのが現状であり、たとえば、ニュージャージー州にあるプリンストン大学のマーフィー教授は、同州の憲法はいきすぎであって、連邦方式の程度が適当である、と述べておりました。これに対し、裁判官が訴訟手続について立法を行なっても、人権侵害となるようなことは実際にはない。この点で、常に議会の監視を必要とする行政府に対する委任立法とは著しく異なるとして、ニュージャージーの立法を支持する者もありました。

また、日本における実際の運用に関して、ノースウェスタン大学のネーザンソン教授は、もっとも保守的な立場から、現行の取扱いでさしつかえなかろう、という見解を述べておりました。

(四) 最高裁判所裁判官の国民審査の制度については、この制度は、アメリカにおける判事選挙制から判事任命制への推移の過程において考案された、ノースウェスタン大学のケールス教授の案を、ミズリー州が採用した、いわゆるミズリー・プランに近いものであります。カリフォルニア州でも、ミズリー・プランに類似した制度が採用されておりますので、サンフランシスコでは、この制度の運用について、裁判官、弁護士の意見を尋ねたのでありますが、実際上国民投票によって罷免されるようなことはほとんどないということでありました。そしてこの制度に満足の意を表していたのであります。ただ、アメリカの学者の間には両論があるのであります。たとえば、ハーバード大学のフロインド教授は、ミズリー・プランは選挙制度と任命制度の間の合理的な妥協である、としてこれを支持し、また、ジョージ教授は、最高裁判所は重要な政策決定ないし政策遂行の機関であるから、裁判官をときどき国民の審査に付するのが妥当である、としておりました。これに反し、ハーバード大学のフェンソッド教授は、米国における直接民主主義は、一時はつよかったが、今は漸次衰退している。日本における裁判官の官僚化をチェックする方法としても、国会による弾劾制度のほうが、この制度よりもよいのではないか、という意見を表明しておりました。また、連邦最高裁判所のダグラス判事は、民主主義と司法権との対立を示すこの問題について、裁判官は、立法府、行政府の圧迫から完全に独立であるべきはもちろん、一時的な世論の圧迫からも完全に独立でなければならない、としてこの制度に反対の見解を示しておりました。

エマーソン教授も、国民審査はこれを廃止し、裁判官をすべて終身官としたほうがよい、という意見を述べておりました。ワイザンスキー判事は、日本においては、この制度の重大な欠陥が現実に起こってはいないようであるから、ただちにいまの制度の良否を検討する実際上の必要はないであろうが、理論的に考えると、一般民衆に裁判官の判決の良否の判断を求めることは無理といわなければならない。卓越した優秀な裁判官が、一時的な世論に反対の判決を下したために、犠牲になるような可能性を、この制度は含んでいる。したがって、このような審査は、裁判官、弁護士および非法律家から成る機関に行なわせるほうがよいのではないだろうか、という意見を述べておりました。

㈤　裁判所にも法案提出権を与えるべきであるという提案については、これは裁判所を政治にまきこむものであるとして、反対の意見がつよかったのであります。しかし、この提案の要請をみたす方法としては、アメリカの司法審議会（judicial conference）の制度が研究に値するのではないか、との意見がダグラス判事によって述べられました。

(六) 日本国憲法の司法の部分は、アメリカの制度にならっておりますところから、アメリカの法学者はその運営に特に関心を示しておりました。現在の最高裁判所の運営についての彼らの批判は、日本の最高裁判所は過重な事務を負わされているということでありました。通常の民事刑事事件は、下級裁判所を最終審とすべきであり、かつ、憲法問題についても、裁判所に、アメリカのサーシオレイライのような方法による選択の自由を認め、もっと最高裁裁判官に研究と熟慮の時間を与え、国民の憲法意識を高めるようなパブリック・フィロソフィをたたえたりっぱな内容の憲法判決が、少数でもよいから出されるようにすべきである。これが最高裁判所の権威を高めるゆえんである、という意見が一般的でありました。

また、最高裁判所が、現在のように法律家のみから構成されることは、最高裁判所の影をうすくするものであるとし、アメリカのように、一流のロイヤー・ステイツマンをも加えることが最高裁判所の権威を高めるゆえんではないか、との意見も述べられました。

## 八 第七章 財 政

第八九条については、同条の解釈として、宗教としての神道を保護する意味で、伊勢神宮や、靖国神社に公費を支出することはできないだろう。しかしながら、国民の重要な文化財を保護するという意味から、使途について厳格な条件をつけて公費を支出するのは違憲ではないだろう。また、刑務所における教誨師は、国家機関の目的達成のためのものであるから、そのために公費を支出することはできると解釈すべきである、という意見がありました。

## 九　第八章　地方自治

地方自治について、現行の府県の区分はもっと合理的なものにすることが、日本の将来にとって政治的、経済的に望ましいのではないか。これは、実際上なかなかむずかしいであろうが、市町村の合併手続にならって、漸次的に拡大する方法も考えられる、という意見がありました。

また、日本では、中央集権化の傾向を、いわば自然法則的な不可避なすう勢とみる人があるようであるが、これは誤りであって、各府県が中央政府に財政的に依存する今の現象は、不可避的なものでなく、特定の税制と十八世紀、十九世紀初期の封建的状態にもとづく地域的区分によるものである。税制も地域的区分もいずれも変更できないものではないだろう。

したがって、問題を、現行制度を継続するか、明治の体制に復帰するかというようにしぼって議論するのは非現実的である、という意見もありました。

## 一〇　第十章　最高法規

最高法規の章における条約については、条約をまもる義務だけが規定されているけれども、憲法上重要なのは条約上の義務（treaty obligations）の問題ではなく、条約について国家各機関が関与する関係、すなわち、いわゆるトリーティ・パワーの問題である。これは明確にしておくほうがよいのではないか。条約関係については独立の条章を設け、左の事項について一括して規定することが望ましいように思われる。

(一) 条約と憲法との関係
(二) 条約と法律との関係
(三) 条約中、国会の承認を必要とするものと行政府のみに委託するものとの区分
(四) 条約の司法審査
(五) 日本が超国家的団体に加盟するための憲法上の条件

という意見がありました。

以上が憲法の各条章にわたって述べられた主要な意見であります。

私どもの問題点は、ご承知のように憲法運用の実際についての調査にもとづいて作成されたものでありますから、前文と改正手続に関するもの（第九章）は含まれていなかったのであります。そして、これらの問題点のうち、天皇、戦争放棄というわが国に特有の問題については、いわばあわせてこれも示しておくというようにきわめて簡単に取り扱っていたのでありまして、主として、各国に共通の問題でありますす国会、人権、司法というような問題について、意見をきくことにいたしたのでありますが、結果的には、天皇、戦争放棄についての意見も数多くきかれたのであります。

また、憲法改正の問題につきましてもいろいろな意見がきかれたのであります。

すなわち、わが国では、民主主義的憲法の改正についての経験が絶無でありますが、アメリカでは、連邦および各州の憲法改正について豊富な経験をもつのみならず、特に最近では、比較政治学的見地か

ら、欧州、南米等の憲法改正の効果等に関する実証的研究も行なわれておりますところから、憲法改正についての発言は非常に多かったのであります。

まず、憲法を改正する場合の基本的問題に関する意見の主なものは次のようなものであります。なお、これらの発言は、革命の際の憲法改正ではなく、平常時における憲法改正についての意見であることはいうまでもないところであります。

(一) 憲法改正は、通常の法律および行政的または司法的方法を十分検討した後、これらの方法では問題を解決することが真に不可能な場合にのみこれを行なうべきものである。この点では、われわれの会ったすべての学者が同じ意見でありました。

(二) 憲法の多くの条項は、刑法や不動産法の規定のような規則ではない。憲法の条項は、一般的かつ永続的なものであって、その多くは「解釈が分かれうるところに価値が存する」。それらは「考えることを要請する」性格をもつものであり、「意味の不明確であるところに創造的価値」があるのである。だから、解釈が分かれているのを明確にするために憲法を改正しようとすることは、もっとも慎むべきである。このような意見は、人によって表現はいろいろでありましたが、多くの憲法学者が力説するところでありました。

(三) ワイザンスキー判事は、憲法に使われた用語を軽々しく変更することは慎むべきであろう、という意見を述べておりました。

(四) ミシガン大学のウォード教授は、論点を一つにしぼった部分的改正のほうが、いろいろの論点を含む広範な改正よりも容易である。それは、広範な改正の場合には、そのうちの一点について反対するものは、他の部分について実は賛成であっても反対を表示する傾向があり、それらが総合されると反対のほうが多くなるからである、といっておりました。

㈤　スカラピーノ教授は、新しい憲法は、五年を経過すると存続可能性が出てくる。一〇年を経過すると存続可能性が増大し、さらに二〇年を経過すると、国民の間に固く根をはるようになる。憲法がまだ書かれたテキストだけで国民の間に根をおろさない間は、改正は容易であるけれども、国民の間に根をおろした場合には、抵抗がつよくなって改正は困難となる、ということをいっておりました。

次に、日本における憲法改正について、次のような意見がきかれたのであります。

㈠　憲法調査会で問題点とされているような事項の大部分は、解釈または通常の法律で解決しうべき種類のものであって、憲法改正を必要とするものは少ないのではないか。これは、学者の一致した見解でありました。

㈡　マキ教授は、九条の問題をしばらく論外におけば、日本国憲法は、憲法の運用が割合に成功しているという意味で「よい憲法」である。憲法の重大な欠陥のために政治の運用がマヒし、または著しく不便が生じているという場面は出てきていない。もちろん、この憲法は完ぺきなものでなく、また、いかなる憲法も完ぺきではありえない。そうした欠陥は、憲法調査会の問題点の中にも若干あらわれている。こうした点について論議するのはよいが、だいたいにおいて、以上の意味で「よい憲法」であることを忘れてはいけない、という意見を述べておりました。

㈢　日本政治を専攻する歴史学者ミシガン大学のスポールディング氏は、日本における改憲論の根拠としての押しつけ憲法論は、もしそれが憲法改正を促進しようとする意図であったとすれば、かえって望ましい改正をも実際上不可能ならしめる逆効果を生んでいる。なぜなら、このゼノフォビックな感情にもとづく論法は、ひとしく感情的な反対論議を生み、一部改正にも反対する政治的気運をじょう成したからである。現行憲法に対して批判を加えることはけっこうであり、それは、日本の民主主義の成長を示すもので、明治憲法時代との格段の差異がそこにみられる。しかし、その批判は、どこまでも感情的ないしイデオロギー的な破壊的批判でなく、具体的内容についての建設的批判であるべきであって、こうした建設的論議から生まれた憲法の改正こそが、憲法そのものの生命を維持する価値がある、といっておりました。

(四) スカラピーノ教授は、先に述べたような考え方から、日本国憲法はすでに一五年以上を経過しているので、その大部分が国民によって受け入れられ、かつ、日本の社会に根をおろしているとみるべきではないか。こうした情勢の下では、基本的な政治的論争とならないような純技術的改善のための改正はよいが、政治的な論争をまき起こすような改正を試みようとすると、政治的大混乱をきたすことになるであろう。また、憲法改正の提議が、国民投票の結果不成立になるような場合には、日本では極左勢力がつよめられる危険があり、その内外に及ぼす影響は少なくないであろう、という意見を述べておりました。

# 第一一章　憲法と政治

## 一　後進国における民主主義

日本の姿をつかむには、外国に行ってそこから日本をながめることが必要であるといわれる。日本国憲法下の民主主義の姿をつかみ、その進路などを考えるについても、同じことがいわれうるであろう。しかしまた、イギリスやアメリカなど民主主義先進国から日本の民主主義をながめた場合と、東南アジアのような民主主義後進国から日本の民主主義をながめた場合とでは、日本民主主義の印象もおのずから異なったものがある。日本民主主義の健やかな発展を考える者は、民主主義の先進国からのみならず、民主主義の後進国から日本民主主義を見直すことも必要であるといえよう。

私は数年前からアジア・アフリカ法律諮問委員会の日本委員であった関係から、インド、パキスタン、セイロンやエジプトなどを訪問する機会をもち、また、これらの国の指導的法律家といろいろの問題について懇談する機会をえた。また、これらの国の人たちのムードに接することもできた。そしてまた、昨年は未訪問のマラヤ、シンガポール、インドネシアとフィリピンを見学する機会をえた。ここには、これらの経験から得た若干の感想について語ることにする。

現在の冷戦の下で共産主義諸国と自由主義諸国の対立が国際政治的には最大の重要性をもっているが、後世史家から見れば、二十世紀の最大の事実は、十九世紀のイギリスに始まったインダストリアリゼーション（工業化）の動きが全世界に波及したということであろう。ロシア革命後今日に至るソ連の約半世紀の努力の成果に照らすと、ソ連における労働者の生活水準が英米等資本主義国の労働者のそれよりも向上したという事実はないようだが、強力な国家的統制の下に工業化が大々的に促進されたことは、何人も否みえない事実である。また、中共も人民公社などのより極端な強制経済の方式で、工業化に猛進している。

経済史家ウォルト・W・ロストウ教授の最近のすぐれた著書「経済成長段階論」によれば、第二次大戦後スターリンはソ連の計画経済の実行について、二つの方針をとりえた。その一つは、ソ連の民衆の生活に重点を置いてその生活水準を高めることであった。その二は、武力を背景とする国際的権力政治におけるソ連の優位を獲得するというナショナリズム的ないしインピリアリズム的な行き方であった。

当時ドイツの脅威はのぞかれ、英仏は戦争によって弱体化していたし、アメリカも軍縮に向かっていたので、ソ連にたいする国際的脅威がなかったのであるから、スターリンとして第一の政策をもとりえたのだが、かれは第二の政策をとって、米国との軍備競争という方向に向かった。かくして民衆の生活の犠牲において、軍事産業の増進に人的・物的資源を動員したのだとする。また、マルクスの唯物史観はヘーゲルの史観を逆立ちさせたといわれるが、スターリンはこの第二の政策をとることによってマルクスをさらに逆立ちさせて、ヘーゲル的史観にかえって、ナショナリズム的、エキスパンショニズム

（膨脹主義）的考え方に立つにいたったともロストウはいう。

それは別として、ソ連や中共とひとしく、独立後の東南アジアの国々もこの工業化という世紀的動向をたどろうとしつつある。これらの国々は日本よりも生活水準がはるかに低く、国民大衆は政治的進歩よりも経済的進歩により大きな関心をもっている。そして、これらの国々の政治家は強弱の差はあるにしても、経済的進歩が民主主義育成の必須要件であることを意識している。この点ではインドの政治家が最も積極的のようである。独立後二つの五ヵ年計画がすでに実施され、かなりの成功をおさめているが、第三次五ヵ年計画では農業経済開発に重点が置かれ、食糧の増産によって国民の生活を確保することを企図している。

計画経済をとって国民の生活水準を急速に進めるために、ソ連的ないし中共的方式がよいか、あるいはイギリス式福祉国家のように、古典的民主主義をすてない方式をとるべきかは、新興国の指導的政治家の直面する共通問題であるともいえよう。つまり、個人の尊厳と自由とを指導原理とする西欧的民主主義の政治形態をすてて、独裁政治型のやり方をとる方が経済の進歩の見地から能率的だとの見方には、一面の真理はあろうが、しかし、同時にまた個人は生産のための道具として取扱われる恐れが多分にある。

インドの政治家は西欧の政治思想の感化をうけつつ、自由のために闘って独立を獲得したので、外国の支配から解放されて国の自由を獲得したインド人がソ連型の政治を採用することによって、国内的に自由を失ってはナンセンスであるという気持ちがつよい。また一般知識人にも自由に関する感覚はなかなかつよい。かれらはとくに隣国の中共の計画経済にたいして関心を示し、視察旅行を行なうものが多い。しかし、かれらは中共的方法の経済的能率を一応みとめるとしても、それに伴う自由の喪失という点にきわめて敏感のようである。インドのある社会学者が人民公社を視察した後書いた旅行記のうちに、あれでは「人民は動物園の獣よりも自由がない。動物園の獣は少なくとも強制的にラジオを聞かされることはない」とすこぶる皮肉な言葉でその感想を結んでいる。

日本の中共視察者は多くナショナリズム的感覚の上から、中共の急速な工業化に驚嘆し、自由の見地から見たインド知識人のような批判はあまりしない。これは日本の知識人がインド人よりも〝自由〟の感覚が弱いためか、明治時代からの富国強兵の理念が潜在意識となっているためか、あるいはまた中共のような共産主義の方がより進歩的と考え、マルキシズムのイデオロギーの影響から中共を好意的に見るためであろうか。チベット事件またとくに国境事件後のインド人、また他の東南アジアの人々の間には、中共のエキスパンショニズムつまりその武力を背景として東南アジアの共産化に進出するのではないかとの恐怖がつよまってきている。当初は、反西欧的な中共にたいして、かれらも反西欧的な闘争を行なった関係上、同情を表わしていた人々も、これはあぶないという感じが出てきて、別の面から中共に対する評価に変化を来たしつつあるようである。

しかしとにかく、東南アジア諸国は、ソ連や中共の真似をすることに難色を示しているにしても、工業化は急速に進めねばならない。そして計画経済こそがかれらの生活水準を高めるゆえんである、との見方がつよいことは否めない。これがために、インドでは、五ヵ年計画の実施のためますます重税が課せられている。そして重税によって影響をうける階級から反対がないわけではないけれども、非民主的方法で課税に反対する動きはどの方面にもなかったといわれている。なんといっても工業化によって国民の生活水準をあげることが政治的民主主義にとって不可欠の要件であること、またこれがためには、工業の先進国から技術的、財政的援助を必要とすることが一般に認識されている。もっともまた急速な工業化はインドの民主主義の育成を害するという、ガンディ的見方もあるが、これについてはつぎにふれることにする。

## 二　議会民主主義の将来と危機

日本国憲法は議会民主主義をとっているが、日本の議会政治はまだ筋金入りの本格的なものとなっていないので、そのために、左翼ないし右翼の独裁政に移行するおそれがいだかれている。このことは、近時一連の出来事によって内外に問題とされた。東南アジアの新興国は、いずれも独立後西欧式議会民主主義憲法をもったが、議会民主主義の将来の発展については、日本以上の困難な要因がある。そのうちでインドだけは、憲法の規定に従って割合順調に議会民主主義が行なわれているが、他の国々は、すでに議会主義の危機を経験した。

ビルマでは、一九四八年一月四日独立と同時に議会民主主義の憲法が施行され、ウ・ヌーを指導者とする「反ファシスト人民連盟」が政府を組織した。その後党が清純AFPEL党と堅実AFPEL党に分裂した。そして、後者の提出した政府不信任案をウ・ヌー首相は三〇名の共産党議員の助けをえて否決することに成功したが、内閣が共産党議員に依存したために、共産党反徒の勢力が増大して、共産ゲリラ部隊を軍隊に編入することが要求されたので、著しく軍部を刺激し、ウ・ヌー首相は辞職し、議会は総司令官ネ・ウィン将軍をして管理内閣を組織させるための憲法改正を行なった。

かくして軍部は一八カ月にわたり政権をにぎった。その間ネ・ウィン将軍は行政府を改善し、また国民生活の各面に規律を導入し、生活費の値下げにも若干成功した。そして一九六〇年二月に新選挙が行なわれた。この選挙でウ・ヌーはかれのひきいる清純党と共に圧倒的勝利を博し、共産党員は一人も当選しなかった。そこでネ・ウィン将軍が行政を文民政権にかえし、ウ・ヌーが首相に任命されたのであった。そのときかれは、かれの立場を明らかにして、「民主主義に代わるものはない」といい、また「自己および自己の政党が民主主義の線で政治を行なう」ことを誓った（しかし再び軍事政権が復活した）。

インドネシアでは、一九五〇年の議会民主主義を定めたインドネシア共和国暫定憲法の下に、第一回の国会総選挙が一九五五年の九月二〇日に行なわれ、また、同年一二月恒久憲法を制定するための制憲議会議員の選挙が行なわれた。かくして成立した国会には、国民党、マシュミ党、ナフダトール・ウラマ党、共産党の四大政党のほか二〇の政党が議員を送った。そして、この複雑微妙な勢力均衡を背景として、議員たちは内閣の組織とか、内閣再編成とか、内閣打倒とかの政争に憂き身をやつしていた。政府は連立内閣であったが、議会は、内閣を指導するような明確な方針を示しえず、内閣と各省とは議会ではなく大統領と軍部の指導の下に立つようになった。他方、制憲会議も大統領の任務とか外郭諸島の地位とか憲法上におけるイスラムの地位等をめぐって平行線をたどって議論の一致を見ず、成果をあげることが出来なかった。

こうした事情の下に、一九五六年一二月に、スカルノ大統領は政党政治を罵倒し、「政党はインドネシア社会の真の利益を代表することに失敗した」と断じ、一九五七年二月、労働者、農民、知識階級、軍人、婦人、前革命家、青年等の職能代表者を網羅する全政党から選ばれた連立内閣と国民協議会を組織した。他方スカルノ大統領はその権力を強化するため議会主義を定めた一九五〇年の憲法を廃止して一九四五年の暫定憲法を復活しようとしたが、制憲議会の説得に成功しなかったので、制憲議会を解散して、一九四五年の暫定憲法を復活した。この憲法は、日本の終戦後二日目の独立宣言のとき出来た簡単な暫定憲法で、それがインドネシアの現行憲法となっているのである。

スカルノ大統領は、国会がかれの唱えた「指導された民主主義」(Guided Democracy) を支持しようとしないという理由で、一九六〇年六月二〇日国会を解散した。そして大統領の指名した議員から成る新議会が、一九六〇年六月二五日に誕生した。他方スカルノ大統領は、「国民戦線」とよばれる団体を組織し、その構成員は、一九四五年の独立宣言の精神に徹した団員にのみ限ることとした。いわゆる「指導された民主主義」の下で、議会と政党が無力化されていることは明らかで、議会はあるがそれが議会民主主義とはいいえないことも明らかである。それは本質的には、スカルノ大統領が軍部の協力を得て行なう独裁政であるといえるであろう。

一九四七年に独立したパキスタンは、一九三五年のインド統治法に若干修正を加えたものを基礎とし、議会民主主義国家として発足、さらに憲法制定に着手した。主として東西パキスタンの相対的地位とイスラムに与えられるべき法的地位の問題解決が多大の困難に直面したため、憲法起草は八年の長年月を要したが、一九五六年に憲法は制定された。この憲法は、やはり議会民主主義の性格をもつものであった。しかるに、一九五八年一〇月軍部がクーデターで権力を掌握した。そして右の憲法は廃止され、議会は解散され政党も廃止された。そしてアユブ・カーン将軍が大統領兼首相の座にすわって軍政がひかれることになった。アユブ・カーン将軍はこのクーデターを弁護して、政治家たちを「堕落の深さは底知れぬものがある」と罵倒した。そしてアユブ・カーン将軍は、軍人らしい決断力をもって政界の腐敗を排除し、封建的な農村を改革し、また経済開発計画をも立案した。

一九五九年六月に軍政府は民主主義的な政治の再建方針を示したが、その形式は、民衆が理解し運営しうる型のものでなければならないとした。かれは、人民の八五パーセントが文盲であり、かつ、ラジオ等の施設の発達しないパキスタンで西欧式の議会民主主義を運用することは出来ないと考えているのである。そして、基本的民主主義令（Basic Democracies Order）という大統領令が出された。この大統領令でいう基本的民主主義というのは、四段階からなるピラミッド的な議会を設け、それらの議会で民衆の代表と政府の役人とを協力させ、一面民衆の代表者をして政府の方針に参与させてこれを理解せしめると同時に、他面これによって民衆の政治的責任を自覚させていこうというのである。

さらにまた憲法委員会が任命されたが、そうした着想にもとづく憲法を作ろうというものらしい。憲法委員会は、個人および各種団体に質問書を配布し、一九六〇年六月末までに回答を求めた。これらの回答のうち、東パキスタンの弁護士会と西パキスタンの前首相のチャウドフリ・モハメッド・アリは、議会民主主義の復活を強く訴えたが、アユブ・カーン大統領は、強力な大統領制と「パキスタン民衆の天分に適した民主主義」というかれの考えを固守して、議会民主主義への復帰説にはつよい難色を示しているようである（一九六二年このような憲法が制定された）。

ビルマは一八カ月の軍政の下にあったが、議会民主主義にたちかえったがまた軍政に立ちかえっている。しかし再び軍政の下に立っているインドネシアでもパキスタンでも、民主主義を支持する国民の感情がつよいので、当面の権力主義は、民主主義の復活を可能ならしめる条件を作り出すことが目的だといっている。国民の特性に合致するような民主主義を確立するための地盤を準備しているのだといわれているのである。この三つの国の民主主義は、今のところ予見しえない情勢である。

以上の国々のように議会主義から権力主義へと移行していない国でも、議会民主主義の発展を阻止する要因がいくつかある。文盲、貧困、人口増加、また国民の政治的消極性と未経験などは、克服されねばならぬ要因であるが、ここにはしばらくふれないで、他の要因について考えてみよう。

議会政治がうまくいっているイギリスと異なり、日本でも従来政党間に大きな問題について共通の広場がなく、議会の論議が平行線をたどっていることが議会民主主義がうまくいっていない要因であることは、しばしば指摘されたところであるが、東南アジアの新興国では、日本にはない別の要因がある。するどい人種的偏見、特定言語へのつよい執着、特定宗教への信仰的忠誠、これらとからまった地域的利害の衝突などにもとづく政治的対立は容易に妥協を許さない絶対的対立となりやすく、議会主義の前提である国民的一致、いわゆる「コンセンサス」の成立を妨げて、分裂的傾向を著しくつよめている。これらの分裂的傾向が混乱をきたし、これに対処するために権力政治の動向が生まれやすいのは、自然であるといえる。これらの諸国と対比すると、日本の場合は議会民主主義の発展を阻止する要因は割合単純で、日本の社会的条件は議会民主主義の発展に好都合だともいえる。

次に、議会民主主義の正常な運用については、与党のほかにいつでも政権の座につきうる野党の存在が必要である。そのためには、イギリスにおける保守党と労働党のように均衡のとれた二大政党の存在は理想的だが、スカンディナヴィア諸国のように多数政党が存在するとしても、政治的に成熟したこれらの国では、あたかも二大政党が存在するとおなじように議会政治を運用している。日本の場合には、いまだ〝責任ある反対党〟が成熟していないことが、日本の議会民主主義の発達を阻害していることは、しばしばいわれるところである。

東南アジアの新興国でも、古典的議会政治の運用にふさわしい政党の発達がない。インドの国民会議派にしても、ビルマの反ファシスト人民連盟にしても、パキスタンの回教連盟にしても、議会政治のための正常の政党ではなく、独立のために闘争を行なったグループである。それらは独立を唯一の目的とした運動であったのである。それが独立と同時にそのまま政党となった。そしてこの政党は独立のチャンピオンとされ、国民から尊敬されているので、これに対抗する全国的な反対党の成立を阻止している。

したがって、インドのように議会主義が憲法の規定に従って割合順調に行なわれている国でも、「責任ある反対党」は成立せず、実質的には、国民会議派独裁の型をとっている。他の党派は万年野党として存在し、批評家的機能をいとなむだけである。国政を担当する国民会議派の指導者たちは、ガンディの下に自由への闘争に参加した、国民に知られ、尊敬をうける人々である。州の政治の指導者についても、大体同様であるといえる。パキスタンの場合、一九四八年回教連盟の首領ジンナの逝去、一九五一年リアカット・アリ・カーンの暗殺によって、国民に知られまた信頼された政治的指導者を失ったことが、同国の議会主義停止の有力な原因をなしている。インドの国民会議派の場合でも、そのうちに保守的な分子と革新的な分子をふくみ、それらの人々が独立という一点で一致していただけなので、国内的政党としてそれが機能する場合には、やがては分裂が行なわれるのではないか、と見られている。

また日本では、政党政治における派閥というのが問題となっている。これは、親分子分という封建社会の社会的慣行の新しい表現だとも観察されているが、主義とか政策への忠誠よりもむしろ個人的な忠誠に重きがおかれている点に特色があり、議会民主主義の見地からは望ましくないとも見られるが、東南アジアの諸国でも、この点では同じ傾向がつよいように聞いた。ことにインドネシアで二〇数種の政党があるのは、個人的つながりによるところ大であるようである。

西欧でも国が危機に直面する場合、政党の政綱とかイデオロギーよりも、個人の統率力に重きをおかれる事例は多い。そして、国内建設を緊急事とする東南アジアの諸国で強力な指導者を要望する傾向のつよいのは、自然であるといえる。それがまた、ある国で軍部政府が不人気でない理由なのであろう。インドネシアのスカルノ大統領も、パキスタンのアユブ・カーン大統領も、政党政治家を罵倒し、西欧式議会民主主義がそれぞれの国情に合致しないものとし、スカルノ大統領は指導的民主主義を、アユブ・カーン将軍は基本的民主主義を提唱している。しかし、その実体は独裁政に近いものであることは、先に述べた通りである。

しかし、これらとは異なった、政党に基礎を置かないガンディイズムにもとづく民主主義の構想がインドのナラヤンによって提唱されていることを、ここにつけ加えておこう。むろんこれはいまだ実験を経ない理論である。ナラヤンは、しばらく前までインド社会党の首領であり、ネール首相が「インドの将来の首相」と折り紙をつけたほどの大人物であるが、今では政界を去って農村改造のための土地寄進運動、いわゆるブータン運動に精進している。

かれはガンディ主義の立場から、ソ連的独裁政をつよく嫌悪する。それは、個人の自由を奪うことになるからである。「インド」は自由になったが自由インドの中で「インド人」は自由を失ってはならないとかれはいう。ディクテーターシップ（独裁権）はスターリンの所産ともいえるが、より深く考えれば、高度工業化促進の所産である。これは、インドその他の工業の未発達のアジア諸国への一大教訓である。もしもアジア諸国の工業化を急速に進めるなら、ソ連その他共産国の人たちと等しく、インド人の自由は、必然的に消滅する。しかしまたそれと同時に、西欧式の政党政治も農業国たるアジアには適さないものと、かれは考える。

かれによれば、政党政治の実際も、国民の能力と創意を発達させる権能をいとなまない。国民の自治能力を発達せしめるに役立たない。政党はすべて権力を追及《ママ》する。政党政治の下では、国民はポリティカル・シープ（政治的羊）となり、主権者としての唯一の機能は、ときどきかれの世話をするシェパード（羊飼い）を選ぶにすぎないとする。かれは、共産主義的独裁政も西欧的議会政治も「フリー・インディアン」の育成に寄与しないとする。しかしかれは、どういう政治形態がインドにとって妥当するものとするのか。

かれは、ガンディのいわゆる「ヴィレッジ・リパブリック」（共和村）の理念を基礎とし、なるべく農村の政治的、経済的自治の樹立を目標とする。まず村民は、直接選挙によって五名をえらんで、これに村の統治を託する。この選挙は、政党のプログラムとか、そのスローガンとか、また農村の日常生活とかけはなれた国際問題の論争とか、全国的な人気役者選出を中心とするごときものでなく、どこまでも、被選挙人の人物と能力とが農村のためになるかどうかによってきめられる。そして農村ではお互いによく知り合った村人は、これを判定する適格性をもっている。かくして成立した村会が次の上級段階の郡会議員をえらび、郡会がさらに州会議員を、州会が国のパーラメントの議員をえらぶという間接選挙の方法をとる。そして国はなるべく、共和村に干渉しないようにする。元来ガンディの思想は「国家」を廃止するにあるが、実際政治に通ずるナラヤンは、現在では、それが実現不可能であることを知っているので、右のような構想を立てたのであろう。

ナラヤンは、必ずしも、機械の発達をきらうのではなく、インドについてもその発達を必要だとするが、機械が人間を支配するようになることにつよく反対する。かれは、国民の関心を国ではなく、まず農村に向けるべきことを説くのである。ヘーゲルの国家至上主義「シュタート・ユーベル・アルレス」に通ずる党至上主義「パルタイ・ユーベル・アルレス」の旗の下に、スターリンがその支配を維持しえたのは、ロシアの急激な工業化と機械化の結果である。しかし「工業化」、「機械化」と呼ばれる神々の祭壇に人間がいけにえとなっていることを、インド人はふかく反省せねばならないとかれは説くのである。

すぐれた評論家ルイス・フィシャーは、スターリン下の共産主義の実践に、むしろ同情をもってその動きを十数年にわたりソ連に住んで注視し、その実情を熟知するに至り、その後インドにおもむいてガンディと親しく交わってその思想に同感し、大衆政治家としてのガンディとスターリンを対比した有名な著作を公けにした。彼は、最近ではインドネシアにおもむいてその政治と社会をつぶさに検討して、一九五九年「ストーリ・オヴ・インドニジア」という著書を公けにした。この著書でフィシャーは、ナラヤンの右の構想は農業国であるアジアの新興国において、個人の自由とデモクラシーを獲得するための最もオリジナルな構想である、ことに冷戦の谷間にない、そして村落共同体の歴史的伝統のつよい、インドネシアにとって最も妥当な制度であろうとしている。

かれはまた、ナラヤンが将来政界に返りインド首相となるようになれば、インドの政治機構に変化を招来するかもしれないといっている。ヨーロッパでもフランス、スペイン、ポルトガルなどラテン系の国では、議会民主主義がアングロ・サクソン系の国のようにうまくいかないことは、衆知の事実である。私は、最近スペインの有名な外交評論家マダリアーガの「民主主義対自由主義――異端的自由主義者の信条」(一九五八年)を読んだが、かれの着想は、ナラヤンの構想をラテン系諸国の環境に適応せしめんとするようにも見られる。アメリカの憲法の起草者は、民主主義に政党を不可欠のものとは考えていなかった。むしろ政党を白眼視していたのである。しかし、現実にアメリカ民主主義は、政党を背景として動かされるようになった。果たしてナラヤンのような民主主義がインドでも実現可能性あるかどうかは、まだ疑問である。すでに工業化された日本では、こうした構想は、ユートピアの域を脱しえまい。

## 三 行政官僚の不足

ある意味で議会政治は、官僚政治と対立する概念であるが、しかし、議会民主主義の運用についても、国の政策をきめる議会だけでなく、その政策を執行する、超党派的な、純潔な、そして能率の高い行政官の一団の存在が、不可欠の要件である。この点に、若干の東南アジアの新興国には大きな欠陥があるように思われる。

もっとも、この点については、国によって幾分差異があるように見うけられる。インドネシアでは、オランダ政府が、上級官吏は全部オランダ人が占め、ただ下級の仕事だけに土着民を使ったという関係から、独立後オランダ人を排除した後にこれに代わって、行政を行なう官僚組織を作り出すことが異常の困難に直面している。

これと対蹠的なのは、インドである。そこでは超党派的、純潔で能率的な精神を体得するよう厳格な訓練をうけている〃インディアン・シヴィル・サービス〃（イギリス人のみならずインド人をもふくむ）が、インド人に行政官のあるべき姿を教えていたので、独立後イギリス人が去った後も、割合い高い官僚をもっていてこまらない状態にある。セイロンでは、一九五九年九月にバンダラナイケ首相が仏教僧侶によって暗殺された後の九ヵ月間、政情は極度に糾糾し、民主主義の危機をおもわせるものがあった。この危機を切り抜けることのできた大きな要因は、行政官吏が公正かつ能率的にふるまったためといわれる。

インドネシアとインドおよびセイロンとの間のこうした差異は、オランダとイギリスの植民地政策の差に由来するようである。しかし、大規模の経済建設を必要とする東南アジアの諸国では、いずれも、新時代の要請を満たしうるような技術的に訓練された官僚を育成することが何よりも急務であることは疑いないところである。

わが国の場合には、明治時代から行政府には秀才が集まり、日本の官僚は、その能力において、また純潔さにおいて、他の文明国にたいし遜色ないものであった。このような官僚を中心として、日本の近代化が促進されたのである。民主主義の下における官僚のあり方については、官尊民卑の遺風その他多くの修正を要すべき点があるにせよ、多年にわたり訓練された有能な官僚をもっていることは、一面議会政治を官僚政治に逆転させる危険も伴うが、東南アジアの新興国からながめると議会民主主義の将来にとって大きなプラスであることは疑いない。また、独立をつづけてきたタイ国は、むしろ、日本より早く、官僚の養成につとめていたので、新興国とはおのずから異なるといえよう。

## 四　法の支配と裁判所の地位

議会民主主義の運用に不可欠の要件は、法の支配（法の優位）の思想が徹底することである。明治憲法の下でも法治主義ということはあったが、それは〃法の支配〃(rule of law)ではなく、むしろ〃法による支配〃(rule by law)つまり、為政の具として法を考えるというニュアンスが強かった。しかるに日本国憲法は、民主主義の基礎として「法の支配」の原則を強く打ち出しているところに、明治憲法にたいする大変革がある。

法治主義というのは、治者の立場からの思想であり、これに対して法の支配というのは、被治者の立場からの思想であるともいえるであろう。したがって、法の支配の概念は、為政者による基本的人権の尊重ということを内包する。法治主義の下でも法の支配の下でも、被治者は法を守る義務のある点は共通であるが、法の支配の下では、さらに進んで、国権を行使する国会も行政府も、被治者の基本的人権を守る義務があることが高調されているところに、法の支配の特色がある。ファシズム下のイタリア、またナチス政権下のドイツでも、法治主義は存在したが、法の支配はなかった。また、現時のソ連でも法治主義は高調されているが、法の支配は説かれない。

ロスコー・パウンドの指摘するように、この法の支配ということがイギリスとアメリカに共通の法原理をなしている。つまり、これがコモン・ローの基本原理をなしている。この基本原理を実現する制度や手続についてはイギリスとアメリカとでは全然同じではない。イギリスでは、法の支配の原理は、裁判所による行政官の法的抑制という点に重点がおかれている。「マンデーマス」(mandamus 職務執行令状）とか「プロヒビション」（prohibition 禁止令状）とか「ヘイビアス・コーパス」（habeas corpus 身柄提出令状、人身保護令状）とかの令状による裁判所の行政官に対する命令（これらを総括して大権命令 prerogative writs とよばれている）により法律違反ないし基本的人権の侵害を阻止する手続規定によって、法の支配が保障されている。

右のイギリス的手続は、アメリカでも継受されているが、インド憲法では、さらに進んでこの手続を求める訴訟法上の権利そのものを、憲法の保障する基本的人権の一つとしている。（わが国の公法学者は旧来の大陸法的な三権分立の考え方を前提として、ここまで進むことに難色を示している）。イギリスでは裁判所の権能は、行政府の行為の抑制にかぎられ、国会の行為には及ばない（国会至上権の理論）。したがって、国会の制定した法律による人権侵害を裁判所が違憲無効とすることはできない。しかるに、アメリカではさらに進んで、基本的人権侵犯の場合には、裁判所はいわゆる違憲立法審査権を行使して、議会の制定した法律をも違憲無効とすることができる。

かくのごとく、基本的人権の背景となる法支配の法技術的構成は、イギリスとアメリカとで異なってきている。純理論的には、アメリカの方がイギリスよりも基本的人権の保護に徹している。なぜなら、イギリスでは、国会が基本的人権を奪い去り、極論すれば独裁政を認めるような法律を作っても、これに対する司法的保護は与えられないからである。しかし、理論はそうであっても、現実的に見れば、イギリス人の基本的人権の保護がアメリカ人のそれよりも薄いということはできない。なぜならイギリスの国会議員は、立法の際、人権に関する問題に細心の注意をはらうからである。また、英国民一般が人権についてはきわめて敏感であるから、人権を不必要な程度に制限する法律を制定するような政府は、次の選挙で敗れることを知っているからである。こうした国会による自制、国民の監視という憲法理論をこえた非法律的な政治的な要因によって、人権は強く守られているのである。

さらにまた、裁判所も基本的人権に反するような立法を無効とすることはできないにしても、「立法の解釈」という面からも人権が間接に守られている。つまり、国会が公共の福祉の見地から人権を制約する法律を制定した場合に、それが合理的な制約をこえたものではないという前提にもとづく解釈態度、つまり、基本的人権不侵犯の推定という前提の下に立法の解釈が行なわれるからである。かくして、基本的人権は、事実上アメリカ以上にイギリスでは守られているとさえいわれるのである。

歴史的には、法の支配の原理の有無が英米法と大陸法との根本的差異であるといわれてきた。英米法は、「国王は神と法の下に支配する」という一三世紀のブラクトンの言葉に現われた法思想にもとづく法の支配の基本原理に立ち、大陸法では、「国王の命令が法である」というジャスティニアンの「コルプス・ユーリス」に現われた後期ローマ法の法思想の伝統を基礎とし、したがって行政府優位の思想の強いことを特色とすると考えられていた。

かくしてまた、フランス革命後の三権分立の考え方にもそれが残っている。フランスでは、裁判所は民事刑事の裁判権をもつにとどまり、行政府もこの分野には干渉してはならないという意味でだけ〝司法権の独立〟はあった。しかし、フランスでは同時にまた、司法は行政に干渉してはならぬ、つまり、行政の司法からの独立という法理が存在する（これが大陸法一般の司法権の思想、三権分立の理論をとり、これがまた明治憲法下の理論となっていた）。イギリスでは、法の見地から、また人権の見地から、行政を監視し、これを抑制するのが裁判所の職務であると考えられたのである。この点で三権分立の考え方について英仏では大いに異なるものがある。

かくしてフランスでは、原則として行政が人権の侵犯を伴う場合の救済を裁判所に求めることができなかった。この理論の下に「コンセイユ・デタ」を中心とする行政裁判所が発達して、それが人権擁護の機能を果たすことになったのである。多年イギリスでは、行政府に近いこうしたフランスの行政裁判所は行政に好意すぎて人権の保護にはならないという風に考えられ、ダイシー教授などはとくにこの点を強調して、フランスのこの制度に反感を持っていたことは、その名作「憲法論」にもつよく出ている。しかし、実際上はそうしたものでなく、フランスの行政裁判所は十分に人権保護の作用をいとなんでいることが、とくに最近の実証的研究の結果イギリスの法律家にも明らかになって来ているのである（イギリスの占領地域内のイギリス司令部の法律家がドイツの〃行政裁判所〃に反感をもたず、むしろその発達に期待した態度にも、このことは現われていた）。

以上は行政府に対する関係であるが、世界大戦後の第四共和国憲法では、さらに一歩を進め、立法府との関係についての基本的人権の保護が考慮され、〃憲法委員会〃という制度が設けられて、特定の法律が基本的人権侵犯とならぬかどうかを〃事前〃に審査する機構が設けられた。フランスで裁判所の権能が革命以来の司法権概念を固守するため今でも狭いのは、英米と異なる（これはドイツでもイタリアでもフランスと同じである）。しかし、別の機構を通じて基本的人権を保護せんとしているわけである（この点は独伊でもおなじで、行政裁判所や憲法裁判所のような別の機構で人権が保護されている）。

かくのごとく、伝統的には、英米法の特色と考えられたイギリスに発した法支配の思想が、法的技術では英・米・仏などによって異なるにしても、いわば自由・民主国の普通法となりつつあると見ることができる。かくして、イギリスに由来する「法の支配」という言葉は、一九四八年の世界人権宣言、ならびにローマで締結された一九五〇年の人権及び基本的自由の保護のための欧州協約という二つの国際的文書にその姿をあらわすにいたった。

かくのごとく自由・民主国の普通法となった〃法の支配〃の法的性格は、大体次のようなものであるといえると思う。

(一) 法の支配は、個人人格の至上価値を認める。そしてすべての社会制度、ことに国家は、個人に対して主人としてではなく、個人のために奉仕する者であるという世界観に基礎づけられている。これはファシズムまたはナチスの全体主義世界観とは、対蹠的である。

(二) すべての国民は、法を守らねばならぬし、また法は厳格に執行されねばならない。この原則が行なわれぬときは、無政府状態に陥る。

(三) すべての国家権力は、法に由来し、また、法に従って行使されねばならぬ。

(四) 法自体は、個人人格の至上価値の尊重に基礎づけられるものでなければならない。人格価値の尊重から個人の精神的、政治的、社会的活動において国家からの干渉をうけない意味の自由が歴史的に高調された。これが国家の不干渉義務の形をとり、今でも憲法上自由権として保障されている。しかしまた、現代の経済的、社会的環境の下では、各個人がその精神的、政治的、社会的自由が現実に行使されうるような物質的、社会的要件を供与する積極的義務を国家は負う。憲法上の社会権はそうした志向をもつ。これは十九世紀の〃法の支配〃の概念にはなかった二十世紀的発展である。

(五) 各個人は、その守らねばならぬ法の設定に参加する権利をもたねばならない。

近ごろわが国でも〃法の支配〃ということがいわれるが、その意味はわが国の法律家にも、これを明治憲法の法治主義と同じものと考えている人も多いようである。しかし、先に一言したように、日本国憲法がもたらした最大の変革の一つは、旧憲法下の法治主義の代わりに法の支配を導入したのであると見るべきである。これは、以上のような国際的視野に立って日本国憲法の各条章を通読すれば、明白である。憲法は、基本的人権を列挙し（国家の消極的、積極的義務）、かつ、立法府、行政府の行動が人権侵犯と見るべきかどうかの判定の機能を、これらから完全に独立した裁判所に与える制度を認めておるからである。

以上、東南アジアを顧みる前に割合くわしく、法の支配の性格について説いたのは、日本国憲法制定後十数年を経過したにかかわらず、新憲法の大黒柱ともいうべき法の支配の意味が、わが法曹にも一般国民にも十分に理解されていないと思われるふしがあるからである。この法の支配の重要性は、民主主義の運用が無政府状態に堕して崩壊過程をたどらないための不可欠の要件である点にある。そして、国民またはその指導者の間における法の支配の意識の強弱こそは、新興国における民主主義がすこやかに成長するかどうかを判断する一つの重要な基準となるといえるので、この角度から東南アジアの国をながめてみることにする。

フィリピンと日本とは、複合的な法体制をもつ点で類似している。フィリピンの法体制は、アメリカの支配の下に立つまでは、純大陸法――スペイン法系の――を継受していた。しかるに、アメリカの支配の下に立つに至って公法、刑事法、商事法の分野でアメリカ法の継受が行なわれた。しかし民法典はスペイン時代のものが、そのまま残されている。私がフィリピン大学を訪問した際、今でも民法の教授はスペインの民法注釈書などを参考にしているという話を聞いた、かくして大陸法とアメリカ法の複合的法体制が成立しているわけである。

これは終戦後の日本の場合、公法や刑事法や商事法の面でアメリカ法の影響をつよく受けたのにかかわらず、民法とくに財産法の分野では終戦前通りである状態に似たものがある。しかしまた、フィリピンの場合には、アメリカの支配は、約半世紀にも及び、法学教育もアメリカ式に改造された。法学生は、アメリカのロー・スクールに学び、フィリピンの法曹とアメリカの法曹との間の交流が緊密であったので、法規範にアメリカ法の影響が多かっただけでなく、フィリピン法曹の考え方も、大陸法的から英米法的に変質していった。

日本の場合には、アメリカの支配下に立ったのは数年に過ぎなかったので、法規範の面はアメリカ法の継受が多かったにもかかわらず、法学教育も大陸法的のままであり、また米法曹と日本法曹との知的交流もそう緊密でなく、したがって、継受された法規範を解釈し、適用していく法の考え方、論理の進め方についても、旧来の大陸法的な考え方と論理の進め方が支配的である。そのため、時折りは〝英文をドイツ文法で解釈する〟というような珍風景も起こっているわけである。この点、フィリピンと日本との間に大きな差異がある。

かくして、約半世紀にわたるアメリカ法曹との交流によって、フィリピンの法曹には、英米法の基本原理である法支配の原理も、かなりよく会得されているように見られる。そして、フィリピン人によって起草された現行憲法典でも、法支配に関するアメリカ的方式、つまり、基本的人権を列挙し、これを司法的に保障する制度が採用されている。この憲法典の性格は、日本国憲法のそれといちじるしく似ている。

ただ、このおなじ性格の憲法典の法曹による取扱い方については、日本とフィリピンとで大いに異なっている。たとえば、日本では戦前とおなじように、法学者による憲法の解釈は、従来の大陸法的な法典解釈とおなじ手法によって、憲法典のテキストからの演繹的解釈の方法が圧倒的である。そしてまた、著書論文でも、アカデミックな解釈、とくに〃学者の通説〃といわれるものが高く評価されている。

これにたいしフィリピン法律家の憲法典の取扱い方は英米法的であり、判例法的である。そしてその判例法も、わが国におけるように自国の判例だけでなく、アメリカ最高裁の判例を顧み、これを引用しつつ論議を行ない自国の判例法を創造していくやり方が顕著である。これは、政治的にはイギリスから独立したアメリカの法曹が自国の判例のみならず、イギリスの判例法を顧みつつ自国の判例法をきずきあげていったと同じ手法であり、また、明治以降の日本の法学者が、ドイツの学説を顧みつつ、日本法を解釈していった態度にも似ているといえよう。

かくしてまた、同様なテキストをもつ日本とフィリピンの憲法典にたいする解説書を比較すると、その体裁がいちじるしく異なっている。フィリピンの場合には、自国およびアメリカの憲法判例を中心として解説が行なわれ、学説などはほとんど顧みられていない。したがって〃学者の通説〃などの表現も見られない。また、憲法の解説者も、日本憲法の解説者のように、細かい理論構成に力を入れることなく、この面ではきわめて荒けずりである。そして理論ではなく、判例を中心として法的論証が行なわれている。一言にしていえば、日本の法学者の憲法解説書は「書斎的」であるのにたいし、フィリピンの法学者の憲法解説書は「実験室的」であるともいえよう。大陸法と英米法の根本的差異は、法規範の差にあるよりも、むしろ法の考え方、法の動かし方の差にあるといえるが、このことがおなじ規範を定めた日比両国の憲法のテキストの取扱い方の差に現われているといえる。

大陸法に育てられたフィリピンの法曹にたいして、この英米法的な考え方を教えた有力な人物として、米人ジョージ・マルコム判事の名は、もっとも有名である。マニラ大学法学部を訪問した際聞いた話であるが、マルコム判事は、今はカルフォルニアに引退して余生を楽《たのし》んでいるが、一九六〇年夏同大学の創立記念祭があるので、その法学部の建設者として同氏の功績に報いるため、同判事を招待しているということであった。かくのごとくマルコム氏は、まずフィリピンの新しい法学教育に寄与した学界の恩人として尊敬されている。かれは温厚な学究的な風格の紳士として学界でも親しまれている。わたくしも東大にいたころ、この人が〝フィリピンの統治〟に関する著作を東大に提出して、最初の米人〝法学博士〟となったことを記憶している（これが機縁となって、後に大統領になったラウレル氏もフィリピンの選挙制度に関する論文を提出し、このとき、野村、臘山両教授とともに私も審査員の一人となり、はじめてフィリピン人の〝法学博士〟ができた）。

しかし、マルコム氏は、フィリピンの法学教育に寄与した法学者というだけでなく、独立前からフィリピンの最高裁判所の裁判官となっていた。そして、フィリピン人の裁判官を同僚として具体的事件について、ともに論議を交わしてその判決に参与した。こうした方法でかれは、フィリピン司法の育成に大きな寄与をなした。マルコム氏は、アメリカの名裁判官オリヴァ・ウェンデル・ホームズに私淑していたので、アメリカ司法の粋をフィリピンの判事たちに伝えたことになろう。かくしてマルコム判事は、今でもフィリピン最高裁の恩人としても記憶されているようである。

フィリピンの法体系は形式上複合的であるが、今では英米法的な考え方が憲法以外の分野でも圧倒的につよいように見える。たとえば、大陸法系の民法典の解釈といった面にも、英米法的な〃考え方〃がつよく影響していると、フィリピン大学の教授は私に語った。そして、英米法的な〃法の支配〃の原理は、かなりよくフィリピン法曹の身についているように思われた。

次にインドを見ると、そこではフィリピンと異なって、大陸法の影響は見られず、はじめからイギリス法の継受が行なわれている。アングロ・インディアン・コースを通じての法規範についてはもちろん、インド法曹の考え方も、純イギリス的であるといえる。わたくしは、アジア・アフリカ法律諮問委員会の会合で、インドの法律家と論議を交わす機会をえたが、その論法など、完全にイギリスの法律家と同じであった。これにたいし、大陸法――オランダ法――の下に育ったインドネシアの法律家の論法は理論的、演繹的で、わが国の法律家の議論のやり方に似ていて、インド法律家といちじるしいコントラストをなしているのを見た。

かくのごとく多年イギリス法の強い影響をうけたインド法曹は、独立後新憲法の制定に際し、一面イギリス的な議院内閣制をとっているにかかわらず、法支配の技術的構成については、イギリス的方式をとらずにアメリカ的方式、つまり基本的人権を列挙してこれを司法的に保障を与える日本国憲法とおなじ方式をとっている。この点について、有名なイギリスの憲法学者ジェニングス教授は、イギリスの法律家らしく、アメリカ的方式の採用についてかなりきびしい批判を浴びせている。そして教授の影響のとくにつよかったセイロンの憲法では、イギリス的方式が採用され、アメリカ的方式は採用されていない。

しかし、インドの法曹から見ると、法支配のイギリス的方式は、人権思想の成熟したイギリスの場合にはそれでよいにしても、インドの場合には、議会が基本的人権を無視する立法を多数決で制定する危険があって安心できない。したがって、基本的人権を憲法に列挙し、裁判所をしてこれを保護せしめるアメリカ的方式をとることが必要であるとしたのである。そして、この同じ考え方から、その後制定されたビルマ、パキスタン、マラヤ、ネパール等の憲法は、いずれもインド憲法にならってアメリカ的方式をとった。

東南アジアの国々のうち、英米法系の国の支配下にあったものと大陸法系の国の支配下にあったものとのあいだに、裁判官の地位に大きな差異がある。大陸法系の国の下にあった国では、明治憲法の下における日本とひとしく、裁判所は行政府から独立はしているが、その職能は通常の民事刑事の裁判にとどまり、裁判官は行政官僚とならんだ官僚の一部（〝司法官僚〟）と見られる傾向があるに反し、英米の支配下にあった国々では、裁判官は、弁護士の先輩として行政官僚と対立し、その地位は、行政官僚よりいちじるしく高い。かつ、国民の裁判官にたいする尊敬の念も、裁判官は直接国家権力を行使する官僚ではなく、むしろこれにたいして国民の人権を守ってくれる人たちだという感覚にもとづくものである。これは法の支配の理念の結果であり、法の支配と表裏するものと見ることができる。これらの国で法曹の間に法の支配の理念がわが国の現状以上に強いことは、これらの国における民主主義の将来にとって大きなプラスであるといえるであろう。

法の支配のアメリカ的方式の下では、少数の最高裁判事が世論を背景とする議会の制定した法律を違憲無効とすることになり、これは一見〝非民主主義的〟のように見えるが、民主主義国アメリカでこうした〝非民主主義〟的な最高裁の違憲審査権の制度を非民主的として廃止しようとしないのは、世論政治という民主主義の大黒柱とならんで法の支配という大黒柱が不可欠であることが認識されているからである。法の支配――それは明治憲法下の〝法治主義〟とは異なった性格の――を議会主義とならんでこれを大黒柱の一つとしたことが、日本国憲法下の民主主義の特色であることを〝民主主義〟憲法を説く人が忘れがちではないかと、憲法解説書等を読む際にひそかに考えていたわたくしは、インドやフィリピンの法律家や政治家と語って、民主政治における法の支配の原理の重要性の意義については、むしろ日本の法律家や政治家よりもすぐれているものがあるという感じがしたのである。

以上は議会、行政府、裁判所を中心とした一般的考察であったが、このほか、わが国のみならずアジアの国々の人たちに民主主義をすこやかに育てていく資性があるかどうかの問題のあることを一言して、この稿を終わろうと思う。

アーヴィング・クリストルは、最近書いたある論文の中で、民主主義の円滑な運用を可能ならしめる国民の資性として、次のごとき点を列挙している。

(一) 人の支配(rule of man)よりも法の支配(rule of law)を尊重する傾向
(二) 感情でなく事実にもとづいて常識で判断する傾向
(三) 階級的分離を越えて全体社会の感覚がつよいこと
(四) 個人の利益を越えた公共の福祉の認識をもつこと
(五) 自由が許されている目的に合致するように、良心的に自由を行使する傾向
(六) 公の討論において節度が守られていること

これら一つ一つについて、日本国民の資性が優、良、可、不可のいずれであるかは、読者において十分考えていただきたいと思う。ただ、ここではこれらの〝資性〟は先天的というよりも後天的なもので、教育によって涵養しうるとの、わたくしの感じを一言して筆をおくことにする。

本書に使用した論文一覧

| | |
|---|---|
| 違憲裁判の特質 | 新聞「朝日新聞」三十四年五月五日号 |
| 世界的にみた日本国憲法 | 雑誌「自由」三十五年二月号 |
| 東南アジアの民主主義 | 憲法調査会議事録、三十六年五月 |
| 法治主義と法の支配 | 雑誌「民事研修」三十六年、四九号 |
| 憲法第九条 | 〃「自由」三十六年十二月号 |
| 象徴の元首・天皇 | 〃「自由」三十七年五月号 |
| 外からみた日本国憲法 | 〃「自由」三十七年八月号 |
| 選挙民権と政党政治の粛正 | 〃「自由」三十七年十一月号 |
| 憲法随想一～六 | 〃「時の法令」三三四、三三七～九、三四〇、三四五号 |

**高柳賢三**（たかやなぎ・けんぞう）

英米法学者、法学博士。1887年生、1967歿。東京帝国大学法科大学卒業。同大学助教授を経て、1921年東京帝国大学法学部教授、1948年退官（名誉教授）。のち成蹊大学学長（名誉教授）。東京裁判で弁護人を務め、貴族院議員として新憲法案の審議に参加。憲法調査会会長、学士院会員、米国学士院会員、国際比較法学会正会員、国際仲裁裁判所裁判官。主要著訳書『英米法講義』（第1巻『英米法源理論』第2巻『英国公法の理論』第3巻『司法権の優位』第4巻『英米法の基礎』）、『極東裁判と国際法』、ロスコー・パウンド『法と道徳』（共訳）、ロスコー・パウンド『法律史観』ほか。

**天皇・憲法第九条**

刊　行　2019年8月
著　者　高柳 賢三
刊行者　清 藤　洋
刊行所　書 肆 心 水

135-0016 東京都江東区東陽 6-2-27-1308
www.shoshi-shinsui.com
電話 03-6677-0101

ISBN978-4-906917-94-5　C0032